现代语言学流派

XIANDAIYUYANXUELIUPAI

冯志伟 编著

陕西出版集团
陕西人民出版社

内 容 提 要

20世纪以来，现代语言学发展极为迅速，出现了许多流派和新兴学科。本书着重介绍索绪尔的语言理论、布拉格学派、哥本哈根学派、叶斯柏森的语言理论、美国描写语言学、法兰西学派、法国功能语言学、配价语法、英国伦敦学派、转换生成语法、格语法、蒙塔鸠语法、心理语言学、社会语言学、数理语言学等现代语言学中的主要流派和新兴学科。

本书是关于现代语言学流派的专著，立论力求严谨，材料力求充实，内容力求通俗，语言力求简朴，适合于中小学教师、大专院校师生以及具有中等文化程度的读者阅读，也可供对现代语言学有兴趣的语言工作者和从事自然语言信息处理的专业技术人员阅读。

前　言

　　语言渗透到人类生活的各个领域，凡是与人类社会生活有关的一切活动，都不可能没有语言。特别是随着现代信息科学的兴起和发展，作为信息主要负荷体的语言，将会在人类社会生活中起着越来越大的作用。目前，语言学正在同各种现代科学技术相结合，把语言的信息处理技术变为一种社会生产力。这样，语言学的研究，就不仅仅同精神文明的建设有着密切的关系，而且还同物质文明的建设有着越来越密切的关系；将会有越来越多的人来关心语言学，特别是现代语言学的问题。

　　20 世纪以来的现代语言学主要包括哪些流派？这些流派的基本理论和方法是什么？这些流派都有些什么样的著作？它们的代表人物是谁？……本书将深入浅出地给读者介绍这方面的知识。

　　我在 1979 年到 1981 年间，曾两次到法国进修，有机会直接接触到许多在国内看不到的珍贵材料，有可能亲自了解到现代语言学发展前沿的一些最新情况，这些都给本书的写作提供了极为有利的条件。

　　本书在写作过程中，曾参考过海内外时贤著作多种，在每章末均列出了主要的参考文献。在本书出版之际，谨向他们深致谢意。

近年来，我国对现代语言学的研究有了很大的进展，许多同学在这方面做了很好的工作，本书力图反映出他们工作的新成果，但由于水平有限，难免挂一漏万，敬希广大读者批评指正。

冯志伟

1984 年 5 月 1 日于北京

修订本前言

本书在 1987 年出版后海内外的反应比我原来所预料的热烈，不久就销售一空。有不少读者写信给我要我帮他们买这本书，我只好把自己所存的留为纪念的样书都送给了他们。也有一些高等学校的语言学老师写信告诉我说，学生们喜欢读这本书。还有些从事自然语言计算机处理的技术人员写信对我说，这本书使他们对于现代语言学基本理论的发展有了初步的了解，对他们的研究工作有用处。北京大学中文系朱德熙教授的博士研究生张敏（现在新加坡国立大学任教）在 1989 年写了个书评，题目为《〈现代语言学流派〉评介》（载《语言建设》杂志 1989 年第 4 期），认为"这是一本写得非常成功的著作"。我对阅读和喜爱这本书的读者们表示衷心的感谢。

本书第一版出版后，我就应邀到德国夫琅禾费研究院新信息技术与通讯系统研究所（FhG）担任客座研究员，从事数据库的开发，于 1988 年回国；1990 年至 1993 年又应邀到德国特里尔大学担任客座教授，讲授计算语言学和汉语语言学方面的问题；1996 年我又被聘为德国康斯坦茨高等技术学院的国际术语学与应用语言学中心（CiTaL）的学术顾问。前后三次出国，在德国一共停留了将近五年的时间。在德国停留的这段期间内，我看了好几本国外新近出版的有关现代语言学的专著，

1

搜集了不少新的材料，对于西方现代语言学的情况有了更多的了解。

最近，陕西人民出版社建议再版此书，我想，既然读者喜欢这本书，我本人也有新的材料，于是就欣然同意了。在这个修订本中，又增加了"叶斯柏森的语言理论""法兰西学派"和"配价语法"等三章，对于其他章节，也作了一些修改和补充。希望读者对这个修订本提出宝贵珠意见。

冯志伟
1998 年 3 月 1 日于北京

《现代语言学流派》评介

张　敏

（北京大学）

一

20世纪在语言学史上是一个令人振奋而又使人眼花缭乱的时代。一方面，索绪尔之后的现代语言学摆脱了古老传统的重负，几十年间异军突起，成绩斐然，在西方人文科学中获得了"领先科学"的美称，留下了一笔丰厚的遗产；另一方面，近20年来不同的学术流派和新兴学科层见叠出，理论翻新极为迅速，让人目不暇接。人们在渴求了解、吸收现代语言学最新成果的同时，面对这种千头万绪的局面，极易感到茫然和困惑。

冯志伟先生的《现代语言学流派》（陕西人民出版社，1987年7月第一版，以下简称《流派》）一书，正是切合当前我国关心现代语言学发展的读者的需要而撰写的一本专著。近年来我国学者在介绍引进国外语言学理论方面做了大量工作，然而比较通俗实用，能起到向导作用的入门书还不多见。已有的介绍性读物大多言之过简，而为数众多的译文专著对语言学的初学者和一般读者来说又失之过繁。《流派》一书可以说避免了这些缺陷。它在380页的篇幅里深入浅出地介绍了索绪尔的语言学说、布拉格学派、哥本哈根学派、美国描写语言学、法国功能语言学、英国伦敦学派、转换生成语法、格语法、蒙塔鸠语法、心理语言学、社会语言学、数理语言学，介绍了它们的基本理论和方法、代表人物及主要著作。这本书写得通俗易懂，立论又不失严谨；既提供了充足的信息，又不流于繁琐，可以说是一部可供"排疑解惑"的难得的入门书。

二

对学术流派的介绍不外以下三方面：（1）源流；（2）观点、方法；（3）评价。《流派》一书兼顾了这三个方面，但又有所偏重，总的来说是详于观点方法而略于源流评价。这本书不是一部语言学史，而是一部实用性的专论，所以它避开了一般史书容易陷入的流弊，即面面俱到、连篇累牍地探源溯流、评说是非，而把主要的笔墨花在如实地向读者勾勒出西方语言学流派的原貌之上。在对各学派的理论方法进行介绍时，做到了准备客观、清晰流畅、具体实用。这构成了《流派》一书最主要的特色。

1. 叙述准确、评价客观是这本书一个显而易见的优点。作者通晓数国外语，又曾在国外从事专门的研究工作，掌握了大量第一手材料，在介绍各流派的观点方法时力求一种自然科学式的严谨，甚至对一些细节的叙述都力求准确可信。例如，一般认为美国描写语言学在语言分析中完全排斥意义，《流派》在介绍其理论基础时不袭陈说，而是从对布龙菲尔德原著的引证中得出他对意义的理解和态度是模棱两可的结论，进而把布氏的后继者分成主张纯形式描写和主张研究意义的两派，然后引述了这两派的代表人物布洛克、弗里斯等人的言论，说明前者"在实际研究中不得不求助于意义"，后者"实际上仍以形式的研究为出发点"。最后点明，"注意形式描写"乃是它们真正的共同点。像这样细致、准确的介绍在全书中随处可见。

不尚空谈、不发宏论，而是在踏踏实实陈述事实的基础上稍作点评，力求公允，这也是《流派》的一大长处。书中见不到大段大段的褒贬文字，更见不到使人生厌的那种"戴高帽""盖棺论定"的腔调。作者对每一流派学科都看到了其优势和独特的贡献，对其缺陷不足也作了分析，但更多的则是让读者从客观事实中得出自己的看法。

2. 在不大的篇幅里要对读者讲清现代语言学各学派的全貌及其精微奥博之处，确非易事。面对纷繁的材料，作者下了一番归纳整理的工夫，所以《流派》的叙述显得层次分明、脉络清晰，具有较强的可读性。比如，转换生成语法头绪较多、前后变化很大。《流派》以三个独立的章节分别介绍了其发展的三个阶段。每一章又分作多个小节，一层层分析了各个时期生成语法的背景、主要目标、方法、体系、成果以及作为转折契机的缺陷与不足，这样安排了一条非常清楚的线索，使读者很容易掌握其来龙去脉和思想发展。在"美国描写语言学"一章，作者的归纳更为精粹。这个学派在语言分析的方法和实践上留下了大量东西，不易讲清。作者在介绍了它的形成、代表人物和代表著作之后，详细分析了其行为主义理论基础。接下来从"方法""步骤""模型"三方面进行介绍。首先把描写语言学的基本方法归纳为以下四种：（1）替换分析；（2）对比分析法；（3）分布分析法；（4）IC 分析法。分别作了具体的说明，并指出四种中以分布分析为最关键。然后介绍的是这一学派分析语言的过程、步骤。先介绍了海里斯的作法，即把分析分作从语音到形态直到关系的两个阶段四个步骤来进行，并指出除了这种从小到大的步骤之外，描写语言学还有一种从大到小的分析步骤，即层次分析的步骤。接着又介绍了语法描写的两个重要模型：IA 和 IP。最后余下一节，以法位学为代表简述了描写语言学后期的发展。通过作者的整理，这一学派理论方法的精髓要旨就清清楚楚地呈现在读者面前了。此外，为了帮助读者深入领会所介绍的内容，作者还在适当的地方点出了各种方法的实质，如"分布分析法是一种以寻找同类环境为原则的归类法"（P107），"IC 分析法可用上下文无关文法作其数学说明"（P210），等等。这些特点都使得这本书的介绍更完整更清楚，更适合初学者的需要。

3. 《流派》的另一特色是叙述具体、编排实用。通观全书，我们发现作者特别注重对各流派具体方法的介绍，尤其注意所介绍方法的"可操作性"，每每列出详细的公式以及操作步骤，辅以实例进行解脱。例如，介绍描写语言学的四种基本方法时，都是从弗里斯、格里森、海里斯等人的原著中摘取合适的实例，一步一步进行分析说明的。又如在"数理语言学"一章中，对代数语言学里的三种语言模型都详细地列出了其推导、分析过程。谈到"运用信息论方法研究语言"时，一般容易陷入高谈阔论，但作者在这里摒弃了浮泛之言，在短短五页的篇幅里介绍了一个俄语字母排列的随机试验，并列出了"熵 Ho"和"多余度 R"的计算公式，演示了其计算方法，最后还介绍了汉字熵的测定。这种对具体方法的实际演示在书中比比皆是，它远比蜻蜓点水、浮光掠影式的介绍要高明得多，对读者特别是从事汉语实际研究的同志的帮助和启发显然也大得多。

这本书在写法的详略、体例的编排上也处处体现了方便读者的实用原则。在篇幅上对各个流派不是均摊，而是以较大篇幅（P108，约占全书三分之一）介绍了转换生成语法。这固然反映了作者在观念上对此学派地位的重视程度，但这样安排显然也考虑到了在我国读者中的实用价值。在西方，生成语法目前仍旧处于主民地位。正如 J·莱昂斯所说："你可以接受或反对他的观点，但你不能忽视它。"对有志于语言学、特别是从事具体研究工作的人来说，不通生成语法就几乎无法读懂近年来国外发表的语言学论文，甚至是汉语研究的论文，所以生成语法是相当重要的一课。自然《流派》对之着墨最多，写得也最为精彩。另外，这本书的编排体例也有较强的实用性。例如对源流的介绍尽管简单，却在其中详尽地开列各学派的代表著作，并附了原文书名，每章末尾附上了中外文参考文献，便于有兴趣的读者作深入的钻研。又如书后编制了名词索引和外国人名索引，更增加了本书的实用性。这虽属枝节问题，但国内学术著作大多没做到这一点。

除了以上特点之外，还值得一提的是，这本书往往能在老话题中讲出新东西来，书中有不少问题是国内语言学界从未介绍过或很少提及的。例如作者介绍了乔姆斯基的形式语言理论，从中我们不仅可以看出乔氏在计算机科学界的贡献和影响，更重要的是能加深对其语言学观点方法的领悟与认识。文科读者从其形式化的严谨表述方式中还能大开眼界，窥见现代学科发展趋势的一斑。《流派》对苏联东欧学者的语言集合论模型的介绍也很新颖，对我们颇有启发。此外在谈及法国语言学时还专门介绍了两个很有欧洲特色的语言理论：从属关系语法和心理机械论。这些新内容都为本书增添了独特的价值。

三

当然，这本书也存在不尽如人意之处。一般认为，广义的结构语言学是本世纪至现今语言学发展的主流，这一点在《流派》的内容安排上得到了充分的体现。除"前言"和短短的第十二章"心理语言学和社会语言学"之外，其余各章，从索绪尔到乔姆斯基到数理语言学，都可归入这一范畴。对于近年来西方涌现出的五花八门的其他新兴学科学派，这本书未能详加介绍，不能不说是一个缺憾。另外，在介绍形式语言理论和代数语言学时，对一些较基本的概念如来自集合论的"自反""分划"，未能充分照顾到文科读者的特点，事先作一番定义界说。这一点反而不如作者在另一本更专门的著作中处理得好。[①] 但总的来说，这不过是大醇小疵，《流派》确实是一本写得非常成功的著作，很值得向广大读者推荐。

（转载自《语文建设》1989 年第 4 期）

[①] 冯志伟：《数理语言学》，知识出版社 1985 年版。在这本书里作者用四分之一的篇幅为文科读者介绍了必备的离散数学知识。

目 录

第一章　现代语言学的历史前奏

语言学是一门古老的学科，它已有很长的发展历史。为了弄清楚现代语言学的来龙去脉，我们首先简单地回顾一下在现代语言学产生以前，语言学经历了什么样的发展过程。

第一节　传统语言学

语言学有三个重要的传统：古印度传统，古希腊传统，阿拉伯传统。

为了传播和阅读古代印度的宗教颂歌《吠陀经》，古印度的语言学家们用经验的方法，对于梵语语法作过相当精细的描述。著名语言学家巴尼尼（Pānini，生于公元前4世纪）的《梵语语法》，由3996条诗歌体的规则所组成。这些规则分成章节段落，讲解梵语的形态现象和主意现象。

古印度语法学家把词分为四类：静词、动词、介词、小品词。表示实体意义的词叫静词；表示动作的词叫动词；介词的功能是限制静词和动词的意义；小品词包括比较小品词、连接小品词以及诗歌中作形式成分的小品词。代词和副词不算独立的词类，分别归入静词和动词中。

古印度语法学家还研究构词法，他们把词分为词干和词尾

1

两部分。词干是不变部分，词尾是变化部分。他们把静词分成七种变格形式，分别叫做第一格、第二格等。

古印度的语音学也很发达，提出了发音器官、发音部位、塞音、擦音、元音、半元音等语音学上的概念。他们把元音看做独立的语音成分，把辅音看做从属成分，因为没有辅音也可以构成音节。

由此可见，古印度语言学已达到了相当高的水平。

如果说古印度语言学是采用经验的方法来研究语言现象，那么，古希腊的语言学则是从哲学方面来研究语言问题，而且，语言研究也主要是由哲学家来进行的。

词与物的关系是古希腊哲学家研究的主要问题之一。有的主张"按性质"（phúsei），即语言是出于天然的，是合乎逻辑的；有的主张"按规定"（thései），即语言是由人们规定的，它的结构有许多是不合逻辑的。这两派各持理据，互不相让，争论了几个世纪。

斯多噶学派从理论的角度，确定了语法范畴，提出了格的名称。这些名称后来在希腊语和拉丁语语法中巩固了下来。

直到公元前 2 世纪，形成了亚历山大里亚学派，古希腊的学者们才开始从语言的角度出发，用批评的眼光来研究语言。他们研究语言学，把语音分为元音和辅音，又从辅音中分出半元音，但他们的研究水平远远赶不上古代的印度人。他们研究词类和形态学，把词分为八类：静词、动词、形动词①、代词、介词、副词、连词和成分词②。他们指出，静词有格和数

---

① 形动词是既有静词特点又有动词特点的词。

② 成分词是置于可以变格的静词前后的词。

2

的变化，动词有时间、人称和数的变化，动词可以分出五种式（直陈式、命令式、能愿式、从属式和不变式），三种态（主动态、被动态和中态），三种数（单数、复数和双数），三种人称（谁说话、对谁说、说及谁），三种时（现在时、过去时和将来时）。

古罗马人对语言研究的贡献并不很大。瓦罗（M. T. Varro，前116－前27）把亚历山大里亚学派的语法体系运用于拉丁语，著成《拉丁语研究》（De Lingua Latina）一书，共24卷，是拉丁语汉的专著。传统语法的术语便是用拉丁语形式书写的，这些术语，至今大部分还在通用着。

阿拉伯人自很早的时候起就研究哲学、天文学、数学、化学和医学，著作众多，水平很高，他们创造了世界文化史上灿烂辉煌的阿拉伯文化。阿拉伯语言学是阿拉伯文化的一部分，也达到了相当高的水平。

阿拉伯语有着丰富的词汇和严密的句法，阿拉伯学者们吸收了古印度语言学和古希腊语言学的经验，建立了阿拉伯语的语法体系。著名语言学家巴维希（Sibawaisi）写出了第一部阿拉伯语的语法著作《书》（Al－kitab），这部权威性著作的完整性和系统性，使后代学者惊讶不已，赞叹不止。

阿拉伯学者们明确地把字母和语音区别开来，指出了书写和音的不一致。他们提出了阿拉伯语所特有的三辅音词根的概念，认为每个阿拉伯语的词都由三个辅音表示词汇意义，元音和其他辅音表示语法意义。如 **Kataba**（他从前写）、**Katabat**（她从前写）、**Katib**（著作家）、**Kitab**（书）的词根 k－t－b，中间分别插入 a－a－a、a－a－at、a－i、i－a 来表示不同的语法意义。欧洲人后来懂得用"词根"这一术语来表示一个词

3

的中心部分，还是从阿拉伯语的语法学者那里学来的。

中世纪欧洲在语言学理论上停滞不前。这个时期，拉丁语成为科学上的通用语，只有掌握了拉丁语才能打开教会教育和世俗教育的通路，因此，拉丁语成了语言学的主要研究对象。学者们特别强调"规范性"，认为"语法就是使说话说得好，写作写得好的技术"。

拉丁语这时已是一种死的语言，主要用于书面交际，因此，这个时期，语音学的研究完全被忽视了，学者们研究的是字母，而不是语音。

由于学者们主要研究拉丁语法，拉丁语法与一般语法便被混为一谈。当他们研究其他语言的时候，往往机械地把拉丁语法的规范硬套在这些语言上面，结果弄得削足适履。

17世纪，法国出现了一个唯理语法学派，其代表人物是法国波尔·洛瓦雅尔（Port - Royal）教派的阿尔诺（A. Arnaud，1612 - 1694）和兰斯诺（C. Lancelot，1615 - 1695）。1664年，他们出版了《唯理普通语法》（Grammaire générale raisonnée）一书，用逻辑的方法来研究语法，力图找出"语言艺术的自然基础"和"适用于一切语言的一般原则"。唯理语法是以法国哲学家笛卡儿（R. Descartes，1596 - 1650）对于良知和理性的理解为出发点的。他们认为，人类的心理、人类的概念是处处相同的，是不可变易的，语言是思想的表现，语言和思想之间有着内在的联系，因此，语法和逻辑之间也必然有着内在的联系，语法应该依赖于逻辑，逻辑的标准应该是确定语法现象正确性的标准。

德国政治家和语言学家洪堡德（Karl Wilhelm von Humboldt，1767 - 1835）探讨了语言的本质和功能、语言与思维的关系、语言的文化内涵等具有普遍意义的理论问题，为现代语言学思想奠定了基础。他在未竟之作《论爪哇岛上的卡维语》（über die Kawisprache auf der Insel Jawa）的导论《论人类语言结构的差异及其对人类精神发展的影响》（über die Verschiedenheit des menschlichen Sprachbaues und ihren Einfluss auf die geistige Entwicklung des Menschengeschlechts），是第一部关于普通语言学的著作，被后人誉为"语言哲学的教科书"。洪堡德认为"语言绝不是产品（Ergon），而是一种创造活动（Energeria）"，语言能力是人类大脑功能的重要组成部分，正因为语言是大脑的一种能力，说话人才能运用有限的语言手段创造出无限的语言行为。他认为一个民族的语言和思维是不可分割的，声称"一个民族的语言就是它们的精神，一个民族的精神就是他们的语言"，语言的不同，对于客观世界的理解和解释也不同。洪堡德还根据语音、语法和词汇上的相似性，把世界的语言区分为孤立语（isolating language）、黏着语（agglutinative language）和曲折语（inflectional language）三种类型，他认为，汉语是典型的孤立语，梵语是典型的曲折语，而包括黏着语在内的其他语言则处于这两种极端类型之间。

15 世纪由意大利兴起、16 世纪逐渐发展到整个欧洲的文艺复兴运动，大大地促进了研究古典文学遗产的语言学（philology）工作的开展，地理上的新发展，殖民地扩张的开始，对新民族宣传基督教教义的要求，扩大了欧洲学者们的语言学视野，他们积累了大量的语言学素材。西班牙学者赫尔伐士（L. Hervas Panduro）于 1800 年出版了《语言目录》（Catalogo de las Lenguas）一书，共分六卷，包含 300 多种语言材料，这些材料不仅限于词汇，而且对某些语言（约 40 种）的语法也作了简短的说明。德国语言学家阿德隆（J. C. Adelung）于1806－1817年间出版了四卷本的《米特里达脱斯或普通语言学》（Mitridates oder allgemeine Sprachenkunde），援引了差不多500多种语言的材料。这些，都为语言的历史比较研究提供了有利的条件。

第二节　历史比较语言学

19世纪初期的语言学曾受到三种因素的影响：历史主义观点在科学中的贯彻，浪漫主义思想的发展和欧洲学者对梵语的研究。

历史主义的观点是从哲学、社会学和法学中传入语言学的，语言学家们开始广泛地采用历史主义的原则来说明各种语言现象。浪漫主义的思想引起了学者们追溯语言过去的历史的兴趣，促进了对各种活语言的古代发展历史的研究。对梵语的研究不仅使欧洲学者们熟悉了古印度的语言，而且还促使他们开始把欧洲语言同梵语进行对比。

1786年，在东印度公司任职的英国学者琼斯（W. Jones，1746－1794），在印度加尔各答的亚洲学会上宣读了一篇论文，认为梵语同欧洲的许多古代语言有着共同的来源。例如，希腊语、拉丁语和梵语的"母亲""二""三"这三个词对应如下：

	母亲	二	三
希腊语	mētēr	duo	treis
拉丁语	māter	duo	trēs
梵　语	mātā	dvāu	trayah

琼斯指出：无论多么古老，梵语的结构是最奇特的，它比

希腊语更完备，比拉丁语更丰富，并且比这两种语言都更精美，可是它们无论在动词的词根方面，还是在语法的形式方面，都有很显著的相同点，这不可能是出于偶然的；事实上，这些相同点是这样的显著，使得研究这三种语言的语言学家，没有一个能不相信它们是出于共同的来源。

1808 年，德国浪漫派诗人史勒格尔（F. Von Schlegel）发表了《论印度人的语言和智慧》（über die Sprache und Weisheit der Indier），认为梵语与欧洲许多语音的共同点不是出于偶然的。他提出了"比较语法"这个术语，并说："比较语法将给我们以关于语音谱系的崭新的知识，正如比较解剖学曾给自然历史以光明一样。"[①]

琼斯和史勒格尔是历史比较语言学的先驱者，但是，他们未能找出梵语和欧洲语言的语音对应规律，因此，他们的研究还不能算是真正的历史比较语言学。

1816 年，德国语言学家葆朴（F. Bopp, 1791 – 1867）出版了《论梵语动词变位系统，与希腊语、拉丁语、波斯语和日耳漫语相比较》（über der Konjugationssystem der Sanskritsprache in Vergleichung mit jenem der griechischen, lateinischen persischen und germanischen Sprache）一书，他认为这几种语言都出于一种共同的原始语言，只不过梵语比其他语言保存有更多的原始形式。他以梵语的形式来解释拉丁语和希腊语的许多形式，找出了它们的动词变位系统的对应关系，获得了很大的成功。这本书被认为是历史比较语言学的奠基性著作，而葆朴也就成了历史比较语言学的第一个奠基人。

---

① F. Von Schlegel, über die Sprache und Weisheit der Indier, P28.

1818 年，拉斯克（R. K. Rask，1787 – 1832）发表了《古代北方语或冰岛语的起源研究》（Undersögelse om det gamle Nordiske eller Islandske Sprogs Oprindelse）。他指出，在语音方面，日耳曼诸语言的词和其他印欧语的词存在着有规律的形式对应关系。例如，凡是其他印欧语（如拉丁语）有 p 音的地方，日耳曼语（如英语）便有 f 音。试比较：

	父亲	脚	少
拉丁语	**p**ater	**p**ēs	**p**aucā
英　语	**f**ather	**f**oot	**f**ew

此外，拉斯克还看出了冰岛语与印度语和波斯语有一个较远的共同来源。

当时，丹麦科学院举行论文比赛，研究丹麦语的来源。拉斯克把他的书寄到哥本哈根去应征，获得了丹麦科学院的奖金。

1819 年，德国语言学家雅可布·格里木（J. Grimm，1787 – 1863）出版了《德语语法》（Deutsche Grammatik）一书（此书实际上是研究日耳曼语发展史的），提出了格里木定律。他认为，日耳曼语与其他印欧语言（拉丁语、希腊语、梵语）之间，存在着如下的语音对应规律：

（i）日耳曼语中的 f 对应于其他印欧语中的 p；

（ii）日耳曼语中的 p 对应于其他印欧语中的 b；

（iii）日耳曼语中的 θ 对应于其他印欧语中的 t；

（iv）日耳曼语中的 t 对应于其他印欧语中的 d；

等等。

现将日耳曼语中的哥特语与拉丁语、希腊语、梵语的语音对应规律列表比较如下：

表 1 - 1　格里木定律

哥特语	f	p	b	θ	t	d	h	k	g
拉丁语	p	b	f	t	d	t	c	g	h
希腊语	p	b	ph	t	d	th	k	g	kh
梵　语	p	b	bh	t	d	dh	ś	j	h

　　1833 年，德国语言学家波特（A. F. Pott，1802 - 1887）发表了《词源探讨》（Etymological Investigations）一书。书中指出，某个语言形式的词源，就是这个形式的历史。要得到某个语言形式的词源，不仅必须找到它在该语言里较古的形式，而且还要找到它在各亲属语言里的形式，因为它们都是同一母语形式的变体。例如，要说明英语 mother（母亲）这个词的词源，首先要找到 9 世纪古英语的形式 mōdor，然后，还要说明它与古北欧语 mōðer、古弗里斯兰语 mōder、古撒克逊语 mōdar 等日耳曼语言有亲属关系，并构拟出古日耳曼语的原始形式 *mōder①；最后，再把这个古日耳曼语的原始形式同梵语 mātā、阿维斯达语（古伊朗语）mātā、古业美尼亚语 māir、古希腊语 mēter、拉丁语 māter、古爱尔兰语 māthir、古保加利亚语 māti 相比较，找出它们的亲属关系，根据这样的对比，构拟出这个词的原始印欧语形式 *mātēr。

　　从 1816 年到 1833 年短短的 17 年之内，历史比较语言学便奠定了坚实的基础。

　　德国语言学家施来赫尔（A. Schleicher，1821 - 1868）总结了前人的成果，致力于古印欧语的重建。他认为，语言同其

———————

① 在原始形式之前加一星号 *，以示区别。

他自然现象一样受着相同的功能规律和发展规律的支配，因此可以把自然科学中所制定的精确方法应用于语言发展过程和分类的研究。他在 1861－1862 年出版的《印度日耳曼语比较语法纲要》（Kompendium der Vergleichenden Grammatick der indogermanischen Sprachen）一书中，根据已经发现的规律来重建原始印欧语，并追溯出它在每一分支中的发展。他把自己对各种语言相互关系的研究成果和它们先后形成的过程绘成了印欧系语言发展的谱系树。施来赫尔在《印度日耳曼语比较语法纲要》一书中绘出的谱系树如下：

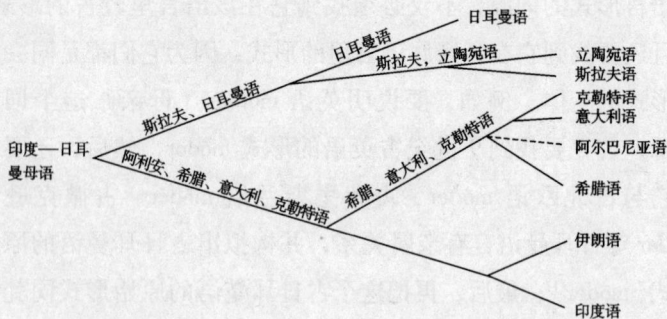

图 1－1　谱系树

19 世纪 70 年代，德国语言学家勃鲁格曼（K. Brugmann，1849－1919）、奥斯托霍夫（H. Ostohoff，1842－1907）、雷斯琴（A. Leskien，1840－1916）、德尔布吕克（B. Delbrück，1842－1922）、保罗（H. Paul，1846－1921）成立了"青年语法学派"（Junggrammatiker），他们把语言变化的规律归纳为两条极其重要的原则：

（1）语音规律不容许有例外：一切语言的变化都是缓慢的、自发的、依照自然的盲目需要而进行的，它们都是由于语言变化中的生理因素引起的结果，因此，语音规律就跟物理学

10

的定律一样，不容许有任何的例外。

（2）由类推作用构成新形式：所谓类推作用，就是以语言中某些词和形式为标准，使另一些词和形式向它们看齐，从而构成新的词或新的形式。

青年语法学派的这些研究，进一步深化了历史比较语言学的理论，把历史比较语言学向前推进了一大步。

然而，历史比较语言学家们对于他们的成绩太乐观了，以至于保罗在1870年公然宣称：只有研究语言历史的语言学才是科学，其他的研究都不是科学。他傲慢地把其他方面的语言学的研究一律排斥在科学的大门之外。这种唯我独尊的态度必然要阻碍语言学的进一步发展。

于是，在语言学界酿起了一场新的革命，这场革命的主将是著名的瑞士语言学家索绪尔（F. De Saussure，1857－1913）。从索绪尔开始，语言学便进入了现代语言学的新阶段。

本章参考文献

1. R. H. Robins，A Short History of Linguistics，1967.

2. J. Lyons，Introduction to Theoretical Linguistics，1977.

3. 岑麒祥：《语言学史概要》，科学出版社，1964 年。

第二章　索绪尔的语言学说

　　瑞士语言学家索绪尔（F. De Saussure）是现代语言学的奠基人。索绪尔提出的语言学说，是语言学史上哥白尼式的革命，对于现代语言学的发展有着深远的意义。现代语言学的流派各有不同，但是，不论哪一个流派，都直接或间接地受到索绪尔语言学说的影响。本章中，我们将介绍索绪尔的生平及其名著《普通语言学教程》的主要论点。

第一节　索绪尔的生平

　　索绪尔于 1857 年生于瑞士日内瓦。他的祖先原来是法国人，但早已入了瑞士籍。他的父亲是一位自然科学家，在瑞士颇有名气。早在中学时期，索绪尔就在日内瓦市立图书馆读到了葆朴等语言学家的著作，对语言学产生了兴趣。但是，1875 年中学毕业后，他却根据父母的愿望，进日内瓦大学学习物理和化学。然而，语言学仍然深深地吸引着他。一年之后，他下决心离开日内瓦，转学到德国莱比锡大学专攻语言学。在大学中，他与青年语法学派的勃鲁格曼、奥斯托霍夫、德尔布吕克和保罗交往甚密，共同从事印欧系语言的历史比较研究工作。1879 年转学到柏林大学，同年发表了《论印欧系语言元音的原始系统》（Mémoire sur le

Système primitif des voyelles dans les langues indoeuropéennes）一文，在理论上解决了印欧系语言元音原始系统中的一个疑难问题。这时他才 22 岁，才华初露，引起了欧洲语言学界的注意。1880 年再回莱比锡大学考博士学位，完成了博士论文《论梵语绝对属格的用法》（De l'imploi du génitif absolu en sanscrit）。1881 年至 1891 年在法国巴黎高等研究学院任教，讲授日耳曼语比较语法、拉丁语希腊语比较语法、立陶宛语等课程，同时还兼任巴黎语言学会秘书，培养了梅耶（A. Meillet）、格拉蒙（M. Grammont）等语言学家，建立了法兰西学派。

1891 年冬，索绪尔回到瑞士担任日内瓦大学教授。从 1892 年起每年开设梵文课程，1892 年讲希腊语与拉丁语语音学、印欧系语言的动词，1893 年讲希腊语与拉丁语词源学研究，希腊语动词，1894 年讲古希腊碑文选读、希腊语名词的性数格变化研究，1895 年讲波斯诸王碑文、希腊方言与古希腊碑文、荷策划史诗的词源与语法研究，1896 – 1903 年讲希腊文学作品中的方言，1902 – 1903 年同时还讲欧洲地理语言学，1904 – 1905 年讲英语与德语的历史语法，1906 年讲日耳曼历史语言学、古英语、古高地德语，1906 年开始讲普通语言学，1906 – 1907 年，1908 – 1909 年，1910 – 1911 年连续讲了三个教程。索绪尔在开设普通语言学这门课之前，已经把整个印欧系主要语言（梵语、波斯语、希腊语、拉丁语、古日耳曼语、古高地德语、古英语）都教了一遍或几遍。他深知历史比较语言学的缺陷，所以，他才下决心毅然摆脱 19 世纪的历史比较语言学，走一条新的道路。他在普通语言学课程中，提出了现代语言学的基本观点。

但是，索绪尔严谨的治学态度使得他下不了决心把他的教程写成书籍或讲义。他需要长时间的潜心思考，以便概括出一个较好的语言学系统。他不满意自己已经提出的理论，而是力图不断地修正他的理论，因此，一直到他生命的终止，始终没有把他的教程写成一部书。

索绪尔于 1913 年死于喉癌。他死后，他的学生巴利（C. Bally）、薛施蔼（A. Sechehaye）、里德林格（A. Riedlinger）合作，根据同学们的笔记整理成《普通语言学教程》（Cours de Linguistique Générale）一书，1916 年在洛桑出第一版，1922 年在巴黎出第二版，其后还连续出了第三版、第四版，1949 年出了第五版，1972 年出了由莫罗（Tullio De Mauro）详细评注的新一版。世界上各种重要的语言差不多都有它的译本。

第二节　《普通语言学教程》的主要内容

《普通语言学教程》是索绪尔最重要的，也是唯一的一本著作。我们要研究索绪尔的语言学说，必须以它作为根据。

《普通语言学教程》除绪论外，共分为五编：

（一）一般原则

（二）共时语言学

（三）历时语言学

（四）地理语言学

（五）回顾语言学的问题 结论

"绪论"简单地叙述了语言学的历史，语言学的材料和任务，语言学和毗邻科学的关系，语言学的对象，语言的内部要素和外部要素，文学以及音位学，等等。

"一般原则"部分主要讲语言符号的性质，符号的不变性

14

和可变性，静态语言学和演化语言学。

"共时语言学"部分讲语言的具体实体，同一性、现实性和价值，语言的价值，句段关系和联想关系，语言的机构，语法及其区分，抽象实体在语法中的作用。

"历史语言学"部分讲语音变化、语音演化在语法上的后果，类比作用，类比和演化，流俗词源，黏合作用，历时的单位，同一性和现实性。

"地理语言学"部分讲关于语言的差异，地理差异的复杂性，地理差异的原因，语言波浪的传播。

"回顾语言学的问题"讲历时语言学的两种展望，最古的语言和原始型，重建，人类学和史前史中的语言证据，语系和语言的类型。

可见，这本书的内容是很广泛的。下面我们着重介绍书中的几个独特的观点。

1. 言语活动、言语和语言

索绪尔把语言现象分为语言活动（langage）、言语（parole）和语言（langue）三样东西，它们之间是彼此联系而又互相区别的。

"言语活动是多方面的、性质复杂的，同时跨着物理、生理和心理几个领域，它还属于个人的领域和社会的领域。我们没法把它归入任何一个人文事实的范畴，因为不知道怎样去理出它的统一体。"① "因此，言语活动的研究就包含着两部分：一部分是主要的，它以实质上是社会的、不依赖于个人的语言为研究对象，这种研究纯粹是心理的；另一部分是次要的，它

---

① 索绪尔：《普通语言学教程》，中译本，第30页，商务印书馆。

15

以言语活动的个人部分，即言语，其中包括发音，为研究对象，它是心理·物理的。"①

"把语言和言语分开，我们一下子就把（1）什么是社会的，什么是个人的；（2）什么是主要的，什么是从属的和多少是偶然的分开来了。"②

言语"是人们所说的话的总和，其中包括：（a）以说话人的意志为转移的个人的组合，（b）实现这些组合所必需的同样是与意志有关的发音行为。所以在言语中没有任何东西是集体的；它的表现是个人的和暂时的。"③

言语"是个人的意志和智能的行为，其中应该区别开：（1）说话者赖以运用语言规则表达他的个人思想的组合；（2）使他有可能把这些组合表露出来的心理·物理机构。"④

与言语相反，语言"是言语活动事实的混杂的总体中一个十分确定的对象。……它是言语活动的社会部分，个人以外的东西；个人本身不能创造语言，也不能改变语言；它只凭社会的成员间通过的一种契约而存在。"⑤"这是通过言语实践存放在某一社会集团全体成员中的宝库，一个潜存在每一个人的脑子里，或者说得确切些，潜存在一群人脑子里的语法体系；因为在任何人的脑子里，语言都是不完备的，它只有在集体中才能完全存在。"⑥

---

① 索绪尔：《普通语言学教程》，中译本，第41页，商务印书馆。
② 索绪尔：《普通语言学教程》，中译本，第35页，商务印书馆。
③ 索绪尔：《普通语言学教程》，中译本，第42页，商务印书馆。
④ 索绪尔：《普通语言学教程》，中译本，第35页，商务印书馆。
⑤ 索绪尔：《普通语言学教程》，中译本，第36页，商务印书馆。
⑥ 索绪尔：《普通语言学教程》，中译本，第35页，商务印书馆。

"语言以许多储存于每个人脑子里的印迹的形式存在于集体中，有点像把同样的词典分发给每个人使用。所以，语言是每个人都具有的东西，同时对任何人又都是共同的，而且是在储存人的意志之外的。语言的这种存在方式可表以如下的公式：

1 + 1 + 1 + …… = 1（集体模型）"。①

言语和语言"这两个对象是紧密相连而且互为前提的：要使言语为人所理解，并产生它的一切效果，必须有语言；但是要使语言能够建立，也必须有言语。从历史上看，言语的事实总是在前的。如果人们不是先在言语行为中碰到观念和词语形象的联结，他怎么会进行这种联结呢？另一方面，我们总是听见别人说话才学会自己的母语的；它要经过无数次的经验，才能储存在我们的脑子里。最后，促使语言演变的是言语：听别人说话所获得的印象改变着我们的语言习惯。由此可见，语言和言语是互相依存的；语言既是言语的工具，又是言语的产物。但是这一切并不妨碍它们是两种绝对不同的东西。"②

索绪尔把语言比做乐章，把言语比做演奏，把语言和言语的关系比喻为乐意和演奏的关系。他说："在这一方面，我们可以把语言比之于交响乐，它的现实性是跟演奏方法无关的；演奏交响乐的乐师可能犯的错误绝不会损害这种现实性。"③这是一个非常贴切的比喻。

  2. 语言是一个符号系统

"语言是一种表达观念的符号系统，因此，可以比之于文

---

  ① 索绪尔：《普通语言学教程》，中译本，第41页，商务印书馆。
  ② 索绪尔：《普通语言学教程》，中译本，第41页，商务印书馆。
  ③ 索绪尔：《普通语言学教程》，中译本，第40页，商务印书馆。

字、聋哑人的字母、象征仪式、礼节形式、军用信号等等，等等。它只是这些系统中最重要的。"① 据此，索绪尔又把语言比喻为代数。他说："语言可以说是一种只有复杂项的代数"。② 例如，德语名词数的变化，Nacht（夜，单数）；Nächte（夜，复数）。这个语法事实可以用 a/b 这一符号来代表，但是，其中的 a、b 都不是简单项而是复杂项，它们分别从属于一定的系统之下。Nacht 有名词、阴性、单数、主格等特征，它的主要元音为 a；Nächte 有名词、阴性、复数、主格等特征，它的主要元音为 ä，结尾加了 e, ch 的读音从 /x/ 变为 /ξ/. 这样，就可以形成许多对立，所以叫做复杂项。每个符号孤立地看，可以认为是简单项，但是从整体来看，则都是复杂项。"语言的实际情况使我们无论从哪一方面去进行研究，都找不到简单的东西；随时随地都是这种相互制约的各项要素的复杂平衡。"③

"语言符号联结的不是事物的名称，而是概念和音响形象。后者不是物质的声音，纯粹物理的东西，而是这声音的心理印迹，我们的感觉给我们证明的声音表象。"④

"我们试观察一下自己的言语活动，就可以清楚地看到音响形象的心理性质：我不动嘴唇，也不动舌头，就能自言自语，或在心里默念一首诗。"⑤

由于语言符号是一种两面的心理实体，因此索绪尔把它表示为如下图：

---

① 索绪尔：《普通语言学教程》，中译本，第 37 - 38 页，商务印书馆。
② 索绪尔：《普通语言学教程》，中译本，第 169 页，商务印书馆。
③ 索绪尔：《普通语言学教程》，中译本，第 169 页，商务印书馆。
④ 索绪尔：《普通语言学教程》，中译本，第 101 页，商务印书馆。
⑤ 索绪尔：《普通语言学教程》，中译本，第 101 页，商务印书馆。

图 2 - 1　语言
符号是一种两
面的心理实体

```
┌─────────────────┐
│      概　　念     │
│─────────────────│
│      音响形象     │
└─────────────────┘
```

　　索绪尔把概念和音响形象的结合叫做符号，把概念叫做
"所指"（Signifié），把音响形象叫做"能指"（signifiant）。他
说："我们建议保留用符号这个词表示整体，用所指和能指分
别代替概念和音响形象。后两个术语的好处是既能表明它们彼
此间的对立，又能表明它们和它们所从属的整体间的对立。"[1]
　　由索绪尔的定义可以看出，能指和所指都是心理的东西，
而由能指和所指组成的符号，似乎也只是心理的东西。这种观
点，在他解释"语言"和"言语"的时候也说过：
　　"语言活动是异质的，而这样规定下来的语言却是同质
的。它是一种符号系统；在这系统里，只有意义和音响形象的
结合是主要的；在这系统里，符号的两个部分都是心理的。"[2]
　　语言符号虽然主要是心理的，但并不是抽象的概念；由于
集体的同意而得到认可，其全体即构成语言的那种种联结，都
是实在的东西，它们的所在地就在我们脑子里。[3]
　　这种本质上是心理的语言符号有什么特点呢？索绪尔指出
了两个特点：
　　第一，符号的任意性。
　　"能指和所指的联系是任意的，或者，因为我们所说的符
号是指能指和所指相联结所产生的整体，我们可以更简单地

---

①　索绪尔：《普通语言学教程》，中译本，第 102 页，商务印书馆。
②　索绪尔：《普通语言学教程》，中译本，第 36 页，商务印书馆。
③　索绪尔：《普通语言学教程》，中译本，第 37 页，商务印书馆。

说：语言符号是任意的。"①

符号的任意性原则"支配着整个语言的语言学，它的后果是不能枚举的；人们经过许多周折才发现它们，同时也发现了这个原则是头等重要的"。②

"任意性这个词还要加上一个注解。它不应该使人想起能指完全取决于说话者的自由选择（我们在下面将看到，一个符号在语言集体中确立后，个人是不能对它有任何改变的）。我们的意思是说，它是不可论证的，即对现实中跟它没有任何自然联系的所指来说是任意的。"③

"能指对它所表示的观念来说，看来是自由选择的，相反，对使用它的语言社会来说，却不是自由的，而是强制的。语言并不同社会大众商量，它所选择的能指不能用另外一个来代替。"④

"人们对语言说：'您选择罢！'但是随即加上一句：'您必须选择这个符号，不能选择另的。'已经选定的东西，不但个人即使想改变也不能丝毫有所改变，就是大众也不能对任何一个词行使它的主权；不管语言是什么样子，大众都得同它捆绑在一起。"⑤

自然会出现这样的问题：既然语言符号是任意的，那么，为什么我们不能看到由这些符号所组成的语言的普遍的、突然变化呢？

索绪尔指出了四种阻碍这种变化的因素：

---

① 索绪尔：《普通语言学教程》，中译本，第102页，商务印书馆。
② 索绪尔：《普通语言学教程》，中译本，第103页，商务印书馆。
③ 索绪尔：《普通语言学教程》，中译本，第104页，商务印书馆。
④ 索绪尔：《普通语言学教程》，中译本，第107页，商务印书馆。
⑤ 索绪尔：《普通语言学教程》，中译本，第107页，商务印书馆。

（1）符号的任意性："符号的任意性本身实际上使语言避开一切旨在使它发生变化的尝试"。[①] 由于符号的任意性，我们不能够论证哪一种能指更为合理的问题。例如，"姐妹"这个词为什么法语要用 soeur 而不用 sister（英语的"姐妹"），"牛"这个词为什么德语要用 Ochs 而不用 boeuf（法语的"牛"），等等，那是没有什么道理可说的。这样，也就缺少符号变化的基础。

（2）构成任何语言都必须有大量的符号：这一事实使得符号难于改变。

（3）语言系统的性质太复杂："因为这个系统是一种很复杂的机构，人们要经过深入思考才能掌握，甚至每天使用语言的人对它也很茫然。人们要经过专家、语法学家、逻辑学家等等的参与才能对某一变化有所理解；但是经验表明，直到现在，这种性质的参与并没有获得成功。"[②]

（4）集体惰性对一切语言创新的抗拒："语言无论什么时候都是每个人的事情；它流行于大众之中，为大众所运用，所有的人整天都在使用着它。在这一点上，我们没法把它跟其他制度作任何比较。法曲的条款，宗教的仪式，以及航海信号等，在一定时间内，每次只跟一定数目的人打交道，相反，语言却是每个人每时都在里面参与其事的，因此它不停地受到大伙儿的影响。这一首要事实已足以说明要对它进行革命是不可能的。在一切社会制度中，语言是最不适宜于创新的。它同社会大众的生活结成一体，而后者在本质上是惰性的，看来首先

---

① 索绪尔：《普通语言学教程》，中译本，第 109 页，商务印书馆。
② 索绪尔：《普通语言学教程》，中译本，第 110 页，商务印书馆。

就是一种保守的因素。"①

　　索绪尔继续写道："语言之所以有稳固的性质，不仅是因为它被绑在集体的镇石上，而且因为它是处在时间之中。这两件事是分不开的。无论什么时候，跟过去有连带关系就会对选择的自由有所妨碍。"②

　　"时间"与"说话的大众"组成了表明语言实质的背景。"同社会力量的作用结合在一起的时间的作用"，使得"离开了时间，语言的现实性就不完备，任何结论都无法作出"③。"要是单从时间方面考虑语言，没有说话的大众——假设有一个人孤零零地活上几个世纪——那么我们也许看不到有什么变化；时间会对它不起作用。反过来，要是只考虑说话的大众，没有时间，我们就将看不见社会力量对语言发生作用的效果。"④

　　第二，能指的线条性。

　　能指属听觉性质，只是时间上展开，而且具有借自时间的特征：①它体现一个长度；②这长度只能在一个向度上测定：它是一条直线。

　　这是一个似乎为常人所忽略的基本原则。它的后果是数之不尽的，它的重要性与符号的任意性规律不相上下，语言的整个机构都取决于它。

　　3. 内部语言学和外部语言学

　　语言学的研究对象是语言，由于语言有它的内部要素，也有它的外部要素，所以语言学也可以有内部语言学和外部语言

---

① 索绪尔：《普通语言学教程》，中译本，第 111 页，商务印书馆。
② 索绪尔：《普通语言学教程》，中译本，第 111 页，商务印书馆。
③ 索绪尔：《普通语言学教程》，中译本，第 116 页，商务印书馆。
④ 索绪尔：《普通语言学教程》，中译本，第 116 页，商务印书馆。

学之分。索绪尔关于语言的定义，就是要把一切跟语言的组织、语言的系统无关的东西排除出去，这些东西，可用"外部语言学"这个术语来统称。外部语言学要研究的内容有：

第一，语言学和民族学的一切接触点，语言史与种族史或文化史之间的关系，一个民族的风俗习惯在语言中的反映等。

第二，语言和政治史的关系。一个民族征服另一个民族并对它进行殖民化等重大的历史事件，对许多语言事实有无可估量的影响，高度的文明有利于某些特殊语言（如法律语言、科学术语）的发展。

第三，语言和各种制度如教会、学校等的关系。这些制度和一种语言的文学发展又有密切的联系。文学语言在任何方面都超越了文学为它制定的界限，例如沙龙、宫廷、科学院都对它发生影响。还有文学语言同地方方言发生冲突的问题。语言学家还应该考察书面语和口语的相互关系，因为任何文学语言都是文化的产物，到头来都会使它的生存范围脱离口语的范围。

最后，凡是与语言在地理上的扩展和方言分裂有关的一切，都属于外部语言学的范围。

外部语言学可以把各种细节一件件地堆积起来而不致感到被系统的考虑钳制住。

而内部语言学则不容许随意的安排。索绪尔指出："语言是一个系统，它只知道自己固有的秩序。把它跟国际象棋相比，将更可以使人感觉到这一点。在这里，要区别什么是外部的，什么是内部的，是比较容易的：国际象棋由波斯传到欧洲，这是外部的事实，反之，一切与系统和规则有关的都是内部的。例如我把木头的棋子换成象牙的棋子，这种改变对于系统是无关紧要的；但是假如我减少或增加了棋子的数目，那么，这种改变就会深深地影响到棋法。"① "在任何情况下，人们都会提出有关现象的性质问题，而要解决这个问题，我们必须遵守这条规则：一切在任何程度上改变了系统的，都是内部的。"②

4. 语言的系统性与符号的价值

语言的符号不纯粹是语言的事实，而是系统的组成要素，这个系统代表了语言。进入系统中的符号的功能，是由系统的组成成员的各个要素之间的相互关系来决定的。语言是一个系统，这个系统中的所有要素形成一个整体。正如象棋可以归结为各个棋子的位置的组合一样，语言是一个仅仅以它的各个具体单位的对立为基础的系统。"下棋的状态与语言的状态相当。棋子的各自价值是由它们在棋盘上的位置决定的，同样，在语言里，每项要素都由于同其他各项要素对立才能有它的价值。"③

"系统永远只是暂时的，会从一种状态变为另一种状态。诚然，价值还首先决定于不变的规约，即下棋的规则，这种规则在开始下棋之前已经存在，而且在下每一着棋之后还继续存在。语言也是这种一经承认就永远存在的规则，那就是符号学的永恒的原则。"④

索绪尔进一步用下棋来解释"价值"。"比方一枚卒子，本身是不是下棋的要素呢？当然不是。因为只凭它的纯物质性，离开了它在棋盘上的位置和其他下棋的条件，它对下棋的人来说是毫无意义的。只有当它披上自己的价值，并与这价值结为一体，才成为现实的和具体的要素。假如在下棋的时候，

① 索绪尔：《普通语言学教程》，中译本，第46页，商务印书馆。
② 索绪尔：《普通语言学教程》，中译本，第45页，商务印书馆。
③ 索绪尔：《普通语言学教程》，中译本，第128页，商务印书馆。
④ 索绪尔：《普通语言学教程》，中译本，第128页，商务印书馆。

这个棋子弄坏了或者丢失了，我们可不可以用另外一个等价的来代替它呢？当然可以。不但可以换上另外一枚卒子，甚至可以换上一个外形上完全不同的卒子。只要我们授以相同的价值，照样可以宣布它是同一个东西。"[①]

由此可见，在像语言这样的符号系统中，各个要素是按照一定规则互相保持平衡的，同一性的概念常与价值的概念融合在一起，反过来也是一样。

词既是系统的一部分，就不仅具有一个意义，而且特别是具有一个价值。例如，法语的 mouton（羊，羊肉）跟英语的 sheep（羊）可以有相同的意义，但是没有相同的价值。这里有几个原因。特别是当我们谈到一块烧好并端在桌子上的羊肉的时候，英语说 mutton（羊肉），而不说 sheep。英语的 sheep 和法语的 mouton 的价值不同，就在于英语除 sheep 之外，还有另一个要素 mutton，而法语的词却不是这样，也就是说，mouton 一词在法语词汇系统中的地位与英语 sheep 一词在英语词汇系统中的地位不一样。可见，词的价值不是由标志它的客观对象的关系来确定的，而是由它对其他词的关系及其在该语言中的地位来决定的。价值就是系统的功能，价值就是语言事实在该语言系统中的意义。

法语复数的价值跟梵语复数的价值不一样，尽管它们的意义大体上相同。梵语有三个数，而不是两个（"我的眼睛""我的耳朵""我的胳膊""我的腿"等等都要用双数），认为梵语和法语的复数有相同的价值是不正确的，因为梵语不能在任何情况下都按法语的规则采用复数。"由此可见，复数的价

---

① 索绪尔：《普通语言学教程》，中译本，第 155－156 页，商务印书馆。

值决定于在它之外和周围的一切。"①

斯拉夫语有规则的区分动词的两种体：完成体表示动作的整体，好像是时间上没有任何过程的一个点；未完成体表示在时间的线上正在进行的动作。这些范畴会给法人造成很大困难，因为他们的语言没有这些范畴；如果他们是预先规定的，情况就不会是这样。所以我们在这些例子里所看到的，都不是预先规定了的观念，而是由系统发出的价值。

因此，索绪尔得出结论："语言是形式而不是实体。"②

价值的概念是索绪尔语言学说的基本概念，它是"系统"的概念所派生出来的概念之一，与索绪尔在分析语言系统的过程中所提出的其他概念交织在一起。"同一性的概念常与价值的概念融合在一起，反过来也是一样。"③"价值的就包含着单位，具体实体和现实性的概念。"④

由于价值决定了符号的功能，因此，价值的概念是索绪尔语言学说的体系中具有枢纽性意义的概念之一。

5. 共时语言学和历时语言学

在索绪尔看来，语言是一个具有价值的符号系统，而任何研究价值的科学，在研究自己的对象时，必须区别共时的观点和历时的观点，也就是说，要把它们放在同时轴线和连续轴线上来研究。"不管在什么地方都应该依照下图分出：（1）同时

---

① 索绪尔：《普通语言学教程》，中译本，第162页，商务印书馆。

② 索绪尔：《普通语言学教程》，中译本，第169页，商务印书馆。这句话的法文原文是："la langue est une formeet non une substance"（见法文原本第169页）。中译本把"substance"译为"实质"，欠妥，我们这里把它改译为"实体"。

③ 索绪尔：《普通语言学教程》，中译本，第156页，商务印书馆。

④ 索绪尔：《普通语言学教程》，中译本，第156页，商务印书馆。

轴线（AB），它涉及同时存在的事物间的关系，一切时间的干预都要从这里排除出去；（2）连续轴线（CD），在这轴线上，人们一次只能考虑一样事物，但是第一轴线上的一切事物及其变化都位于这条轴线上。"①（见图2-2）

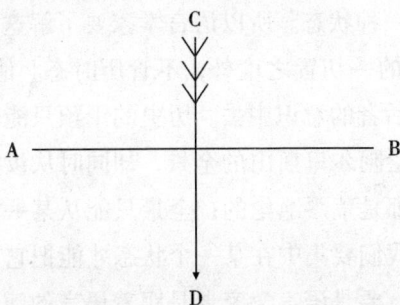

図2-2

图2-2　同时轴线和连续轴线

"对研究价值的科学来说，这种区分已成了实际的需要，在某些情况下并且成了绝对的需要。在这样的领域里，我们可以向学者们提出警告，如果不考虑这两条轴线，不把从本身考虑的价值系统和从时间考虑的同一些价值区别开来，就无法严密组织他们的研究。"②

"价值系统越是复杂，组织得越是严密，正因为它的复杂性，我们越有必要按照两条轴线顺次加以研究。任何系统都不具备这种可与语言相比的特点，任何地方都找不到这样准确的价值，这样众多，这样纷繁，这样严密地互相依存的要素。"③

所以，索绪尔主张区分两种语言学——共时语言学和历时语言学。"有关语言学的静态方面的一切都是共时的，有关演

①　索绪尔：《普通语言学教程》，中译本，第118页，商务印书馆。
②　索绪尔：《普通语言学教程》，中译本，第119页，商务印书馆。
③　索绪尔：《普通语言学教程》，中译本，第119页，商务印书馆。

化的一切都是历时的。同样，共时态和历时态分别指语言的状态和演化的阶段。"①

　　索绪尔认为，"我们研究语言事实的时候，第一件引人注目的事是，对说话者来说，它们在时间上的连续是不存在的。摆在他面前的是一种状态。所以语言学家要了解这种状态，必须把产生这状态的一切置之度外，不管历时态。他要排除过去，才能深入到说话者的意识中去。历史的干预只能使他的判断发生错误。要描绘阿尔卑斯山的全景，却同时从汝拉山的几个山峰上去摄取，那是荒谬绝伦的；全景只能从某一点去摄取。语言也是这样：我们要集中在某一个状态才能把它加以描写或确定使用的规范。要是语言学家老是跟着语言的演化转，那就好像一个游客从汝拉山的这一端跑到那一端去记录景致的移动。"②

　　因此，"语言学在给历史许下了过大的地位之后，将回过头来转向传统语法的静态观点。但是这一次却是带着新的精神和新的方法回来的。历史方法将作出贡献，使它青春焕发。正是历史方法的反戈一击将使人更好地了解语言的状态。"③

　　共时语言学把语言当作一个系统来研究，而历时语言学的研究对象不形成系统。换言之，共时语言学仅仅与语言有关，而历时语言学则与言语有关。

　　"于是，语言学在这里遇到了它的第二条分叉路。首先，我们必须对语言和言语有所选择；现在我们又处在两条道路的交叉点上：一条通往历时态，另一条通往共时态。"④

------

① 索绪尔：《普通语言学教程》，中译本，第 119 页，商务印书馆。
② 索绪尔：《普通语言学教程》，中译本，第 120 页，商务印书馆。
③ 索绪尔：《普通语言学教程》，中译本，第 121 页，商务印书馆。
④ 索绪尔：《普通语言学教程》，中译本，第 141 页，商务印书馆。

"共时语言学研究同一个集体意识感觉到的各项存在并构成系统的要素间的逻辑关系和心理关系。历时语言学相反地研究各项不是同一个集体意识所感觉到的相连续要素间的关系，这些要素一个代替一个，彼此间不构成系统。"①

　　一旦掌握了这个二重的分类原则，我们就可以补充说：语言中凡属历时的，都只是由于言语。一切变化都是在言语中萌芽的。任何变化，在普遍使用之前，无不由若干个人最先发出。现代德语说：ich war（我从前是），wir waren（我们从前是），可是在古代德语中，直到 16 世纪，还是这样变位的：ich was，wir waren（现在英语中还说：I was，we were）。War 是怎样代替了 was 的呢？有些人受的 waren 的影响，于是按类推作用造出了 war；这是一个言语的事实。这个形式一再重复，为社会所接受，就变成了语言的事实。

　　可见，在索绪尔学说中，共时语言学与历时语言学的区分在客观上来源于语言与言语的区分。不过，有时这种说法也有不一致之处。

　　例如，在《普通语言学教程》（中译本）第 142 页上，作了如下的一个图：

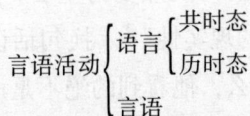

$$言语活动\begin{cases}语言\begin{cases}共时态\\历时态\end{cases}\\言语\end{cases}$$

　　图中，共时态和历时态都与语言相联系，这种说法，与索绪尔一贯的说法是不一致的。

　　我们能够既在共时态中，又同时在历时态中来研究语言及

---

　　① 索绪尔：《普通语言学教程》，中译本，第 143 页，商务印书馆。

其现象吗？索绪尔作了否定的回答："这两种观点——共时观点和历时观点——的对立是绝对的，不容许有任何妥协。"①

例如，拉丁语 crispus（波状的、卷皱的）给法语提供了一个词根 crép－，由此产生出动词 crépir（涂上灰泥）和 décrépir（除去灰泥）。另一方面，在某一时期，人们又向拉丁语借了 dēcrepitus（衰老）一词，词语不明，并把它变成的 dēcrépit。这样，今天说法语的人们在 un mur decrépi（一堵灰泥剥落的墙）和 un homme décrépit（一个衰老的人）之间建立了一种关系，尽管在历史上这两个词彼此毫不相干。例如，人们现在往往说 la façade décrépite d'une maison（一所房子的破旧门面）。可见，在共时观察的语言系统中，那些从历史的观点看来完全是不同的东西，却可以得到相反的评价。而实际上，历时事实同它们产生的共时的静态事实之间并没有任何关系。

索绪尔指出："所以，要把这样一些不调和的事实结合在一门学科里将是一种空想。在历时的展望里，人们所要处理的是一些跟系统毫不相干的现象，尽管这些现象制约着系统。"②

那么，共时语言学与历时语言学哪一种更为重要呢？索绪尔认为，共时观点比历时观点更为重要，因为对说话者来说，"它是真正的、唯一的现实性"③。换句话说，如果语言学家只注意历时的背景，那么，他看到的绝不是语言，而只是一系列在形式上变化着的语言现象。他批评历史比较语言学："自有近代语言学以来，我们可以说，它全神贯注在历时态方面。印

---

① 索绪尔：《普通语言学教程》，中译本，第 122 页，商务印书馆。

② 索绪尔：《普通语言学教程》，中译本，第 125 页，商务印书馆。

③ 索绪尔：《普通语言学教程》，中译本，第 130 页，商务印书馆。

欧语比较语法利用掌握的资料去构拟前代语言的模型；比较对它来说只是重建过去的一种手段。对各语族（罗曼语族、日耳曼语族等等）所作的专门研究，也是同样的方法；状态的穿插只是片断的、极不完备的。这是葆朴所开创的路子，他对语言的理解是混杂的、犹豫不定的。"①

他也批评传统语法："传统语法对语言的有些部分，例如构词法，毫无所知；它是规范性的，认为应该制定规则，而不是确认事实；它缺乏整体的观点；往往甚至不晓得区别书写的词和口说的词，如此等等。"②

他赞扬波尔·洛瓦雅尔语法："波尔·洛瓦雅尔语法试图描写路易十四时代法语的状态，并确定它的价值。它不因此需要中世纪的语言；它忠实的遵循着横轴线，从来没有背离过。所以这种方法是正确的。但并不意味着它对方法的应用是完备的。"③

他为古典语法辩护："曾有人责备古典语法不科学，但是它的基础比之葆朴所创立的语言学并不那么该受批评，它的对象更为明确。"④

"古代语法只看到共时事实，语言学已揭露了一类崭新的现象。但这是不够的，我们应该使人感到这两类事实的对立，从而引出一切可能的结果。"⑤

6. 句段关系和联想关系

索绪尔认为，在语言的机构中，一切要素都是按照句段关

① 索绪尔：《普通语言学教程》，中译本，第120页，商务印书馆。
② 索绪尔：《普通语言学教程》，中译本，第121页，商务印书馆。
③ 索绪尔：《普通语言学教程》，中译本，第121页，商务印书馆。
④ 索绪尔：《普通语言学教程》，中译本，第121页，商务印书馆。
⑤ 索绪尔：《普通语言学教程》，中译本，第121页，商务印书馆。

系（rapports syntagmatiques）和联想关系（rapports associatifs）运行的。这两种关系相当于我们心理活动的两个形式，并产生各种不同的语言价值。

什么是句段关系呢？在话语中，各个词，由于它们连接在一起，彼此便结成了以语言的线条性为基础的关系，排除了同时发出两个要素的可能性，这些要素一个挨着一个排列在言语的链条上面，它们之间结成的关系，叫做句段关系。这些以长度为支柱的结合，叫做句段（syntagmes）。所以，句段总是由两个或两个以上连续的单位组成的。例如，法语的 re–lire（再读），contre tous（反对一切人），la vie humaine（人生），Dieu est bon（上帝是仁慈的），S'il fait beau temps, nous sortirons（如果天气好，我们就出去），等等。"一个要素在句段中只是由于它跟前一个或后一个，或前后两个要素相对立才取得它的价值。"①

什么是联想关系呢？在话语之外，各个有某种共同点的词会在人们的记忆里联合起来，构成具有各种关系的集合，这种不在前后相续的环境中出现，而是在说话者的脑子里出现的联系，叫做联想关系。例如，法语的 enseignement（教育）这个词会使人们在心里不自觉地涌现出许多别的词。如出现词根相同的词 enseigner（教育——不定式动词）、renseigner（报导——不定式动词），或者出现后缀相同的词 armement（装备）、changement（变化），或者出现所指相近的词 éducation（教育）、apprentissage（见习）等等，它们在某一方面都与 enseignement 有共同之点。

① 索绪尔：《普通语言学教程》，中译本，第171页，商务印书馆。

32

索绪尔认为，在整个语言机构中不外就是这两种关系的运用。"语法的传统区分可能有它们的实际用途，但是不符合自然的区别，而且缺乏任何逻辑上的联系。语法只建筑在另一个更高的原则上面。"[①] "第一事实应该都可以这样归入它的句段方面或联想方面，全部语法材料也应该安排在它的两个自然的轴线上面。只有这样分配才能表明我们对共时语言学的通常框架应该作哪些改变。"[②]

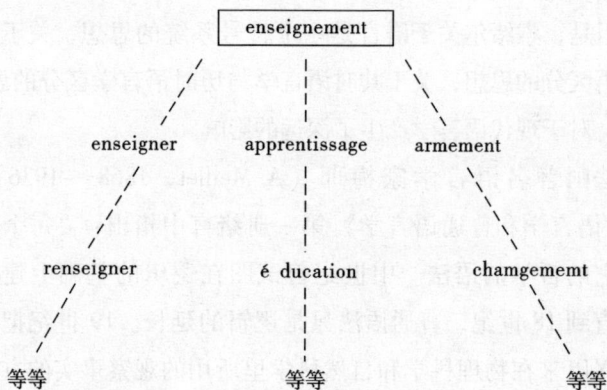

图 2 - 3　联想关系

在《普通语言学教程》的结尾写道："我们刚才闯入我们这门科学的边缘领域进行探索，从那里得出了一个教训，虽然完全是消极的，但是因为符合本教程的基本思想，所以更加显得饶有趣味，那就是：语言学的唯一的、真正的对象是就语言和为语言而研究的语言。"[③] 加了黑点的最后一句话后来被索绪尔研究者哥德尔（R. Godel）考证出并不是索绪尔本人的原

---

① 索绪尔：《普通语言学教程》，中译本，第 188 页，商务印书馆。
② 索绪尔：《普通语言学教程》，中译本，第 189 页，商务印书馆。
③ 索绪尔：《普通语言学教程》，中译本，第 323 页，商务印书馆。

33

话，但是这句话确实体现了《普通语言学教程》一书的基本精神。

《普通语言学教程》一书于 1916 年在洛桑出了第一版（1972 年在巴黎又出了新的评注版，对第一版中的许多问题详加注释，但除序言和注释外，仍保留了第一版页次），1928 年出现日译本，1931 年出现德译本，1933 年出现俄译本，1959 年出现英译本，1980 年才出现中译本。尽管其中有些译本出现得比较晚，但是，索绪尔关于语言是一个符号系统的思想，关于语言和言语区分的思想，关于共时语言学与历时语言学区分的思想，等等，对于现代语言学产生了深远的影响。

法国著名语言学家梅耶（A. Meillet, 1868 – 1936）在《历史语言学和普通语言学》第一册绪言中指出："每个世纪都有它的哲学的语法。中世纪曾试图在逻辑的基础上建立语法，直到 18 世纪，普通语法只是逻辑的延长。19 世纪把自文艺复兴以来在物理科学和自然科学里所用的观察事实的方法扩展到心理事实和社会事实，以至把每种语言的语法表现为事实的总和。可是直到现在，这些事实差不多还没有整理。索绪尔的《普通语言学教程》的笔记曾向我们指出了怎样去着手整理，但是要用语言本身的观点去整理语言事实还剩下一个很大的工程。"[1]

美国著名语言学家布龙菲尔德（L. Bloomfield）在对萨丕尔（E. Sapir）《语言论》的评论中，赞许索绪尔给"语言研

---

[1] A. Neillet, Linguistique Historique et Linguistique Générale, I, Paris, P8, 1948.

究的新方向提供了理论基础。"① 这个"语言研究的新方向"就是现代语言学，正是在这个意义上，我们才一再强调说，索绪尔是现代语言学的奠基人。

法国语言学家本温尼斯特（E. Benveniste）在索绪尔逝世50周年的纪念会上对索绪尔的学术贡献做过这样的总结："在研究人类和社会的各种科学里，语言学已经成为一门成熟的科学，成为在理论研究上及其技术发展方面最活跃的学科之一。而这门革新了的语言学，肇源于索绪尔，语言学通过索绪尔而认识了自己，并团结成一支队伍。在同语言学交叉的各种思潮中，在语言学众说纷纭的不同流派里，索绪尔所起的作用是不容怀疑的，这一颗闪闪发光的种子被他的弟子们接受下来，已经化为万丈的光芒，并勾画出一派处处有他存在的风光。"②

本章参考文献

1. F. De Saussure, Cours de Linguistique Générale, 5ᵉ édition, Payot, Paris, 1949. 中译本，《普通语言学教程》，高名凯译，岑麒祥、叶蜚声校注，商务印书馆，1980 年。

2. 岑麒祥：《瑞士著名语言学家索绪尔和他的名著〈普通语言学教程〉》，《国外语言学》，1980 年第 1 期。

3. 许国璋：《关于索绪尔的两本书》，《国外语言学》，1983 年第 1 期。

① L. Bloomfield, Classcal Weekly, P142－143, 1922.

② E. Benveniste, Problèmes de linguistique générale（1），Paris, Gallimard, P45, 1966.

第三章　布拉格学派

　　语言学中的结构主义是由索绪尔关于语言是一个符号系统的理论发展出来的，主要包括三个学派：布拉格学派、哥本哈根学派和美国描写语言学。

　　本章我们介绍布拉格学派，第四章、第五章分别介绍哥本哈根学派和美国描写语言学。

第一节　布拉格学派的形成

　　1926年，特鲁别茨柯依（Н. С. Трубецкой，1890－1938）、马德修斯（V. Mathesius，1882－1945）、雅可布逊（R. Jakobson，1896－1982，20至30年代侨居布拉格，后移居美国，在美国哈佛大学和麻省理工学院任教）在布拉格成立布拉格语言学会（Cercle Linguistigue de Prague）。1928年，第一次语言学家国际会议在海牙召开，他们在会议上十分活跃，提出了好几篇音位学论文，被称为"布拉格音位学派"。1929年的国际斯拉夫学会议上，他们提出了布拉格学派的论纲，1929－1939年的国际斯拉夫学会议上，他们提出了布拉格学派的论纲，1929－1939年，他们出版了《布拉格语言学会会刊》（Travaux du Cercle Linguistique de Prague）。1935－1953年，出版季刊

《词与文》（SaS），刊物的副标题是：布拉格语言学会机关刊物。1953 年布拉格语言学会在组织上解体后，《词与文》变成了捷克科学院的刊物，至今仍在出版。

布拉格党派的语言学理论，既受到索绪尔很大的影响，也受到波兰著名语言学家博杜恩·德·库尔特内（J. Baudoin de Courtenay，1845－1929）的影响。博杜恩早在 1870 年就明确地提出语言和言语区分的问题。1876 年已提出应区分语言的静态和动态的思想，这些，都与索绪尔的理论有共同之处。博杜恩的最大贡献在音位学方面。在 1881 年，他就指出，必须明确地区分音素和音位这两种不同的语言单位。音素是一种纯语音现象，而音位则是词的某一部分语音性质的总和。他提出必须区分两门不同的语音学学科：人类语音学和心理语音学。人类语音学从生理－声学观点研究人类语言所有的语音，即音素。心理语音学研究同意义相关联的语音观念，即音位。但是，博杜恩不同于索绪尔，他很重视语言与社会的关系，强调语言的外部历史与内部历史的相互作用；不像索绪尔那样，认为语言学的唯一的对象只是语言本身。博杜恩重视语言单位的实体，不像索绪尔那样，只重视语言单位之间的关系。博杜恩同索绪尔一样，强调语言的共时研究，但是，他只是把共时研究作为一种方法，并不把共时研究与历时研究机械地对立起来。博杜恩的这些观点，对于布拉格学派有着很深的影响，使得布拉格学派在很多问题上的看法，与丹麦哥本哈根学派不同，带上了自己的特色。

布拉格学派在 1929 年提出的论纲中，强调要把语言看作一种功能体系，主张评价任何语言现象时，都要从它所在的功能、它所达到的目的着眼。

布拉格学派特别注重音位的研究。特鲁别茨依的《音位学原理》一书，在西方语言学界闻名遐迩，是布拉格学派的代表性著作。

布拉格学派十分重视历时音位学的研究，他们不像索绪尔那样，认为系统的概念同历时的变化水火不相容，而主张历时也构成系统。

布拉格学派最早提出了"语言联盟"的理论。他们指出，邻近地域的语言也可能获得一些共同特征，因而语言的共同特征不一定完全来源于亲属关系。雅可布逊 1931 年在《论音位的语言联盟》一文中指出："在语言学里，由于对来源问题特别感兴趣，而把对存在于相邻语言的结构中并且没有共同来源的那些现象的研究却推到后面去了。其实，语音学应当考虑的不仅是各个语系，而且也要考虑到语言联盟（Sprachbünde）。在讨论语言联盟的问题时，音位学的方法似乎成了最有效的方法之一。音位体系的许多组成成分具有极大的普遍性，远远超出了个别语言或语系的界限。"[1]

布拉格学派很重视语言的文体的研究。他们认为，"诗的语言"（即文学作品的语言）有特殊的不同于标准语音的规范，因此，它应该成为语言学的一个特殊研究项目。

第二节　特鲁别茨柯依和他的《音位学原理》

布拉格学派在音位学研究方面苦心孤诣，成就极大，它的基本观点，集中地体现在特鲁别茨柯依的《音位学原理》一

---

① 见 Travaux du Cercle Lingulstique de Prague，P234，1931.

书中。在这一节中，我们将着重介绍布拉格学派的这一代表性著作。

特鲁别茨柯依（Н. С. Трубецкой）于 1890 年 4 月 16 日生于莫斯科，他的父亲是前莫斯科大学校长。特鲁别茨柯依从小就有机会参加学术活动，13 岁时就经常参加莫斯科人种学协会的集会，15 岁时就已经发表民俗学方面的论文了。1908 年进入莫斯科大学，最初学哲学和心理学，从第三学期起，才转入语言文学专业学语言学。在这里，他学完了印欧语历史比较语言学的一些课程。1913－1914 年到德国莱比锡，聆听了当时著名语言学家勃鲁格曼和雷斯琴等人的讲课，学习梵语和阿维斯塔语。1915 年回国任莫斯科大学副教授，讲授历史比较语言学的课程。1917 年夏天，特鲁别茨柯依到高加索，不久，十月革命爆发，贵族出身的他逃亡国外。1919 年末，特鲁别茨柯依到了索菲亚。1922 年到维也纳，并在维也纳大学任教。这个时期，他的兴趣在历史比较语言学及斯拉夫学方面。

1929 年之后，特鲁别茨柯依的学术活动转到了音位学方面。他参加了布拉格语言学会，并成了该学会的重要领导之一。

在这个时期，他发表了一系列音位学方面的文章，其中最重要的有：

1.《元音音位的一般理论》（德文版，1929）

2.《论语素音位学》（法文版，1929）

3.《关于语素音位学的一些想法》（德文版，1931）

4.《摩尔达维亚语与俄语音位系统的比较》（德文版，1932）

5.《论当前音位学》（法文版，1933）

6.《俄语的语素音位系统》（德文版，1934）

7.《音位描写指南》（德文版，1935）

8.《音位对立的理论》（法文版，1936）

9.《音位对立的中和》（德文版，1936）

他晚年的生活很不安定。希特勒占据奥地利之后，他曾因著文揭露种族主义的虚伪性而被逐出大学，经常受到盖世太保的纠缠。疾病损害了他的健康，他愤世嫉俗，继续进行音位学的研究，决心把 12 年的研究成果写成《音位学原理》一书。这部书大部分是他在病榻上口授的。1938 年 6 月 25 日，在这本书接近完成（仅差 20 页）的时候，他竟不幸与世长辞了，一生只活了 48 岁，因而《音位学原理》也就成了一部未完成的著作。

在他去世后，《音位学原理》相继用德文出版（Grundzüge der phonologie，1938 年 7 月在《布拉格语言学会会刊》上出第一版，1958 年在哥廷根出第二版），1949 年，康基诺（G. Contimeau）把它译成法文（Principes de phonologie，Paris，1949），1960 年，霍洛道维奇（А. А. Холодовиц）把它译成俄文（ОсновыФонологии，Mockba，1960）。

特鲁别茨柯依的音位理论，是经过了辛勤的劳动建立起来的。他收集了大量的语言材料。在研究元音音位系统的时候，特鲁别茨柯依在 1928 年 9 月 19 日的一封信中写道："我把自己记得的所有的元音系统（共 34 个）都整理出来，试想把它们加以比较。我来维也纳后继续进行这一工作。现在，我已经有了 46'号'语言，我还将逐步积累，直到收集到 100 种语言。"[①] 后来，这个数字被大大地突破了，在《音位学原理》

---

① R. Jakobson, Notes autobiographiques de N. S. Trubetzkoy, Principes de phonologie. , Pxxvi, 1949.

一书中，他收集的材料竟达 220 种语言，有了这么丰富的材料，使他有可能在经过诚实艰巨的劳动之后，得出比较稳妥的结论，因而他的著作也就有了更大的科学性。

《音位学原理》包括绪论、音位学、辨义论、标界论四部分。辨义论又分七章：①基本概念；②划分音位的原则；③辨义对立的逻辑分类；④辨义语音对立的音位系统；⑤辨义对立的中和；⑥音位的组合；⑦关于音位统计学。这部著作还差 20 页没有完成。据估计，这 20 页可能包含句子的标界符号一章和一个结论。此外，他还打算扩充参考文献的注解，更细致地修订充实和压缩某些章，设立并使用一套统一的标音符号，最后在全书的开头加一个前言。但这些计划中的工作由于他的早逝而成了未竟之业。

特鲁别茨柯依的主要兴趣在历时音位学方面。他写这本书，只不过是为历时音位学的研究做一个准备罢了。他打算再写《音位学原理》第二卷，讨论历时音位学、音位地理学、语素音位学及文字与语言音位结构的关系等问题，但这一计划也由于他的早逝而未能实现。

《音位学原理》一书是特鲁别茨柯依关于音位学研究的总结性著作，我们对此书加以介绍，由此可见其音位理论的概貌。

应该指出，特鲁别茨柯依的音位理论，有许多观点是在当时布拉格语言学会的另一领导人雅可布逊的启示下形成的，特鲁别茨柯依的观点，实际上也就代表了当时的雅可布逊和当时的布拉格语言学会的观点。因此，我们可以从对于特鲁别茨柯依音位理论的介绍中，了解到布拉格语言学派这一重要结构主义流派的基本观点。

1. 音位学的研究范围

特鲁别茨柯依根据索绪尔的学说，主张区分言语（Parole）和语言（Langue）。他认为，言语是具体的，它总是发生在一定的时间和地点，而语言则是一般的、稳定的。语言存在于某一语言共同体全体成员的意识中，它是无数具体的言语的基础；另一方面，语言的存在，只是因为它在具体的言语中被体现，没有言语，语言也就不存在。语言和言语是同一个现象——言语活动（Langage）的两个相关的方面，它们互为前提，密不可分地联系着，但本质上它们是完全不同的东西，应该彼此独立地加以考察。

言语和语言不同，言语的能指和语言的能指也不同，言语的能指是具体的音流，是为人们的听觉所感知的物理现象，而语言的能指则是安排言语的声音方面的规则。言语的能指是无限多样的，而语言的能指则是数目有限的规范。言语的能指是表面看来没有秩序的、发音动作前后交叉的一串不间断的音流，而语言的能指的单位则形成一个秩序井然的系统，言语的音流只是因为其中的片段有助于这个系统中的项目挂上钩，才具有一定的秩序。

由于言语的能指与语言的能指是如此不同，因而就必须分属不同的学科来研究：研究言语的能指的学问叫做语音学，而研究语言的能指的学问叫做音位学。

语音学可以把语音当作一种纯粹的物理现象来研究，也可以把它当作一种纯粹的生理现象来研究。语音学的唯一的任务就是指出某个音是怎样发的，它要把任何关于所研究的语音综合体与语言意义之间的关系的问题完全排除在外。"一个凭听觉器官来工作的优秀的语音学家，应该通过专门的语音训练来磨练自己的听力和感受能力,这种训练的意义仅仅在于熟练地听出句子和词,并在发音时感受到它们,而不必注意它们的意义,只要感受到语音和发音动作就行了,这正如一个不懂得这种语言的外国人所做的那样。因此,语音学可以定义为关于人类言语的物质方面(即语音)的科学。"①而"音位学应该研究在某种语言中哪些语音区别是同意义的区别有关系的,研究相互区别的各个成分(或者'特征')之间有什么样的关系以及它们按什么规则组织成词(以及相应地组成句子)"②,"音位学家应该只注意在语言中完成一定功能的那些语音事实。"③

因此,特鲁别茨柯依认为,可以把语音学看成是纯粹的语音现象的研究,把音位学看成是这种语音的语言功能的研究。语音学属于经验现象的范畴,音位学则属于关系的范畴、功能的范畴和价值的范畴。语音学研究的发音动作方面和声学音响方言都是自然现象,因而只能用自然科学的方法来研究,语音的发音动作方面及声学音响方面的研究材料,都只能到具体的言语活动中去汲取。而音位学所研究的语音的价值则是抽象的,这种价值首先应该是关系和对立,它们都是非物质的东西,不能为我们的听觉或触觉所感知,因而应该采用纯粹语言学的方法(广泛地说,应该采用社会科学或人文科学的方法)去研究。

当然,语音学与音位学的这种区别并不妨碍它们相互吸收研究成果。在描写语言的语音结构的时候,语音学在一定的程度上要考虑该语言的音位系统,对于在音位学上重要的对立也

---

① H. C. Трубецкой, Основы Фонологии, 俄译本, 第 17 页, Mockba。

② H. C. Трубецкой, Основы Фонологии, 俄译本, 第 18 页, Mockba。

③ H. C. Трубецкой, Основы Фонологии, 俄译本, 第 19 页, Mockba。

要比对于在语音学上完全不重要的对立更加仔细地加以考察。音位学也得利用语言学的一些概念，某种语言的音位描写，首先要揭示该语言中具有辨义功能的语音对立。但是，特鲁别茨柯依认为："这种相互联系只能涉及音位和语音描写的初级阶段（初级音位学及初级语音学），而且，就是在这个范围内也绝不应该混淆它们的界限。"① "音位学之与语音学，正如政治经济学之与商品学，财政学之与古币学的关系一样。"②

这样，特鲁别茨柯依便把音位学从传统的语音学中分出来，划清了音位学与语音学的界限。他认为："语音学与音位学区分得不清楚，正是语音学经典教材的一个方法论上的缺点。这个缺点既阻碍了语音学又阻碍了音位学的发展，我们今后没有任何理由再重蹈覆辙了。"③

在划清了音位学和语音学的界限之后，特鲁别茨柯依又进一步把音位学与风格音位学区分开来。

他认为，人类的言语要以说者、听者和所谈到的对象三方面的存在为前提，因而每一个语言表达都应该包括三个平面：①谁在说；②用什么样的口吻；③说什么。表示"谁在说"的平面叫做表达平面，表示"用什么样的口吻说"的平面叫做感情平面，表示"说什么"的平面叫做报导平面。

报导平面显然应该属于音位学的范围，因为要知道"说什么"，就得了解句子，而构成句子中词和语法成分的能指的，就是各种各样的音位组合。在表达和感情平面中，有的手段属于

---

① Н. С. Трубецкой, Основы Фонологии, 俄译本, 第22页, Mockba。

② Н. С. Трубецкой, Основы Фонологии, 俄译本, 第18页, Mockba。

③ Н. С. Трубецкой, Основы Фонологии, 俄译本, 第13页, Mockba。

言语（因而也属于语音学）的范围，有的手段属于音位学的范围。例如，在表达平面中，我们可以根据说话者个人的声音特征识别他的性别和年龄，甚至不看说话者，只要听到他的声音就可以知道他是胖的还是瘦的。在感情平面中，例如说话者由于恐惧或激动而结结巴巴，或者由于痛苦而泣不成声等等，都表示出说话者的口吻，它们都不是约定俗成的，而是由说话者个人的自然本性决定的，它们在语言中没有地位，应该属于语音学的范围。然而在表达平面中，有的手段却可以是约定俗成的。例如，在蒙古语达尔哈特土语中，女子的全部央元音和后元音都比男子要发得后一些，男子发为 u，o，a 的音，女子却发为 ù，ò，à，男子发为 ù，ò，à 的音，女子却发为 ü，ö，ä。发音的不同，把男子和女子明显地分为两个社会集团。在感情平面中，有的手段也是约定俗成的。例如，德语中的 schön 在表示欢乐热情的口吻时，元音和辅音都要延长，发成 schschöön，这些约定俗成的手段显然应该属于音位学的范围。

指导平面的一切手段都是属于音位学的，表达平面和感情平面也有一部分约定俗成的手段是属于音位学的，因而音位学就相应地分为三个部门——报导音位学、表达音位学和感情音位学。但是，报导音位学的范围比表达音位学和感情音位学大得多，不能把它们视为有同样地位、同样价值的东西，于是，特鲁别茨柯依把表达平面和感情平面的音位手段放到一门特殊的学科——风格音位学——中去探讨，而音位学这个术语只用来指报导平面上的音位的研究。

这样，特鲁别茨柯依把音位学的研究范围作了进一步的限制，把风格音位学和狭义的音位学区分开来，确定了《音位学原理》一书的探讨范围。

在报导平面上的语音特征又有三个功能：标峰功能、标界功能、辨义功能。标峰功能的作用在于指出在某一句子中含有多少个语言单位（即词或词组）。例如，德语中每个词都有一个主重音，根据句子中主重音的数目，就可以决定该句子所包含词的数目，标界功能的作用在于指出两个语言单位（固定词组、词、语素）之间的界限。例如，在德语中，"辅音＋h"这样的组合可以标志出两个语素的界限（ein Hals "房子"，anhalten "停止"，We－sen－heit "事务"，der Hals "脖子"，verhin-deln "阻碍"，Wahrheit "真理"）：辅音属于前一语素，h 属于后一语素，辅音与 h 之间，就是两个语素的界限。辨义功能的作用在于区别有意义的语言单位。例如，德语 List（诡计）和 Mist（粪肥）的 L 和 M 就区别了这两个词的意义。

任何一种语言的语音特征都必须具有辨义功能，各种语言单位正是依靠这种具有辨义功能的语音特征的帮助才能存在。但标峰和标界的手段并不是所有的语言都具备的，而且它们也不是报导平面上的必要手段。因此，这三种功能中，辨义功能是最重要的。

对于这三种功能，特鲁别茨柯依在《音位学原理》中分"辨义论"和"标界论"来分别论述，标峰功能没有单论，只在个别地方提到。本节中我们只介绍辨义论。

2. 音位的定义

特鲁别茨柯依从两方面来给音位下定义，一方面从语音对立出发来下，另一方面从辨义特征出发来下。

从语音对立出发，他认为语音可以分为相互替换和相互排斥的两种。可处于同样语音环境中的音叫做相互替换的音。如德语 So（如此）－ sie（您），Rose（玫瑰）—Riese（巨人）

46

中的 o - i。在不同语音环境中出现的音叫做相互排斥的音，如德语的 ich - laut 与 ach - laut，其中，ach - laut 型发音只出现在 a，o，u 之后，ch 读为 [x]，ich - laut 型发音出现在别的元音之后，ch 读为 [ɕ]，它们出现的位置是相互排斥的。

相互替换的音可能形成辨义对立，也可能不形成辨义对立。如德语的 r 和 I 可形成辨义对立：**R**and（边缘）– **L**and（国家），füh**r**en（引导）– füh**l**en（感觉）；而在日语中，r 这个音如果误读为 1，并不会改变词义，r 与 1 不能形成辨义对立，因此，在日语的辅音中，规定只有 r 这个音，而没有 1 这个音。如ぬれる（nureru，淋湿），规范的读音是 nureru，但如果读为 nuleru，或读为 ulelu，并不会改变词义。

相互排斥的音如果不具有把它们和同一系统中的所有其他的音区别开来的共同特征，就能形成辨义对立；如果它们具有区别于该语音系统中所有其他的音的共同特征，就不能形成辨义对立。例如，德语中的 h 和 η 相互排斥，η 出现在辅音和非重读的 e、i 之前，h 出现在其他的音之前，它们唯一的共同点是辅音性，而凭这一点并不能把它们和德语中的其他辅音区别开来，因而它们就形成辨义对立。相反，德语中的 ich - laut 型音 [ɕ] 和 ach - laut 型音 [x] 具有区别于德语语音系统中其他音的共同特征——舌背清擦音，因而它们就不能形成辨义对立。

相互替换的音形成的辨义对立叫做直接音位对立，相互排斥的音形成的辨义对立叫做间接音位对立。

构成直接或间接音位对立的成员，叫做音位单位。音位单位可大可小，可长可短，范围很不一样。例如，德语中 Bahn（道路）和 Ban**n**（放逐）仅以音长相区别，而 **tausend**（一千）和 **Tischler**（细木工），除了第一个音 t 之外，其区别分布于整个词上，至于 Mann（男人）和 Weib（女人）的音，则从头到尾都不相同。

我们可以把有的音位单位分解为时间上前后相续的一系列更小的音位单位。例如，德语的 Mähne（鬃）– Bühne（舞台）中的 [mɛː] 和 [byː]，从 Mähne（鬃）– gähne（打呵欠）和 Mähne（鬃）– mahne（提醒）的对立，可知 [mɛː] 还可分为 [m] 和 [ɛː]。从 Bühne（舞台）– Sühne（和解）和 Bühne（舞台）– Bohne（豆）的对立，可知 [byː] 还可分为 [b] 和 [yː]。而 [m] [b] [ɛː] [yː] 不能再分解为更小的音位单位。这种在某种语言中不能分解为更短的前后相续的音位单位的音位单位，叫做音位，换言之，音位是某种语言中最短的辨义对立的成员。

从辨义特征出发，特鲁别茨柯依指出，任何音都包含许多声学音响特征，但它不是以全部的特征而只是以其中的一部分特征区别于其他的音。例如，前面说过德语中 ich – laut 和 ach – laut 的对立是没有辨义作用的，但它们却各自可以与 k 形成对立：stechen（穿刺）– stecken（插牢），roch（发出气味）– Rock（上衣）。k 之区别于 ch（包括 ich – laut 和 ach – laut），在于发 k 时形成一个完全的闭塞，而发 ch 时则在舌面与上颚之间形成摩擦，其中，ich – laut 的摩擦发生于软颚，如今 ch – k 形成辨义对立而 ich – laut 和 ach – laut 的摩擦发生于硬颚，ach – laut 的摩擦发生于软颚，如今 ch – k 形式辨义对立而 ich – laut 和 ach – laut 不形成辨义对立，这就证明了舌面和上颚形成摩擦这一特征在音位学上是重要的，而这种摩擦发生在上颚的哪一部分（硬颚还是软颚）在音位学上则是不重要的。任何音只是以它的音位学上重要的特征参与辨义对立，作

48

为辨义对立成员的音位并不与具体的语音实体相重合，而只与音位学上重要的特征相重合，因此，音位又可定义为某一语音实体中所有在音位学上重要的特征的总和。

那么，音位与语音的关系是怎样的呢？

特鲁别茨柯依认为，语音任何时候也不是音位本身，它只是音位的物质表征。

任何语音一方面包含音位学上重要的特征，借助于这些特征而成为一定音位的体现者，另一方面又包含一系列音位学上不重要的特征，它们的出现和选择受许多条件的制约。例如，德语的 g，音位学上重要的特征是：小舌上升，舌间和上颚形成完全的闭塞，舌头肌肉放松，闭塞破裂时没有气流冲出。音位学上不重要的特征是：舌与上颚形成闭塞的部位、闭塞时双唇和声带的动作等等。因此，在德语中，音位 g 可体现为一系列的音：浊、半浊、全清的 g（在对话中通常是一个弱化的浊音），唇化的软颚音 g（gut"好"，Glut"炽热"），狭唇化的颚化音 g（Gute"善良"，Glück"快乐"），不唇化的软颚化音 g（ganz"完全"，Wagen"车辆"），不唇化的强颚化音 g（Gift"毒药"，Gier"贪欲"），适度的颚化音 g（Gelb"黄色"），等等。

音位可体现于不同的音中，体现同一音位的不同的音，叫做音位变体，如上述的各个 g，都是音位 g 的变体。

特鲁别茨柯依认为，如果从音位的心理性质或从它与语音变体的关系来给音位下定义，不可能得出完满的结果。音位是功能单位，只有从音位在语言中的功能出发，才能完满地界说它。他说："我们不论把音位界说为区别意义的最小单位（Bloom – field 的定义），或是词的实体外壳的语音特征（K. Bühler 的定义），都归结到这样的一点，这就是：任何语言都以辨义（音位）对立的存在为前提，而音位就是这种对立的不能分解为更小的辨义单位的成员。这个一目了然的、没有歧义的定义是不能改变一点点的，如果稍微改变一下这个定义的样式，就会把问题复杂化，而这种复杂化本来是可以避免的。"①

3. 划分音位的原则

给音位下了定义之后，特鲁别茨柯依接着就提出了划分音位的原则。

划分音位包含两个问题：

第一个问题：如何确定两个音是同一个音位的体现还是不同音位的体现；第二个问题：如何划分音位和音位组合的界限。

关于第一个问题，他举出了如下的原则：

（1）如果两个音不能相互替换或者相互替换之后就会改变词的意义或者把词歪曲到不能辨认的程度，那么，它们就是不同音位的体现。例如，在德语中，用 a 替换 Lippen（唇）中的 i 形成 Lappen（抹布），引起了词义的改变，用 a 替换 Fisch（鱼）中的 i 形成 Fasch，把词歪曲到不能辨认的程度，因此，i 和 a 是德语中两个不同音位的体现。

（2）如果两个音出现在同样的位置，并且能相互替换而不改变词义，则它们是同一个音位的随选变体。

从语言规范的角度看，随选变体又可分为社会的随选变体和个人的随选变体两种。如果随选变体能在同行程度上被使用，而不算是错误的或不合规范的，那么，它们就是社会的随选变体。例如，德语中重读元音前的辅音可以延长，也可以不延长：ja – jja，schön – schschön，它们都是合乎规范的，是社

① Н. С. Трубецкой，Основы Фонологии，俄译本，第 49 – 50 页，Москва。

50

会的随选变体。个人的随选变体则分布于某个语言社会的各个个人之中，它们有一部分被认为是"规范的""好的""标准的"发音，有一部分被认为是地方性的、社团的、病态的发音和对规范的某种歪曲。例如，法语中的 r，有人发成小舌颤音，这是规范的，有人发成舌尖颤音，这是不规范的，它们都是个人的随选变体。

从功能的角度看，随选变体又可分为有风格意义的随选变体和无风格意义的随选变体两种。有风格意义的随选变体表示言语风格的区别，它们在报导平面上没有作用，只在表达和感情平面上有作用。例如，德语重读元音前辅音的延长：ja→jja，schön→schschön，可以表示强烈的感情，有风格作用而没有辨义作用，是有风格意义的随选变体。无风格意义的随选变体不表示言语风格的差别，它们在报导、表达、感情三个平面上都没有作用。

（3）如果两个音的音响相近，出现的位置互补，那么，它们是同一音位的组合变体。但何谓"音响相近"，特鲁别茨柯依并未正面说明，言下之意，大概是指有共同的辨义特征。

关于划分音位的第二个问题，特鲁别茨柯依认为，语音分析的最短单位和音位分析的最短单位并不是在任何情况下都重合的。有时，语音分析中的一组音在音位分析中应该看成一个音位；也有的时候，语音分析中的一个音在音位分析中应该看成是几个音位的组合。对此，他提出了如何判定一组音是单音位的体现以及如何判定一个音是复音位的体现的一系列原则。

划分出音位来之后，特鲁别茨柯依还研究了音位之间的各种关系。这里，我们把他的研究结果，从类聚关系和组合关系两方面加以归纳，分述如下。

4. 音位的类聚关系

特鲁别茨柯依从辨义对立的角度把音位的类聚情况作了分类，他把音位对立分为单度对立、多度对立、孤独对立、平行对立、有无对立、递级对立、等价对立、稳固对立、可中和对立等多种。他认为，在各种对立中，兼具单度、平行、有无、可中和等特性的对立最能显示音位的内容，于是，他把这样的对立构成关联对，并找出各种关联对的关联特征。如法语中的 d-t，b-p，g-k，z-s 等关联对，其有记成员特征是浊音性，其无记成员特征是非浊音性，因而浊音性就成为这一组关联对的关联特征。

可以按关联的亲近程度的不同，把亲近的关联归并成关联束。例如，古希腊语中，有浊音关联 t-d，p-b，k-g，又有送气关联 t-th，p-ph，k-kh，其中，t，p，k 既参与浊音关联，又参与送气关联，这样便构成了一个关联束：

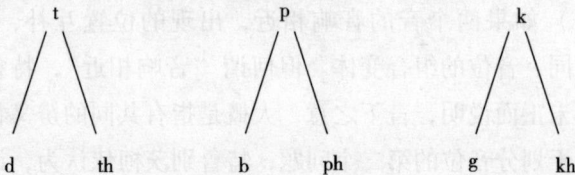

图 3-1　关联束

一种语言中形形色色的类聚，最后可构成一个更大的类聚——音位系统。

为了研究音位系统中的类聚关系，特鲁别茨柯依把在各种语言中构成辨义对立的语音特征分为三类：元音特征、辅音特征、超音质特征。元音音位只能由元音特征组成，辅音音位只能由辅音特征组成，超音质特征总是附着在元辅音音位之上的，因而没有一个音位是只由超音质特征组成的。

52

特鲁别茨柯依给元音系统提出了三类特征：

（1）部分特征（音色特征）：按部位的不同，元音可分为八个音色类：唇化元音、非唇化元音、前元音、后元音、唇化前元音、唇化后元音、非唇化前元音、非唇化后元音。

（2）开口度特征（响度特征）：任何语言的元音系统中都具有不同开口度的音位对立，与音色类相应，元音可按开口度的不同分为不同的"响度级"，如开元音、闭元音等等。

（3）共鸣特征：它可以说明元音的纯与不纯，把纯元音跟鼻化元音或带喉头作用的元音区别开来。

根据这三个特征，元音系统可分为：

（1）直线系统：这种系统的元音只有开口度特征，没有部位特征，因而只能排列成直线状的。如蒙古语短元音系统：

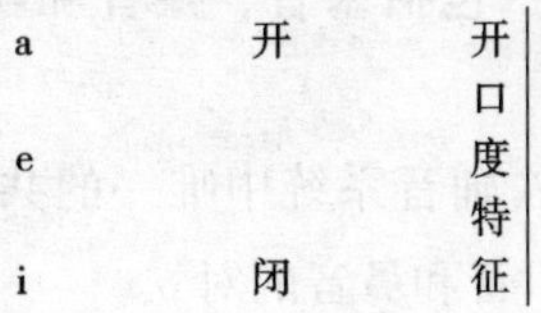

```
a          开          开
                       口
e                      度
                       特
i          闭          征
```

图3-2　直线系统

（2）四角形系统：这种系统的元音既有开口度特征，又有部位特征，因而可排成四角形的。如东卡巴语元音系统：

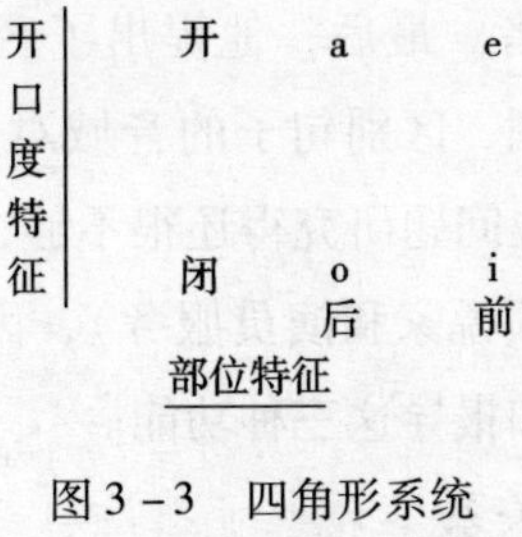

```
开 |   开     a    e
口 |
度 |
特 |
征 |   闭        o    i
       后    前
       部位特征
```

图3-3　四角形系统

（3）三角形系统：这种系统的元音既有开口度特征，也有部位特征，但由于开口度最大的元音不参与部位特征的对立，因而只能排成三角形的。如拉丁语元音系统：

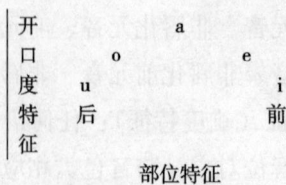

```
开            a
口       o        e
度   u              i
特   后            前
征
```
部位特征

图 3 - 4　三角形系统

对于辅音系统，特鲁别茨柯依提出了三类特征：

（1）部位特征：包括舌根－舌背音、舌尖－齿音、咝擦音和唇音，有时还可加上边音、颚音、舌根音、喉头音。有些语言如霍吞托语和而希曼语，还有搭嘴音和吸气音。

（2）方式特征：包括塞音、擦音和响音。塞音是暂音，擦音和响音是久音。

（3）共鸣特征：辅音系统中唯一的共鸣特征就是鼻化关联，并由此形成了口音和鼻音的对立。

对于超音质特征系统，特鲁别茨柯依提出了"音节负荷者"的概念。他认为，不仅元音可具有超音质特征，而且辅音也可具有超音质特征，音节中负荷辨义的超音质特征的部分，叫做音节负荷者。最后，他提出了区别句子的超音质特征，其中包括：句调、区别句子的音域对立、句重音和停顿。他指出，句子的音位问题研究得还很不够，以往的研究只是为了实用的目的（为演说家和演员服务），因此，在研究时一般不区别表达、感情和报导这三种功能。

5. 音位的组合关系

上面讲的类聚关系，是音位和音位在系统中的相互关系；

而组合关系，则是音位和音位在组合时的相互关系。在这方面，特鲁别茨柯依论述了两个问题。

（1）在音位组合时，对立在哪些位置失去辨义作用？——辨义对立的中和问题。

（2）具有辨义作用的音位如何组织起来？——音位的组合问题。

如果音位对立在某一位置失去了辨义作用，那么，就说它们在这个位置中和了。在对立中和的地方，这个对立的特征失去了辨义作用，能够起作用的只剩下这对立的两个成员所共有的特征。这种中和了的两个音位所共有的特征的总和，叫做原型音位。在对立中和的地方，对立的一个成员就成为这原型音位的代表。这个原型音位与该系统中所有的其他单位相对立，而这种对立正是音位存在的基本条件。例如，德语中的 d－t 对立如处于中和位置，则它的原型音位既不代表浊辅音，也不代表清辅音，而是"非鼻化舌尖塞音"，这样，它一方面与鼻化舌尖音 n 相对立，另一方面与非鼻化双唇塞音 p 相对立。

由于中和只在一定的位置发生作用，这个位置能区分的音位数目就比其他位置少。可见，除了一般的音位及超音质音位的系统之外，还有一个特殊的中和系统。它只在一定的位置发生作用，而且，它的范围比一般的音位及超音质音位系统小得多。

音位对立的中和可归纳为两种类型——受环境制约的中和及受结构制约的中和。

如果中和的发生取决于周围的一定类型的音位，我们把这些周围的音位看成环境，那么，这种中和就是受环境制约的中和。

受环境制约的中和，可以根据一定音位的作用于该环境的某一特征与其类似或不类似而分为异化中和与同化中和。异化中和只有在它周围的音位具有与它相同的特征时才有可能发生，而同化中和只有在它周围的音位不具有这种特征时才有可能发生。例如，在保加利亚语和立陶宛语中，颚化音与非颚化音的对立在一切辅音前中和，如果它们后面的辅音是颚化音，那么，就是异化中和；如果它们后面的辅音是非颚化音，那么，就是同化中和。

如果中和的发生取决于词中的一定位置，那么，这种中和就是受结构制约的中和。

受结构制约的中和又可分为离心中和与弱化中和两种。所谓离心中和，就是辨义对立在词或词素的边界处（或者在词头，或者在词尾，或者既在词头又在词尾）发生中和。所谓弱化中和，就是辨义对立只在具有标峰功能的音节（这个音节在大多数语言中是重音）以外的位置发生中和。例如，在捷克语中，长元音和短元音的对立在词头中和，这就是离心中和；在南部大俄罗斯语中，o－a，e－i 的对立在非重读音节中和，这就是弱化中和。

上述种种中和类型结合起来发生的作用表现在截然相反的两个方面："一方面，由于它们的相互限制，使得可中和对立实际上只在很少的位置发生作用，而在大多数位置仍然保存着自己的音位价值。另一方面，它们又可能交叠在一起相互补充，使得中和对立在这个极其狭小的范围内也可能实现自己的辨义功能。"①

在音位的组合关系方面，更普遍的是音位的组合问题。

---

① Н. С. Трубецкой，Основы Фонологии，俄译本，第 270 页，Moc－kba。

56

对于任何语言都适用的普遍的音位组合规律虽然可以用归纳法得出，但这种规律只在一小部分音位组合中起作用，对于音位组合的研究并无多大意义。因为各种语言都有其特殊的音位组合规则，所以，特鲁别茨柯依在书里只介绍了研究音位组合的方法。他认为，研究音位组合至少要回答下面三个问题：

（1）在某一位置允许出现什么音位，不允许出现什么音位；

（2）这些音位在该位置的排列顺序；

（3）在该位置允许出现的音位组合中所包含的音位的数目。

运用特鲁别茨柯依提出的下述方法，可圆满地回答这三个问题：

（1）确定一个最适合于研究音位的组合的音位单位（词、语素），这个单位叫做"框子"。例如，德语中辅音组合的花样几乎是无穷的，可以有 kstst（**Axst**iel"斧柄"），kssv（**Fuchsschw**anz"狐狸尾巴"），pstb（**Obstb**aum"果树"）等等，要从中确定音位的组合规则是非常困难的，但如果我们以语素为"框子"划定一个范围，那么，要确定音位的组合规则就容易得多了。

（2）把"框子"加以适当的分类，这种分类要与该语言的语音结构相适应。例如，德语的"框子"（语素）可分为重读语素和非重读语素，重读语素在构成复合词时具有主重音或次重音（如 **Aus**wahl"选择"，Eigen**tum**"所有制"，**tier**isch"动物的"等词中的 Aus－，－tum，tier－），非重读语素不具有主重音或次重音（如 **Ge**bäude"建筑物"，wirf**st**"投掷"，现在时单数第二人称，ruh**ig**"安静的"中的 ge－，－st，－ig）。非重读语素又分为重读词前的语素（如 **be**halten"保留"

57

中的 be –) 和重读前后的语素（如 **Wählerisch** "爱挑剔的"
中 – er – 和 – isch）。事实证明，这种分类是完全与德语中各种
语音结构类型相适应的。

（3）研究"框子"里的各音位之间的关系。

①研究音位在"框子"里出现的位置。例如，在德语重
读词后的语素中，s，x，g 只在 i 之后出现（– **ig**，– **lich**，
– **rich**，– **isch**），d 只在 n 之后出现（– **end**），ŋ 只在 u 或 i
之后出现（**Jüngling**，"少年人"）。

②研究音位在"框子"里的结合方式。他提出了三种基
本的结合类型：

a. 元音型：如德语的 Ei；

b. 辅音型：如德语的 – st，– nd，– ns；

c. 元辅音型：如德语的 – lich，– ig，ab –。

这样，以语素为"框子"，就可以确定某位置出现的音位
的性质、顺序及数目，对音位组合作出正确的分析。

《音位学原理》辨义论的最后一章是关于音位统计学的，
兹不详述。

总起来说，特鲁别茨柯依对音位学理论的贡献有以下四个
方面：

第一，提出了语音的辨义功能，给音位下了比较确切的定
义。

第二，把语音学与音位学区别开来，又把风格音位学与音
位学区别开来，明确地划定了音位学的界限。

第三，从不同的角度，全面研究了音位之间的类聚关系和
组合关系，揭示了音位的相互依存、相互制约的辩证规律。

第四，提出了音位学研究的一系列方法，如划分音位的方

法及研究音位组合的方法。

当然,《音位学原理》一书也有一些前后矛盾和不能自圆其说的地方,但是瑕不掩瑜,这部著作可以称得起现代音位学理论的经典性著作。

第三节 特鲁别茨柯依论印欧语问题

1936 年 12 月 14 日,特鲁别茨柯依在布拉格语言学会作了《有关印欧语问题的一些看法》的报告。在这个报告中,特鲁别茨柯依对传统的历史比较法,包括原始印欧语的说法,提出了许多疑问。他认为,"语系"的概念完全不要求以一系列语言共同来源于同一原始语为前提。"语系"是指一组语言,这些语言除了在语言结构上有一系列共同特点之外,还有一系列共同的"语言材料上的一致",也就是说,这些语言中有相当一部分语言的语法成分和词汇成分表现出有规律的语音对应关系。但是,为了解释语音对应规律,完全用不着假设这一组语言有共同的来源,因为这种对应规律也可能存在于一种非亲属语言从另一种非亲属语言的大量的借用现象之中。

他认为,印欧语系各语支之间的联系并不特别紧密。印欧语系的每一语支,都有相当数量的词汇和语法成分,在印欧语系的其他语支中找不到准确的对应。在这种情况下,假设印欧语系的形成是由于最初彼此没有亲属关系的诸语言(即印欧语系近期的诸语支的祖先)聚合发展的结果,这种假设决不比相反的假设(即似乎印欧语言的各个语支都是由单一的原始印欧语通过纯分化发展而来的)更无道理。

特鲁别茨柯依提出,为了证明一种语言属于印欧语系,除了

59

需要有数量不定的语言材料上的一致之外,不必须具备我们所知的全部印欧语(活的和死的)所特有的下述六个结构特征:

（1）没有元音和谐。印欧语中词的非第一音节的元音,从不取决于第一个音节的元音。元音和谐是阿尔泰语系和乌戈尔－芬兰语系许多语言的特征。

（2）词首可能出现的辅音不比词中可能出现的辅音贫乏。印欧语词首的辅音的各类远比词内的辅音丰富。

（3）词不一定从词根开始。没有一种印欧语是没有前缀的。

（4）词形的构成不仅借助于词缀,也可以借助于词内的元音交替。

（5）除元音交替外,不受外部条件制约的辅音交替,在构成语法形式上也起一定的作用。从历史的观点来看,各种类型的辅音交替都是由于各种联音变化所引起的,变化的条件大部分都容易确定。但是,从共时的观点（即从语言的某一状态的观点）来看,辅音交替已经不受外部条件制约了,并且像元音交替一样,多数是构形的辅助手段。

（6）不及物动词的主语,完全可以跟及物动词的主语一样处理。在由词的格尾来区分主语和及物动词的直接宾语的印欧语中,不及物动词的主语所用的词尾同及物动词的主语一样;在由句子里的词序来区分主语和及物动词的直接宾语的印欧语中,不及物动词的主语相对于谓语的位置,完全和及物动词的主语一样。

上面列举的六个结构特征中的任何一个,有可能分别在非印欧语中找到;但是,全部六个特征仅能在印欧语里一起出现,凡不具有这全部六个特征的语言,即使该语言词汇里有很多成分同印欧语一致,也不能认为是印欧语。反之,尽管一种语言的词汇和构形成分大部分借自非印欧语。但只要表现齐全上述六个特征，也应该承认该语言是印欧语。

据此，特鲁别茨柯依认为，上述六个结构特征同一定数量的"原始印欧语"的词根、词缀结合的过程，可能在几种语言里，在大致相同的时间内，同时完成。如果是这样的话，那么，印欧语从一开始就必定有若干种，它们在共同的区域内，由于长期并存，产生了语音、语法结构在类型上的相似点，起初形成了语言联盟，随着时间的推移，该语言联盟就发展成一个语系。特鲁别茨柯依认为，印欧语结构产生的地区，位于乌拉尔－阿尔泰诸语言和地中海诸语言之间。

尽管特鲁别茨林依对于印欧语问题提出了有别于前人的独特看法，但他也不否定印欧语系的某些语言起源于同一母语的可能。他指出，在印欧语的发展史上，必须承认存在着语言分化和他所提出的语言聚合这两条道路。从此以后，不少语言学家经常讨论语言发展的两条道路问题，至今尚无定论。

第四节　雅可布逊的区别特征学说

布拉格学派的另一个代表人物雅可布逊移居美国后，于1938 年 7 月在比利时的根特城举行的第三届国际语音学会议上，提出了能否把音位对立归并为二项对立的问题。他认为，任何语言的音位对立都是以对分法为基础的，因此，音位的多项对立可以归并为二项对立。1951 年，雅可布逊、根那尔（C. Gunnar）、范特（M. Fant）、哈勒（M. Halle）等人，在他们合写的一篇论文《语音分析初探》（Preliminaries to speech analysis – The distinctive features and their correlates）中，提出了对分法理论以及区别特征学说。他们认为，一切语言的音（无论元音或辅音）都可以根据它们的生理的或声学的特性，用对分法分成一对对的"最小对立体"（minimum pairs）。例如，元音的舌尖有高 - 低的对立，辅音的发音方法有清 - 浊的对立等等。他们把这些最小对立体归纳为 12 对区别特征（distinctive features），并且指出，世界上各种语言都可以用这 12 对区别特征加以描述。

这 12 对区别特征是：

（1）元音性/非元音性（vocalic/non - vocalic）：如 a - p。

（2）辅音性/非辅音性（consonantal/non - consona/ntal）：如 p - a。

（3）鼻音/口音（nasal/oral）：如 m - p，n - t，ŋ - k。

（4）聚集/分散（compact/diffuse）：如 e - i。发宽元音 e 时，频谱中心能量集中，发窄元音 i 时，频谱中心能量分散。

（5）突发/延续（interrupted/continuant）：如 p - f，b - v。

（6）粗糙/圆润（strident/mellow）：如 s - θ。发 s 时，发音狭缝边缘粗糙，发 θ 时，发音狭缝边缘光滑。

（7）急停/非急停（checked/non - checked）：如 p? - p。发 p? 时，气流突然减弱；发 p 时，气流逐渐减弱。

（8）浊音/清音（voiced/voiceless）：如 v - f，b - p，ð - θ。

（9）紧张/松弛（tense/lax）：如 k - g。发 k 时，语音有一定的稳定阶段，发音器官肌肉比较紧张；而发 g 时，语音的稳定阶段较短，发音器官肌肉松弛。

（10）钝音/锐音（grave/acute）：如 m - n。发 m 时，频谱的重心在低频区；发 n 时，频谱的重心在高频区。

（11）降音/升音（flat/plain）：如 u - 。发 u 时，频谱中

的高频成分比发 ɨ 时降低或减弱。

（12）升音/平音（sharp/plain）：如 dj – d。发 dj 时，频谱中的高频成分比发 d 时升高或加强，而且，发 dj 时，舌部上抵硬颚，产生颚化作用。

传统的任何多项音位对立都可以归纳为上述的二项对立。因此，区别特征理论成为音位分析的基础。

对分法原则使我们有可能通过逻辑描写来鉴定音位。逻辑学的排中律规定：如果某一物体不属于 A 类，便属于非 A 类。我们可以根据上述区别特征，对于具体语言中的所有音位，采用排中律来鉴定。如某一音位具有二项对立中的前项特征，记以 " + " 号；具有二项对立中的后项特征，记以 " – " 号。这样，便可作成一个矩阵表，作为对这种语言每一音位的区别特征总和的描述，这样的矩阵表也就是这种语言的音位模式。

例如，英语的音位模式如表 3 – 1。

表 3 – 1　英语的区别特征矩阵表

	O	a	e	u	ɔ	ı	l	ŋ	ɪ	k	ξ	ʒ	ĝ	g	m	f	p	v	b	n	s	θ	t	z	θ	d	h	#
1. 元音性/非元音性	+	+	+	+	+	+	+	–	–	–	–	–	–	–	–	–	–	–	–	–	–	–	–	–	–	–	–	–
2. 辅音性/非辅音性	–	–	–	–	–	–	+	+	+	+	+	+	+	+	+	+	+	+	+	+	+	+	+	+	+	+	+	–
3. 集聚/分散	+	+	+	–	–	–		+	+	+	+	+	+	+	–													
4. 钝音/锐音	+	+	–	+	+	–									+	+	+	+	+									
5. 降音/平音	+	–		+																								
6. 鼻音/口音								+	–	–	–	–	–		+	–	–	–	–	+								
7. 紧张/松弛										+	+	+	–	–			+	+	+		–		+	+	+	–	+	–
8. 突发/延续										+	–	–	+	–			+	+	–		+	+	–	+	+	–		
9. 粗糙/圆润																	+	–			+	–		+	–			

音位的区别特征学说，指同了构成语言音位的最基本的特

63

征，这与现代物理学中对物质结构的分析颇为相似。雅可布逊写道："语言学分析及其得出的、不能再行分解的音位特征的概念，同现代物理学的研究成果有惊人的相同之处，物理学也正表明，物质具有粒子状结构，因为它是由基本粒子构成的。"①

　　雅可布逊的音位对分法理论提出后，世界各国语言学家纷纷引用和评论。有的用以建立某种语言的音位系统；有的对于雅可布逊提出的 12 对区别特征加以修订；有的以此来设计语音的识别方案，用电子计算机来识别和筛选输入的语音；有的以此来进行语音合成，根据音位的基本的区别特征，在计算机终端输出字母或语音。

本章参考文献

1. R. Jakobson, über die phonologischen Sprachbünde, Travaux du Cercle Linguistique de Prague, 4, 1931.

2. N. S. Trubetzkoy, Gedanken über das Indogermanen – problem, Acta Linguistica, Vol. Fasc. 2, Copenhague, 1939, P81 – 89；中译文见《国外语言学》，1984 年第 4 期，雷明译。

3. Н. С. Трубецкой, Основы Фонологии, 俄译本, Mockba, 1960.

4. 吴宗济：《语音的"区别特征"》（实验语音学知识讲话，五），《中国语文》，1979 年第 6 期。

5. 冯志伟：《特鲁别茨柯依和他的〈音位学原理〉》，《语文论集》第二辑，外语教学与研究出版社，1987 年。

---

　　① R. Jakobson, On the identification of phonemic entities, TCLP, Vol. V, P213, 1949.

第四章　哥本哈根学派

哥本哈根学派是结构主义三大流派之一，在现代语言学史上有重要地位。本章主要介绍这个学派的概况及其基本理论观点。

第一节　哥本哈根学派概况

丹麦哥本哈根学派继承了索绪尔关于语言是一个符号系统、语言是形式不是实体等观点，并进一步加以发展，从而形成了一个与布拉格学派极不相同的结构主义学派。因此，又有人把哥本哈根学派称为语符学派（glossematics）。

哥本哈根学派是一个人数不多的语言学流派。这一流派的代表人物乌尔达尔（H. J. Uldall）死得很早。他死后，叶尔姆斯列夫（L. Hjelmslev，1899 - 1965）成了这个学派的代表人物。叶尔姆斯列夫同时也是哥本哈根学派的创始人之一。哥本哈根学派在 1931 年成立时，创始人除叶尔姆斯列夫之外，还有布龙达尔（V. Brøndal，1887 - 1942）。他们于 1939 年出版了《语言学学报》（Acta Linguistica），作为结构主义语言学的国际评论阵地。

这一学派的最主要的纲领性著作有三部：一是 1943 年出版的叶尔姆斯列夫的《语言理论导论》（Omkring Sprogteoriens

Grundlaeggelse，英译本出版于 1953 年，俄译本出版于 1960年），二是 1957 年出版的乌尔达尔的《语符学纲要（一般理论）》（Outline of Glossematics，Copenhagen，1957），三是 1939年登在《语言学学报》第一卷第一期上的布龙达尔的《结构语言学》（Linguistique Structurale）一文。

即使在丹麦，这一学派追随者的人数也极为有限。除上述三个人外，还有斯鹏 – 汉森（H. Spang – Hanson）、费歇尔 – 荣根森（E. Fischer – Jørgensen）、索楞森（H. Sørensen）、迪德里希森（P. Diderichsen）、托格比（K. Togeby）等。

叶尔姆斯列夫是哥本哈根学派中最有影响的人物。他生前曾任哥本哈根大学哲学系所属的比较语言学和语音学研究室主任。叶尔姆斯列夫一生的著作有百余种，其中比较重要的论文有：

1. 《普通语法原理》（1929）

2. 《论格的范畴》（1935）

3. 《语言学中的形式和实体》（1939）

4. 《语言和言语》（1943）

5. 《语言学中的结构分析方法》（1952）

6. 《论结构语义学》（1957）

不过，集中反映叶尔姆斯列夫的理论观点的著作，是前述的《语言理论导论》一书。

哥本哈根学派的特点是偏重纯理论研究，具体语言分析方面的著述极少。因此，即使是赞成这个学派观点的一些语言学家也不得不承认哥本哈根学派的理论对于语言科学没有多大的实际用处。例如，美国著名结构主义语言学家加尔文（P. Garvin）就曾指出："当你理解了《语言理论导论》的观点时，你会感到一种享受。但是，另一方面，这本著作对于具体的语言分析帮助不大。"哥本哈根学派的语言理论在实践中的应用，恐怕只能举出两本著作：一个是托格比的《法语的内部结构》（Structure immanente de Ia langue franξaise），一本是索楞森的《现代英语中词的分类》（Word－classes in modern English）。但这两本书都写得不太成功。

尽管哥本哈根学派人数不多，而且又偏重纯理论研究，但它在现代外国语言学诸流派中，仍占有重要地位，这大概是因为这种理论顺应了许多人文科学和精密科学发展的总趋势的缘故。这个学派成了现代语言学的许多理论观点的来源，因此，我们有必要了解它。

第二节　哥本哈根学派的语言理论

哥本哈根学派和布拉格学派都力图贯彻索绪尔的语言理论，但是，这两个学派却是以索绪尔语言理论的不同方面为依据的，因此，得出的结论也各有差别。哥本哈根党派的代表人物叶尔姆斯列夫抛弃了索绪尔关于语言的社会本质的论点，关于音位的物质性的论点，排除了索绪尔理论中与语言现实有联系的组成部分，而把索绪尔关于语言是一个符号系统，关于语言和言语的区分，关于语言是价值体系，关于语言是形式不是实体等论点发展到极致，得出了一个在逻辑上前后一贯的、自圆其说的语言理论体系。所以，我们可以把叶尔姆斯列夫的语言理论看成是对索绪尔语言理论的片面解释，当然，这当中也不乏叶尔姆斯列夫本人的独到见解。

叶尔姆斯列夫说："我认为必须强调指出，不应该把语符学跟索绪尔的理论等同起来。很难说，索绪尔的观点是如何在思想中具体形成的，而我个人的理论和方法，许多年以前还在我接触到索绪尔的观点之前就已经逐渐形成了。回过头来阅读索绪尔的《教程》，更加证实了我自己的许多观点，然而我是从自己的观点来看待他的理论的。"① 从这一段话可以看出叶尔姆斯列夫的理论与索绪尔的理论的异同。叶尔姆斯列夫又说："索绪尔以前的语言学中，任何问题都是从个人行为的角度提出的。言语活动被缩小为个人行为的总和。新语言学理论与传统语言学的原则区别和转折点正是在这上面。索绪尔尽管承认个人行为的重要性及其对语言变化的决定性作用，从而对传统观点作了充分的让步，可是他终于建立了与以前根本不同的原则：结构语言学，格式塔语言学（Gestaltlinguistik），它应该代替，至少是补充以前的纯联想的语言学。"② 叶尔姆斯列夫在这里提到的"格式塔语言学"，也就是按照格式塔心理学建立的语言学，他认为，结构语言学实质上就是格式塔语言学。所谓"格式塔"，乃是德文"Gestalt"一词的音译。据格式塔心理学派的代表人物之一柯勒（W. Köohler, 1887－1967）解释："在德文里，'Gestalt'一词可以被用为'形式'或'形状'的同义词"；"可是至少从歌德的时代以来，特别是在他自己的有关自然科学的著作里，'Gestalt'这一名词就具有两种含义：除了作为事物的一种特性的'形状'或'形式'这一含义而外，它还具有作为某种被分离的和具有'形状'或'形式'这一属性的事物而存在的具体个体和独特实体的这样一种含义。依据这一传统，在格式塔的学说里，'Gestalt'一词的含义乃是指任何一种被分离

① L . Hjelmslev, Structural analysis of language, ActaLinguistica, VI, P58.

② L . Hjelmslev langue et parole, Cahiers F. de Saussure, 2, P29, 1943.

的整体而言的。"①可见,格式塔语言学就是反对元素分析,强调整体组织的语言学。叶尔姆斯列夫认为,这种语言学才是真正体现了结构主义精神的结构语言学。在他看来,结构语言学必须强调,语言现象是一种格式塔,是一个"被分离的整体",整体并不等于部分的总和,它并不是由若干个部分组合而成的,整体乃是先于部分而存在的,并且它还制约着部分的性质和意义。

叶尔姆斯列夫公开声称,哥本哈根学派是从属于用结构主义方法研究语言学的一个学派。他说:"没有必要提及那些在语言学中应用结构主义方法而得出的结论。只要指出下述情况就足够了:有了结构主义方法之后,语言学才彻底脱离了主观主义及不精确的状况,才脱离了直觉的、纯粹是个人的论断(语言学直到最近都还处在这些束缚之中),而最终有可能变为真正的科学。……当语言学成为结构主义的语言学时,它才是客观的科学。"② 由此可见,叶尔姆斯列夫是坚决维护结构主义语言学的立场的。

下面,我们介绍哥本哈根学派的语言学理论的几个重要观点。

1. 建立统一的语言研究的方法论

叶尔姆斯列夫在《语言理论导论》一书中,热情地赞颂语言的各种绝妙美好的性质。他说:"语言是人类社会基本的和最不可少的基础。……在我们的意识的第一次觉醒之前,语言就是我们的回声,它反映我们思想的第一次温柔的喃语,从日常活动一直到最细腻、最甜蜜的时刻,它寸步不离地伴随着我们。……语言不是伴随人的外部现象。它十分紧密地跟人的理智联

---

① W. Köhler, Gestalt Psychology, P191 – 192, 1929.

② L . Hjelmslev, la notion, de rection, Acta Linguistica, vol. I, P11, 1939.

系在一起。它是个人和部族继承下来的财富。……语言在个人、家庭、民族、人类及生活本身中扎根如此之深,以至使我们忍不住提出这样的问题:语言是否不仅是现象的反映,而且也是这些现象的体现——也就是产生出这些现象的种子。"①

叶尔姆斯列夫认为,传统语言学注重的不是语言本身,而是那些虽然跟语言有某种联系,但位于语言之外的现象。"构成传统语言学主要内容的,是语言的历史和各种语言起源的比较,其目的与其说是了解语言的本质,不如说是了解历史时期和史前时期的社会环境和各族人民之间的接触。在这一了解的过程中,语言只不过是当作一种工具罢了……实际上我们研究的是 disiecta membra,即语言的支离破碎的部分,它们不能把语言作为整体概括起来。我们研究的只是语言在物理学、生理学、心理学、逻辑学、社会学和历史学等方面的现象,而不是语言本身。"②

为了克服这样的缺陷,语言学的首要的和刻不容缓的任务就是改变语言研究的方向,把语言学建立在统一的方法论基础之上。

那么,这种统一的方法论基础是什么呢? 叶尔姆斯列夫说:"语言学的结构方法跟另一门学科有着紧密的联系。这门学科的形式完全不依赖于语言学,而且到目前为止,这门学科还没有引起语言学家的特别注意。这就是语言的符号逻辑理论。这是从数学推理中产生出来的一门学科,其创始人为怀特海(White - head)、罗素(Russel) 和维也纳的符号逻辑学

---

① L . Hjelmslev,Prolegomena to a Theory of Language,1 节,1953。

② L . Hjelmslev, Prolegomena to a Theory of Language, 1 节, 1953。

派，特别是卡尔纳普（Carnap）。卡尔纳普现在是芝加哥大学教授，他关于句法学和语义学的最新著作，对语言研究有着无可置疑的重要意义。"①

根据语言的符号逻辑理论，叶尔姆斯列夫认为，语言学不同于历史、文学、艺术等人文科学，必须在其中找出一个常数（con－stancy），使之投射于现实。在任何过程（process）中，必然有一个系统（System），在任何变动中，必须有一个常数。语言学的任务就是演绎地建立这个系统，这个系统将预见到语言单位的各种可能的组合。因此，它必然要高于单纯描写的科学。

传统语言学所采用的归纳法只能找出不同语言中的差异，而不能引导研究者们得出他们所要追求的常数，因而不能建立语言理论。真正的语言必须是演绎的。

他说："研究语言的特殊结构并仅仅以前提的形式体系为出发点的语言学理论，对于言语中的例外情况和变态形式不应赋以特别的意义，虽然不得不注意：语言学理论应当寻求经常性的、跟任何非语言的'现实'无关的东西。当这种经常性的东西被找到并得到描写之后，就可以把它投影到'非语言的现实'中去。"②

"按我们的意思，理论本身是独立于经验之外的。它本身丝毫不表明它有什么应用的可能性，也不表明它跟实验结果有什么关系。"③

"承认整体不是由物体而是由关系组成，承认不是实体本

① Л. Ельмслев, Метод структурнгоанализа в лнигстике, Хрестоматияпоистории языкознанияXIX и XX веков, Р423.

② L．Hjelmslev，Prolegomena to a Theory of Language, 2 节, 1953。

③ L．Hjelmslev，Prolegomena to a Theory of Language, 5 节, 1953。

身而是实体内部和外部的关系才具有科学的存在价值，这在科学中自然不是新鲜事儿，但在语言学中却可能是新鲜事儿。"①

叶尔姆斯列夫甚至要求这样的语言理论要适合于人们从来没有遇到过，甚至也永远不会遇到的根本不存在的语言。他公然声称："语言理论不能用现在的记录和语言去证实。"可见，叶尔姆斯列夫企图建立一个适用于描写任何语言甚至是根本不存在的语言的极其抽象的语言理论。

2. 语言符号是由内容形式和表达形式构成的单位

叶尔姆斯列夫把索绪尔关于"语言是形式，不是实体"的观点推到极致，把所有的实体都从语言的范围中排斥出去。他说："语言理论要求分析语句，这种分析使我们能提示出隐藏在直接可以为感官接受的'实体'之后的语言体系。"② "实体……并不是语言形式存在的必要前提，但是语言形式却是实体存在的必要前提。"③ "实体的描写取决于语言形式的描写。"④ "这种形式之外的东西……是非语言的东西，即所谓实体。语言学分析语言形式，而很多其他科学则研究实体。"⑤

从这样的观点出发，叶尔姆斯列夫认为，语言不是由实体构成的，而是由关系构成的。在语言中存在的不是实体，而是实体中的内部和外部的关系。他提出了三种关系：

（1）相互依存关系（interdependence），即双边的关系，A依存于B，B也依存于A。

---

① L. Hjelmslev, Prolegomena to a Theory of Language, 9 节, 1953。
② L. Hjelmslev, Prolegomena to a Theory of Language, 20 节, 1953。
③ L. Hjelmslev, Prolegomena to a Theory of Language, 21 节, 1953。
④ L. Hjelmslev, Prolegomena to a Theory of Language, 15 节, 1953。
⑤ L. Hjelmslev, Prolegomena to a Theory of Language, 15 节, 1953。

（2）决定关系（determination），即单边的关系，其中一个是决定者，另一个是被决定者，而不是相反。

（3）并存关系（constellation），多个项目并列，彼此互不依存。

这三种关系出现在过程（process）和系统（system）中又分别获得不同的名称。

（1）在过程中项目之间的相系依存关系叫协同关系（solidarity）；在系统中项目之间的相互依存关系叫互补关系（complementarity）。

（2）在过程中项目之间的决定关系叫选择关系（selection）；在系统中项目之间的决定关系叫说明关系（specification）。

（3）在过程中项目之间的并存关系叫联合关系（combination）；在系统中项目之间的并存关系叫自主关系（autonomy）。

叶尔姆斯列夫认为，语言学的任务就是分析这些关系。他把上述各种关系一律称之为"功能"（function），负荷功能的项目叫"功能项"（functive）。系统中的功能项之间产生的功能叫"排斥"（correlation），过程中的功能项之间产生的功能叫"同在"（relation）。

例如，在 p e t（爱畜，爱子）

　　　　m a n（男子）

中，横列构成过程，纵列构成系统。过程中 p, e, t 这些功能项的关系是同时存在的关系，所以叫同在。系统中 p, m 之间的关系则为或此或彼的关系，所以叫排斥。pet 中的 p 如换作 m，则为 met（相遇）；man 中的 m 如换作 p，则为 pan（平锅），e 和 a，t 和 n 之间也存在这种或此或彼的关系。

叶尔姆斯列夫理论的核心部分，是主张区分内容平面和表达平面，并把这两者各分为实体和形式两部分，即：内容实体，内容形式，表达实体，表达形式。内容实体和表达实体都不进入语言符号，只有内容形式和表达形式才进入语言符号。因此，语言符号是由内容形式和表达形式构成的单位。

表达实体与表达形式，从音位学的角度是容易理解的。表达实体就是客观现实中的无数的语音，它们不能进入语言符号。表达形式是不同语言组织和利用这些语音的形式，它受到语言中的关系的制约，能够进入语言符号。例如，不送气清辅音和送气清辅音是客观存在的表达实体，当它们受到汉语组织利用语言的方式的制约时，进入汉语中形成不同的音位，但它们在英语或俄语中则不形成不同的音位。因此，它们可进入汉语的符号，而不能进入英语或俄语的符号。

内容实体和内容形式的概念是很别致的。传统语言学认为，俄语中的 pyka 是"手"的符号，但照叶尔姆斯列夫看来，这是不正确的。"手"只不过是实体中的东西，它是内容实体，本身并不进入符号。因为作为内容实体的"手"，在不同语言中有不同的"切割"方法。例如在英语中就"切割"成 hand（手掌）和 arm（手臂），而在俄语中则不进行任何的"切割"。进入语言符号的只能是不同语言"切割"客观现实的方式，这就是"内容形式"。内容形式才能进入符号。

不同语言"切割"客观现实的方式是不尽相同的。因此，各种语言的内容形式也不尽相同。

"手"这个内容实体在英语和俄语中的内容形式可表示如下表：

表 4 - 1　英语、俄语内容形式不同

	英　语	俄　语
手　掌	hand	Pyka
手　臂	arm	

"兄弟姐妹"这个内容实体在匈牙利语、法语和马来语中的内容形式也是不同的。可表示如下表：

表 4 - 2　匈牙利语、法语、马来语内容形式不同

	匈牙利语	法　语	马来语
哥　哥	bâtya	frère	SudaYā
弟　弟	öces		
姐　姐	néne	Soeur	
妹　妹	húg		

"树木"这个内容实体在法语、德语、丹麦语中的内容形式也是不同的。可表示如下表：

表 4 - 3　法语、德语、丹麦语内容形式不同

法　语	德　语	丹麦语
arbre（树）	Baum	troe
bois（木材、树林）	Holz	skov
forêt（树林）	Wald	

进入符号的内容形式与表达形式相结合，才形成了语言符号，这是叶尔姆斯列夫对于索绪尔"语言是形式，不是实体"这一原理的进一步解释。

叶尔姆斯列夫还阐明了"常体"（invariants）和"变体"（variants）的概念。表达（或内容）平面上的差别在内容（或表达）平面上也引起相应差别的单位叫常体；表达（或内容）平面上的差别在内容（或表达）平面上不引起相应差别，依附于常体的个体，叫变体。由此，叶尔姆斯列夫提出"接换原则"（Commutation principle）。如果表达平面上的差别引起内容平面上的差别，或者内容平面上的差别引起表达平面上的差别，这种对应关系叫做"接换"（commutation）；如果表面平面上的差别不引起内容平面上的差别，则叫做"替换"（substitution）。显而易见，常体是同接换相对应的，变体是同替换相对应的。一个语言中有多少个常体，必须通过接换试验加以确定。因而接换原则就成了叶尔姆斯列夫理论中最重要的一条原则。

3. 所有的科学都聚焦在语言学的周围

叶尔姆斯利夫把实体排除在语言之外，这样一来，在语言中就只剩下内容形式和表达形式所构成的种种关系了。这种语言学具有代数的性质，又没有跟实体对应的标志。因此，它就可以跟其他类似的形式结构等同起来。叶尔姆斯列夫说："正是由于理论只建筑在语言形式的基础上，不考虑实体（材料），所以我们的理论可以很容易地应用于任何结构，只要这种结构的形式跟自然语言的形式类似就行。"[1] 于是语言学被融化在符号逻辑之中。在这个意义上，叶尔姆斯列夫宣称："所有的科学都聚焦在语言学的周围。"[2]

---

① L . Hjelmslev, Prolegomena to a Theory of Language, 21 节, 1953。

② L . Hjelmslev, Prolegomena to a Theory of Language, 15 节, 1953。

因此，哥本哈根学派就有必要制定作为科学的一般理论的语言学，他们把它叫做"语符学"（glossematics）。

乌尔达尔的《语符学纲要》完成了这个任务。他所制定的语符学，既是语言理论，又是符号学，又是科学的一般理论。乌尔达尔在《语符学纲要》中写道："这里所阐述的语符代数学是包罗万象的，也就是说，它的运用不受材料的限制，因此，在它的性质和阐述中，没有任何语言学甚至人文科学所特有的东西。显然，按照创建的意图来看，它的主要目的是确定对语言学以及其他人文科学材料进行描写的基础。"①

乌尔达尔认为，精密科学的研究方法已达到很高的水平，把这些方法运用于人文科学，将有助于人文科学提高其方法的精确性，进而普遍提高其科学水平，而语符学是统一精神科学和人文科学的唯一可能的基础。

他说："要求精密科学放弃它所达到的发展水平是荒谬的，因此，只有人文科学摒弃'物质'，依靠功能才能实现这一统一，我认为只有这样，人文科学才能成为精密科学。"②"精密科学不是跟宇宙中全部现象相联系的，而仅仅跟它们的一个方面即功能相联系，而且仅仅跟量的功能相联系。从科学观点来看，宇宙不是由物体甚至不是由'物质'构成的，而仅仅是由物体间的功能构成的；而物体仅仅被看成功能的交叉点。'物质'本身不应予以考虑，因此，科学的世界观不是一幅图画，而是一张图表。"③

---

① H. J. Uldall, Outline of Glossematics, P86, 1957.

② H. J. Uldall, Outline of Glossematics, P404, 1957.

③ H. J. Uldall, Outline of Glossematics, P399–400, 1957.

乌尔达尔想把一切物质都抛弃在外，纯粹从功能的角度来研究一切科学，妄图用语符学来统一所有的科学，这显然是行不通的。因此，不少语言学家都批评哥本哈根学派的做法，认为他们的理论是凌驾于语言之上的，不是从语言前提出发的。每当用哥本哈根学派的理论原则来具体地进行语言分析时，就会显得左支右绌、漏洞百出。所以，要从纯语言学的角度对哥本哈根学派进行批评是很难的。法国语言学家马尔丁内（A. Martinet）说得好："叶尔姆斯列夫的理论好比一座象牙之塔，要想对它有所评价，唯一的办法是建立新的象牙之塔。"①

本章参考文献

1. L. Hjelmslev, Prolegomena to a Theory of Language, Indi – ana University, Bloomington, Ind, 1953. （译自 1943 年丹麦文本）。

2. H. J. Uldall, Outline of Glossematics, Copenhagen, 1957.

3. В. А. Звегинцев, глассемантика и лингвистика, новое влингисвтике, выи. 1, 第 215 – 243 页, 中译文见《语言学资料》, 1964 年第 3 期, 于群译。

4. 林浩庄，易洪，廖东平：《叶尔姆斯列夫及其理论观点简介》，《语言学资料》，1965 年第 4 期。

---

　　① A. Martinet, Economie des Changements phonétique, P54, 1955.

第五章 叶斯柏森的语言理论

在丹麦，除了哥本哈根学派之外，还有一位有世界性影响的语言学家叶斯柏森（Otto Jespersen，1860－1943），他的语言研究远不像哥本哈根学派那样抽象，他十分重视具体语言的个性，重视基于历史发展的具体语言的横断面的描写，建立了与哥本哈根学派迥然不同的语言理论。

在本章中，我们将介绍叶斯柏森的学术活动和他的语言理论。

第一节 叶斯柏森的生平和著作

叶斯柏森的全名是 Jens Otto Harry Jespersen，他于 1860 年 7 月 16 日出生在丹麦的朗德尔斯（Randers）的一个法学家的家庭。由于家学的影响，他本来也想学法律，但是他的父母过早去世，使他无法坚持法律的学习，少年时代的叶斯柏森只好在国会里当速记员来维持生活。

叶斯柏森在大学时主要致力于语音学的研究，在学习期间就发表过一些有影响的论文，1886 年获哥本哈根大学文学硕士学位。大学毕业后，叶斯柏森到国外游学，回丹麦后，从 1893 年起在哥本哈根大学担任英语教授，并赞助斯堪的纳维亚语言教学协会的工作。1890 年至 1903 年，他担任《丹麦》杂志主编，1905 年因《英语的成长和结构》一书获英国皇家科学院通讯院士的荣誉称号，1906 年获法国伏尔尼（Volney）奖，1904 年至 1909 年曾到美国讲学，1925 年退休，1943 年 4 月 30 日在罗斯吉尔德（Roskilde）逝世。

叶斯柏森的著作丰富，主要著作如下：

1. 《语言进化论特别着重英语》（Progress in Language with special reference to English，London，1894）

2. 《语言教学法》英译本：《怎样教外语》（Sprogun – dervisning，1901；English translation：How to Teach a Foreign Language，by S. Y. Bestelsen，1904）

3. 《英语的成长和结构》（Growth and Structure of the English Language，Leipzig and Oxford，1905）

4. 《现代英语语法：历史原则》（A Modern English Grammar，on Historical Principles，in 7vols，London，1909 – 1949），该书是七卷本的巨著，从 1909 年开始编写，直到他去世后五年，于 1949 年才出齐。

5. 《语音学》（Phonetik，Copenhagen，1897 – 1899，Lehrbuch der Phonetik，Leipzig，1913）

6. 《英语语法纲要》（Essentials of English Grammar，London，1933），此书不仅在英语国家有很大的影响，而且也影响了我国 20 世纪 30 年代和 40 年代的汉语语法研究。

7. 《语言的逻辑》（Logic of Language，1913）

8. 《语言论：语言的本质、发展和起源》（Language，Its Nature，Development and Origin，London，1922）

9. 《语法哲学》（The Philosophy of Grammar，London，

1924）。此书是叶斯柏森最重要的语言理论著作，全书共 25 章。在这本书中，他在分析大量语言材料的基础上，探讨了普通语言学的一系列问题，特别是语法理论问题，讨论了语法范畴和逻辑范畴的关系，提出了不少独特的创见。

10.《分析名法》（Analytic Syntax，New York – London，1937）

第二节　叶斯柏森语言理论的主要内容

叶斯柏森语言理论的要点如下：

1. 语言的本质是人类的活动，口语是语言的第一性的形式

叶斯柏森在《语法哲学》中指出，"语言的本质是人类的活动，是一个人旨在把他的思想传达给另一个人的活动，也是后者旨在理解前者的思想的活动"，从这样的观点出发，他十分重视交际的双方，重视交际中的活的言语。他认为，"说出来的和听到的词是语言的第一性的形式，比起它的书写（印刷）和朗读表现出来的第二性的形式重要得多。"

2. 语言的历史是进化的而不是退化的，提出"语言进化论"

19 世纪的历史比较语言学家虽然在印欧语的历史比较研究中取得了巨大的成就，但是人们普遍认为现代印欧语是退化了的语言。施来赫尔认为语言只是在史前时代才处在进化之中，而在有史时代中，语言却走向衰败和退化。他把"原始印欧语"看成是进步的语言，而把现代印欧语，特别是英语这样的分析型语言，看成是退化了的语言，并且把印欧语之外

的大多数缺少形态变化的语言看成是落后的语言。历史比较语言学家们宣称："大体上说来，全部雅利安语的历史除了一个逐渐衰败的过程，就剩下零了。"叶斯柏森以大无畏的反潮流的精神，对于前辈语言学权威的这些观点进行了批驳，提出了"语言进化论"。他指出，历史比较语言学家如葆朴那些人所主张的、以语法形态变化的简化为语言衰败的象征的旧观念，是完全错误的。他认为，形态的简化是一种进步，梵文一个形容词有三个性、三个数、八个格，一共有72种形式，而英语只有一种形式。这种现象正是语言进化的表现。他还赞扬被施来赫尔斥为处于原始状态的汉语是进步的语言。叶斯柏森的"语言进化论"受到了英国人的欢迎，因而他在1905年得到了英国皇家科学院授予的通讯院士的荣誉头衔。叶斯柏森关于语言进化的观点，现在已经得到了语言学界的普遍承认。

3. 历史语言学和描写语言学应该结合起来

叶斯柏森把语言现象的研究划分为"历史的语言学"和"描写的语言学"两种，这与索绪尔把语言研究划分为"历时语言学"和"共时语言学"比起来，只是术语的不同，实质是非常接近的。但是，索绪尔拒绝在研究语言共时秩序的任何情况下运用历时的事实来解释。叶斯柏森与索绪尔不同，他主张应该重视"历史的语言学"和"描写的语言学"之间的联系。他说："语言现象可以从两个观点出发来研究：描写的观点和历史的观点，它们对应于物理学中的静力学和动力学（或运动学）。区别在于，前者把现象看做是静止的，而后者把现象看做是运动的"，他主张历史语言学应该注意描写，认为"在任何情况下，历史语言学不可能使描写语言学成为多余，因为历史语言学永远应当建立在对语言发展的那些我们可以直接接近的阶段的描写上头。"在他的共时结构的语法体系中，历时性的大量材料被有效地用在那些有助于更完整、更全面地阐明语法现象的地方。

4. 应该冲破传统逻辑的束缚，从语言本身及其交际功能出发来研究语法

传统语法一直是传统逻辑的附庸，叶斯柏森反对把语法范畴看成逻辑范畴，认为"逻辑的基础并不像现实语言的句法的全部领域那么广阔"，他主张从语言本身和交际功能出发来研究语法。他把句子定义为"人类的相对完整和独立的表达"，抛弃了从逻辑出发的旧概念，建立了从交际功能出发的新概念。他说"词是语言的单位"，反对把词看成语音单位或表义单位，也是有意识地要同从心理学或逻辑学出发的定义划清界限。叶斯柏森不承认有"普遍语法"的存在，但是他认为存在一种处于语言外部的、不依赖于各种现存语言的、多少有些偶然的事实的范畴。他说："这些范畴普遍到能适用于所有各种语言的程度，尽管它们在这些语言中很少以清晰无误的形式表现出来。其中有一些范畴与诸如性别这样的外部世界的事实有关，而另一些则与智力活动或逻辑有关。"他把这些范畴称为"概念范畴"。他认为，"语法学家的任务在于，在每一个具体的场合弄清楚存在于概念范畴和句法范畴之间的关系"。在这个基础上，叶斯柏森提出了交际过程的如下模式：

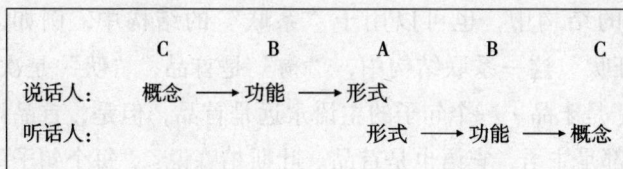

	C	B	A	B	C
说话人：	概念 →	功能 →	形式		
听话人：			形式 →	功能 →	概念

5. 建立了"连接"和"系联"相结合的语法描述体系

叶斯柏森把词组或句子中词和词的结合分为两种类型：一种叫做"连接"（junction），另一种叫做"系联"（nexus）。"连接"是一种限制或修饰关系，它表示的是一个单一的概念；例如，"红蔷薇""狂吠"。"连接"相当于偏正结构。"系联"是一种主谓关系，它连接两个互相独立的概念；例如，"蔷薇红""狗吠"。"系联"相当于主谓结构。独立的系联就是一个句子，系联也可以作句子的成分。把"连接"和"系联"结合起来，就可以完全地描述词组和句子中词与词之间的关系，建立起完整的语法描述体系。

　　6. 针对英语语法的特点，提出了"三品说"

　　古典拉丁语法中，由于拉丁语形态丰富，形态学非常发达，而句法学却相对薄弱；现代英语的形态已经大大简化，许多词已经没有形态变化，用古典拉丁语法的模式来分析现代英语，往往会削足适履。叶斯柏森根据现代英语的实际，提出了"三品说"（The three ranks）。他认为，在"狂吠着的狗""特别热的天"等结构中，"狗"和"天"具有主要的意思，因此称之为"首品"；"吠"和"热"是限制首品的，因此称之为"次品"；"狂"和"特别"是限制次品的，因此称之为"末品"。末品虽然还可以被别的词限制，限制末品的词也还可以被再限制，但是，它们都可以看成末品。以上举的都是"连接"中的例子。叶斯柏森认为，"三品说"既可以用于"连接"的结构中，也可以用于"系联"的结构中，例如，在"狗狂吠"这一系联结构中，"狗"是首品，"吠"是次品，"狂"是末品。一个句子的主语永远是首品，但是，首品词不一定都是主语，宾语也是首品。叶斯柏森说："每个句子里总有些相对流动的成分（次品词），另外还有些好像从海里冒出来的礁石似的稳稳地固定住的成分（首品词）。主语永远是句子里的首品词，别看不一定是唯一的首品"。"三品说"对于我国的语法研究曾经产生过很大的影响，吕叔湘的《中国文法要略》、王力的《中国现代语法》和《中国语法理论》都采用了叶斯柏森的"三品说"。但是，由于"三品说"是针对英语的特点提出来的，在汉语中，不论是名词、动词、形容词，都既能够充当首品，也能够充当次品和末品，汉语的词类与"三品说"中的"品"的对应关系是错综复杂的，因而针对英语语法提出的"三品说"实际上解决不了汉语语法研究多大的问题。

  7. 研究语言的声音和意义的关系，探讨语音的"象征作用"（sound symbolism）

  叶斯柏森重视语言的音义关系的研究，在《语言论：它的本质、发展和起源》一书中，专门辟出一章来论述语音的"象征作用"。他追溯历史，指出希腊的柏拉图的《克拉底洛篇》就首先研究了音义关系，后来德国的洪堡德也谈到语音的象征作用。洪堡德曾经举出，德语的 stehen（站立）、staetig（可能是 stetig "持久的、稳定的"的前身）、starr（僵硬的、固定的），这些在语音上有某种共同点（以 st - 开头）的词，都给人以牢固、稳定的印象；而 wehen（吹）、wind（风）、wolke（云）、wirren（混乱）、wunsch（希望）等以 w - 开头的词，都有不稳定、摇摆、混乱的意思。因此，叶斯柏森认为："产生相似印象的客体用基本相同的声音指示"，但是，这不是一个普遍的法则，无论在外族语言或是本族语言中，都不难找到反证。叶斯柏森指出，在英语、拉丁语、匈牙利语、希腊语、德语、丹麦语中，许多带元音/i/的词都有弱小、精致、不重要的意思，如英语的 little（小的、少的）、petil（小的）、piccolo（短笛）、wee（极小的）、tiny（微小的）等词。叶斯柏森也举出反例，他指出，就在英语的常用词中，带元音/i/的 big 却表示"大的"意思，而表示"小的"的意思的单词 small 却不带元音/i/，表示"粗的、厚的"意思的 thick 却带有元音/i/。尽管如此，叶斯柏森的用意是提醒人们充分估计语音象征作用的广泛性。他详尽地列举了各种各样的表示出语音象征作用的词，基本上可归纳为三种情况。第一种，模拟外界声音而且主要起描绘声音形象的作用的狭义的拟声词，如英语的 clink（金属的敲击声）、bow－bow（狗吠声）。第二种，源于拟声但其作用并非描绘声音而是指称什么东西的词，如英语的 cuckoo（布谷鸟）、peeweet（红嘴鸥）。第三种，因声音而引起某种心理联想的词，如德语中一些以 st－开头的词有稳定的意思，以 w－开头的词有摇摆的意思，在英语中，不少带元音/i/的词表示光亮，不少带元音/u/的词表示昏暗。叶斯柏森对于语音象征作用的研究，提示了语言符号除了索绪尔所指出的任意性之外，还具有一定程度的可论证性。这说明，语言符号的任意性不是完全绝对的，而语言符号的可论证性也不是绝对的。叶斯柏森的研究，对于我们深入了解语言符号的性质，具有积极的作用，启发我们进一步思考这个问题。

8. 研究自然语言的形式描写问题

叶斯柏森晚年从事语言形式化的研究,他的《分析句法》对于数理语言学和计算机语言学的建立和发展,起了积极的作用。

9. 研究多语交际问题,提出"语际语言学",创造人工语言诺维阿尔（Novial）

叶斯柏森认为，为了克服说不同语言的人们之间的语言障碍，应该研究多语交际问题。1931 年在根特（Gent）召开的第二届语际语言学家大会上，他将语际语言学作为一门新的学科引入语言学，他把语际语言学定义为："语言科学的一个分支，研究所有语言的结构和基本组成原则，以便建立语际语的标准；所谓语际语是指由于母语的不同而产生理解障碍的人们之间口头或书面交际的辅助语言。"这是语际语言学的经典定义。他于 1928 年发表了人工语言诺维阿尔（Novial），于 1930 年出版了诺维阿尔语的词典。

当然，叶斯柏森的语言理论也有不足之处。例如，在语言起源的问题上，他仅仅从梵语和古希腊语使用乐调重音就轻率地得出语言声源于唱歌的结论，缺少说服力。叶斯柏森不是完人，他的成就是主要的，在现代语言学的历史上，他是功不可没的。美国语言学家拉波夫（W. Labov），在评论本世纪的三位重要语言学家时说过："索绪尔被认为是本世纪影响最大的语言学家，梅耶是历史语言学最杰出的语言学家之一，叶斯柏森是其著作在当代被最用心去阅读、最注意去引用的语言学家。"[1]

本章参考文献

1. Jens Otto harry Jespersen, The Philosophy of Grammar, 6th edition, London, George Allen and Unwin, 1951, 中译本,《语法哲学》, 何勇等译, 语言出版社, 1988 年。
2. 俞敏:《叶斯柏森》,《国外语言学》, 1980 年, 第 3 期。
3. 石安石:《语言符号的任意性和可论证性》,《语言研究》, 1989 年, 第 4 期。

---

① W. Labov, Socialinguistic Patterns, Pennsylvania, 1972, P260.

第六章　美国描写语言学

美国描写语言学是结构主义三大流派中影响最大的一个流派。本章介绍美国描写语言学的形成，它的理论基础，基本方法以及分析语言的步骤，最后介绍语法描写的两个模型及法位学理论。

第一节　美国描写语言学的形成

在墨西哥以北的美洲的印第安土著民族中，讲着上千种不同的语言，这些语言在结构上与印欧语迥然不同，难于用传统语言学的方法加以描述。为了调查这些语言，美国的人类学家和语言学家们做了不少工作。在调查研究印第安语的长期工作实践中，人类学家鲍阿斯（F. Boas）、语言学家萨丕尔（E. Sapir）和布龙菲尔德（L. Bloonfield）异军突起，提出了一种新的语言分析方法，创立了一个新的结构主义流派——美国描写语言学。

鲍阿斯（F. Boas, 1858 - 1942）编写了《美洲印第安语言手册》（Handbook of American Indian Languages, Bulletin 40, Bureau of American Ethnology pt. 1 - 2 Wash., 1911; pt. 3, New York, 1938）。在《手册》的引论中，鲍阿斯提出，每一种语言不应当依据一些预定的标准（如希腊 - 拉丁语法）来描写，

而应当仅仅依据它本身的语音、形式和意义的模式来描写，因为这些模式是从土著语言本身归纳出来的。因此，他主张重新探讨描写语言的新方法。

萨丕尔（E. Sapir, 1884 – 1939）是美国描写语言学的先驱，他不仅懂得许多种欧洲、亚洲和美洲语言，而且对语言理论的研究也很感兴趣。他曾对美洲印第安人的许多语言做过分析描写，特别注意研究这些语言的结构，他的主要语言学著作是《语言论（言语研究导论）》（Language. An Introduction to the Study of Speech, 1921）。在这本书中，他把语言称为"了解社会实际的指南"，认为人们在很大的程度上受到语言的影响。

如果说鲍阿斯和萨丕尔是美国描写语言学的先驱，那么，布龙菲尔德就是美国描写语言学的奠基人和代表人物。

布龙菲尔德（L. Bloomfield, 1887 – 1949）是美国描写语言学最有影响的学者，他的影响远远大于鲍阿斯和萨丕尔。有人把 1933 – 1950 年的美国语言学叫做"布龙菲尔德世纪"，这并不是夸大之辞。

布龙菲尔德于 1887 年 4 月 1 日生于美国芝加哥，1906 年在哈佛学院毕业，1909 年在芝加哥大学获得博士学位。博士论文是《日耳曼语的元音交替所引起的语义差别》（A Semasiologic differentiation in Germanic Secondary Ablaut）. 1913 – 1914 年，他到德国的莱比锡大学和哥廷根大学进修语言学，结识了青年语法学派的代表人物雷斯琴和勃鲁格曼等人。他早年的学术著作仅限于印欧语的语音和语法方面的具体问题，如《梵语中印欧语的上颚音》（The Indo- European palatals in Sanskrit, 1911），《斯堪的纳维亚语中构词的一种类型》（A type of Scandi – navian Word – formation, 1912）。1914 年写过《语言学研究入门》（An Introduction to the Study of Language）一书。在此书中，布龙菲尔德站在德国构造派心理学家冯德（W. Wundt，1832－1920）的立场上来研究语言，把语言看成是一种同心理活动和生理活动联系在一起的表达活动。

1919 年，美国心理学家瓦特生（J. B. Watson，1878－1958）的《行为主义观点的心理学》（Psychology from the Stand－point of a Behaviorist）一书出版问世，行为主义心理学在美国兴起。布龙菲尔德也就从冯德的构造派心理学的立场转到了瓦特生的行为主义心理学的立场，并于 1933 年出版了其代表作《语言论》（Language）。在序言中，布龙菲尔德说："本书是作者 1914 年问世的《语言学研究入门》一书（纽约亨利·霍尔特公司出版）的修订版。新版在篇幅上比旧版大得多。这一则是因为在旧版与新版前后相距的这个期间，语言科学有了发展，二则是因为科学工作者和教育工作者目前对人类语言的理解，给予了更大的重视。"① 又说："在 1914 年，我是把这个方面的阐述，以当时被人们广泛接受的威廉·冯德的心理体系为基础的。自从那时以来，心理学方面发生了翻天覆地的变化，我们总算了解到了 30 年前我们的一位大师所感受的是什么，也就是说，我们不必引证任何一种心理学的论点也能够从事语言的研究了。而且，这样的研究可以保证我们取得成果，并能使这些成果对有关领域方面的工作者更加有所裨益。"② 不过，在实际上，他是用行为主义心理学的机械主义来代替构造派心理学的心灵主义的。所以，他在序言中也承

---

① 布龙菲尔德：《语言论》，中译本，第 3 页，商务印书馆。
② 布龙菲尔德：《语言论》，中译本，第 3 页，商务印书馆。

认："心灵主义学派是想用一种心灵方面的说法来作为语言事实的补充。这种说法在各种不同的心灵主义心理学派中间有着各自的差异。机械论者的主张是，在阐述这些事实时不要作这种辅助因素的假定。我之所以力求适应这种主张，不仅仅因为我相信机械论的观点是科学探讨的必要形式，而且还因为我认为以自己的立足点为基础论述，比起一种仰仗另外一个人的或变化无常的各种论点来，是要更为扎扎实实，更为易于掌握的。"① 可见，布龙菲尔德是力求来适应行为主义心理学的机械主义的主张的。从行为主义的立场出发，布龙菲尔德不再把语言看成是与心理和生理相关联的表达活动，而把语言看成是一连串刺激和反应的行为，主张根据形式结构的差别来分析语言。这样，他便走上了结构主义语言学的道路。

当然，布龙菲尔德之转向结构主义，也受到了索绪尔的影响。他在《语言论》的第一章中指出，索绪尔在多年的大学讲课中，曾详细地论述过语言的历史研究要以描写性研究为基础的问题。布龙菲尔德以此来说明描写性研究的重要。

布龙菲尔德的结构主义语言学观点奠定了美国描写语言学的理论基础。他的《语言论》一书成了美国描写语言学的纲领性著作。

除了语言学理论的研究之外，布龙菲尔德还参加了外语教学与语言调查的许多实际工作。20 世纪 20 年代，他编写过德语和英语的初级教科书；40 年代，他编写了《外语实地调查简明指南》（Outline Guide for the Practical Study of Foreign Languages，1942），《荷兰语口语：基础教程》（Spoken Dutch：

---

① 布龙菲尔德：《语言论》，中译本，第 4 页，商务印书馆。

Basic Course，第一卷，1914；第二卷，1945），《荷兰语口语》（Colloquial Dutch，1944），《俄语口语：基础教程》（Spoken Russian：Basic Course，1945），还为美国国防部编的《俄英语典》写了俄语语法简介。除印欧语外，布龙菲尔德还调查过马来－波利尼西亚语系的一些语言，对美洲印第安人的阿尔贡金系语言（Algonguian）作过比较和描写。

布龙菲尔德先后在美国威斯康星大学、伊利诺依大学、俄亥俄州立大学、芝加哥大学和耶鲁大学任教，教过德语、比较语言学、日耳曼语文学和语言学。

布龙菲尔德于 1949 年 4 月 18 日去世。

布龙菲尔德之后，海里斯（Z. S. Harris）、霍克特（C. F. Hockett）、特雷格（G. L. Trager）、布洛克（B. Bloch）、格里森（H. A. Gleason）、弗里斯（C. C. Fries）等人，继承了布龙菲尔德的学说，坚持语言分析要使用机械方法的立场，并且进一步发展了布龙菲尔德的某些观点。例如，布龙菲尔德认为，人们对意义的直觉是主观的，不受客观因素的控制，因而依靠意义是一个弱点。他觉得无法克服这一弱点。而布龙菲尔德的后继者们，除了弗里斯和格里森之外，都千方百计地想把意义从语言分析中排除出去。因此，有人把他们叫做"后布龙菲尔德结构主义"（post－Bloonfieldian structuralism）。

"后布龙菲尔德结构主义"以海里斯为代表，他被认为是"美国新语言学的发言人"。

海里斯于 1909 年 10 月 12 日生于乌克兰南部的巴尔塔城。1913 年移居美国。1921 年加入美国国籍，这时，海里斯才 12 岁。他一直在美国受教育，1930 年毕业于宾夕法尼亚大学，1932 年和 1934 年相继在该大学获硕士和博士学位。毕业后一直在该大学教书。

海里斯的研究重点，在 1951 年以前和 1951 年以后略有不同。1951 年以前偏重于语音和形态的结构分析，1951 年以后偏重于句法分析。

从 1942 年到 1948 年间，海里斯发表的主要论文有：

1.《语言分析中的语素交替》（Morpheme alternants in linguistic analysis，1942）

2.《音位学中的同时成分》（Simultaneous conponents in phonology，1944）

3.《非连续语素》（Discontinuous morpheme，1945）

4.《从语素到话语》（From morpheme to utterance，1946）

5.《结构复述》（Structural restatement，1947）

6.《希伯来语聚合体的成分分析》（Componential analysis of a Hebrew paradigm，1948）

在此基础上，海里斯把这些论文的论点加以系统化，写成了《结构语言学的方法》（Methods in Structural Linguistics）一书，于 1951 年出版。[①]

《结构语言学的方法》一书出版后，在美国和欧洲引起巨大反响。从 1952－1956 年五年期间，欧美有关杂志发表的关于该书的评论文章就有 17 篇之多。

1951 年以后，海里斯提出了一系列的句法分析的理论和方法，发表的主要论文有：

1.《话语分析》（Discurse analysis，1952）

————————

① 此书于 1960 年第四次重印时，改名为《结构语言学》（Structural Linguistics）。

2.《话语分析范例》（Discourse analysis：a sample text，1952）

3.《分布结构》（Distributional structure，1954）

4.《从音素到语素》（Fron phoneme to morpheme，1955）

5.《语言结构中的同现和转换》（co‑occurrence and transformation in linguistic structure，1957）

发表的专著有：

1.《句子结构的线性分析》（String Analysis of Sentence Structure，1962）

2.《话语分析》（Discourse Analysis，1963）

近年来，海里斯的研究重点转到了数理语言学方面。

第二节　美国描写语言学的理论基础

布龙菲尔德从美国行为主义心理学家瓦特生那里接受了刺激－反应学说。瓦特生在《行为：比较心理学导论》（Behavior，An Introduction to Comparative Psychology，1914）一书中指出："在人的一切形式的动作中都普遍存在着一些共同的因素。在每一种顺应内都永远存在着一种反应或动作以及一种引起那一反应的刺激和情境。无须超越我们的事实太远，似乎就有可能来说，刺激永远是由体外的环境，或者是由人自己的肌肉运动和他的腺体分泌所提供的；最后，反应永远是相当及时地跟随着刺激的呈现或入射的。……心理学的研究目的是在于确定这样的资料和规律，当已知刺激之后，心理学能够预断将会发生什么样的反应；或者，在另一方面，当已知反应之后，它能够指出有效刺激的性质。"① 瓦特生又说："我们能够将我们的一切心理学问题及其解决，都纳之于刺激和反应的规范之中。我们现在且以 S 来代替'刺激'（或代替比较复杂的'情境'），以 R 来代替'反应'。于是我们便可以把我们的心理学问题化成下面的公式：

$$S\cdots\cdots\cdots\cdots R$$

有了　　　　？（要找出）

$$S\cdots\cdots\cdots\cdots R$$

？（要找出）　有了

及至问题已经解决了，其公式又如下：

$$S\cdots\cdots\cdots\cdots R$$

已找到了　　已找到了"②

布龙菲尔德把瓦特生的这一套"刺激－反应"学说全盘搬到语言学中来。他在《语言论》中，采用"刺激－反应"学说来分析言语行为，并详尽地说明了言语行为中的"刺激－反应"过程。

假设杰克和琪儿正沿着一条小路走着，琪儿饿了，她看到树上有个苹果。于是，她用她的喉咙、舌头和嘴唇发出一个声音。杰克接着就跳过篱笆，爬上树，摘下苹果，把它带到琪儿那里，放在她手里。琪儿就这样吃到了这个苹果。

布龙菲尔德认为，这件事情包括三个部分：

A. 言语行为以前的实际事项；

---

① J. B. Watson, Behavior, An Introduction to Comperative psychology, P9－10, 1914.

② J. B. Watson, Behaviorism, P35－36, 1930; 有中译本，译者陈德荣。

B. 言语；

C. 言语行为以后的实际事项。

其中，A 和 C 是实际事项，B 是言语行为。

A 项主要是关于说话人琪儿的一些事。她饿了，她的某些肌肉在收缩，胃液分泌了出来，或许她还渴，她的舌头和喉咙干了，光波从红色的苹果那里反射到她的眼睛里，她看到杰克在她旁边。假定琪儿和杰克的关系是兄妹关系或夫妻关系。布龙菲尔德把所有这些在琪儿说话以前已经存在并且和她有关的事项，叫做"说话人的刺激"。

C 项是发生在琪儿说话以后的实际事项。主要包括听话人去摘苹果，并把苹果交给琪儿，这些在说话人以后发生的、和听话人有关的实际事项，布龙菲尔德叫做"听话人的反应"。"听话人的反应"也关涉到琪儿，琪儿把苹果拿到手里并且把它吃了。

如果琪儿是单独的一个人，她饿了，渴了，而且看到了同一个苹果，要是她有足够的气力和本领翻过篱笆爬上树，那么，她就可以拿到苹果并把它吃下去，否则，她就得挨饿。这时，琪儿与不会说话的动物几乎处于同样的地位。饥饿的状态和看或闻到食物是一种刺激，用 S 代表，朝食物方向移动是反应，用 R 代表。单个的琪儿与不会说话的动物的行为可以表示为：

$$S \rightarrow R$$

但是，如果琪儿不自己去翻篱笆和爬树，她只要发出一点声音，杰克就为她作出反应，作出了超出琪儿气力的动作。这样，琪儿也得到了苹果。可见，由于有了语言事项 B，也可以达到同样的目的。语言可以在一个人受到刺激 S 时，让另一个人去作出反应 R。

语言事项 B 也包括三个部分：

（B1）说话人琪儿活动声带、下颚、舌头等器官，让空气形成声波，她不去做实际的反应 R 而去做发音动作，即言语的反应，这个反应用小写字母 r 来表示。这时，说话人琪儿对刺激的反应可写为：

$$S \rightarrow r$$

其中，r 是语言的替代性反应。

（B2）琪儿口腔里空气中的声波使周围的空气形成类似的波形振动。

（B3）空气里的声波冲击杰克的耳膜，使它颤动，这样就对杰克的神经发生了作用。杰克听到了言语。这时，听到的话对杰克来说也是一种刺激。于是，他去摘苹果，把苹果放在琪儿手里。这种语言的替代性刺激用小写的 s 表示。这样，可有

$$s \rightarrow R$$

可见，人类回答刺激有两种方式，一种是无言语的反应，一种是用言语作中介的反应。分别表示如下：

无言语的反应：$S \rightarrow R$

用言语作中介的反应：$S \rightarrow r \cdots\cdots s \rightarrow R$

在后一种情况下，说话人和听话人这两个互不相连的神经系统，用声波作为桥梁，这就是小写 r 与小写 s 之间的虚线部分。

布龙菲尔德说："作为研究语言的人，我们所关心的恰恰正是言语的事项（s……r），它本身虽然没有价值，但却是达到某种巨大目的的手段。"[①]

根据这样的分析，布龙菲尔德把 A、C 等实际事项与言语行为 B 分开，并把 A、C 等实际事项看成意义。在布龙菲尔德

---

① 布龙菲尔德：《语言论》，中译本，第 28 页，商务印书馆。

看来，语言的意义就是"说话人说话时所处的情境和这个形式在听话人那儿所引起的反应"。[①] 亦即与说出或听进的声音符号相应的刺激－反应成分。对语言意义的科学的说明，是以说话人对世界的科学而精确的认识为前提的。布龙菲尔德说："引起人们说话的情境包括人类世界中的每一件客观事物和发生的情况。为了给每个语言形式的意义下一个科学的准确的定义，我们对于说话人的世界里每一件事物都必得有科学的精确知识。人类的知识跟这种要求比较起来，实际的范围太大了。只有当某个言语形式的意义在我们所掌握的科学知识范围以内，我们才能准确地确定它的意义。比方，我们可以根据化学和矿物学来给矿物的名称下定义，正如我们说'盐'这个词的一般的意义是'氯化钠（NaCl）'，我们也可以用植物学或者动物学的术语来给植物或者动物的名称下定义，可是我们没有一种准确的方法来给像'爱'或者'恨'这样的一些词下定义，这样一些词涉及好些还没有准确地加以分类的环境——而这些难以确定意义的词在词汇里占了绝大多数。"[②]

他又说："语素的意义叫做义素（sememe），语言学家假设每一个义素是一个稳定的和明确的意义单位，每一义素同语言中所有其他的意义（包括所有其他的义素在内）都不同，语言学家的假设也就到此为止。"[③] 这就是说，在语言科学的范围之内，应该只从语音组成方面对语素进行描写,而语言的意义,既"义素",已经超出语言学的范围了。他指出:"在 wolf

---

① 布龙菲尔德:《语言论》，中译本，第166页，商务印书馆。
② 布龙菲尔德:《语言论》，中译本，第166页，商务印书馆。
③ 布龙菲尔德:《语言论》，中译本，第196页，商务印书馆。

（狼），fox（狐狸）和 dog（狗）这样一些语素的结构里，并没有什么东西告诉我们，它们的意义之间有什么关系；这里属于动物学家的问题。我们是欢迎动物学家对这些意义所下的定义，作为我们的实际的帮助，可是从语言学的立场上说，这个定义既不能肯定什么也不能否定什么。"① 因此，他接着说："语言研究必须从语音形式开始，而不是从意义开始。语音形式——比方我们说，一个语言里的全部语素——可以根据音位以及音位的排列加以描写，而在这个基础上，可以用某种简便的方式分类或列表，例如按字母顺序的方法，意义——就我们的例子说，就是一个语言的义素——只有无所不知的通才才能分析或者加以系统地排列。"② 这样，布龙菲龙德便把意义排斥在语言研究的范围之外，告诫人们要从语音形式着手来研究语言。

但是，应该指出，在《语言论》中，布龙菲尔德有时又把意义包括在语言研究的范围之内。他说："人类的语言和动物作出的类似信号的活动不同，甚至和那些使用发音器官的动物也不同，因为人类语言的声音是很复杂的，譬如狗只能发出两种或者三种声音——吠声、响哮声和噪声：一只狗只可以用这几种不同的信号使另一只狗做某种行为。鹦鹉可以发出很多种不同的声音，但显然对不同的声音不能做不同的反应。人能发出很多种语音而且利用这些不同的语音。在一定类型的刺激下，他发出一定的语音，他的同伴听到了这些声音就作出相应的反应。简单地说，在人类的语言里，不同的声音具有不同的

---

① 布龙菲尔德：《语言论》，中译本，第 196 – 197 页，商务印书馆。
② 布龙菲尔德：《语言论》，中译本，第 197 页，商务印书馆。

意义，研究一定的声音和一定的意义如何配合，就是研究语言。"①从这段话看来，布龙菲尔德还是要管意义的。另外，在研究具有语言法功能的语素的意义时，布龙菲尔德也认为这些意义可以是语言分析的对象，应该在语言学中加以确定。他指出，英语中构成阴性人物或者动物名称的后缀－ess，具有完全可以确定的语言意义，这不仅因为有一系列对应的词存在，如 lion（雄狮）——lion**ess**（雌狮），count（伯爵）——count**ess**（伯爵夫人），而且还因为英语语法区别 he（他）和 she（她）。

所以，布龙菲尔德对意义的理解和态度是模棱两可的。在他的影响下，后来的描写语言学家对意义的理解和态度可以分为两派。

一派如海里斯、布洛克、特雷格等人。他们认为，语言研究可以完全不考虑意义，他们并且制定了完全排除意义的语言研究方法。布洛克和特雷格在《语言分析纲要》一书中说："语言是一种人为的声音符号的系统，社会集体利用它作为合作的工具……这个系统中的符号是口里说出的声音——人们由我们所说的发音器官所产生的声音。"② 可见他们把语言只看成发音器官所产生的声音，把意义完全排除在语言之外。描写语言学家沃格林（C. F. Voeglin）甚至写了一篇文章，题目公然叫做《没有意义的语言学与没有词的文化》（Linguistics without meaning and culture without words）。在这篇文章中，他斩钉截铁地宣称："语言学家在分出音素和语素的时候，不应

---

① 布龙菲尔德:《语言论》,中译本,第 29 页,商务印书馆。
② B. Bloch, G. L. Trager, Outline of Linguistic Analysis, P5－6.

100

求助于意义。"①

　　然而，在具体分析语言现象的时候，这些主张搞纯形式描写的人，也不得不求助于意义。例如，布洛克就做过这样的自白："作为一条捷径，意义……在研究音素结构时显然十分有用，甚至可以说，是如此不可缺少，以至任何语言学家如果拒绝利用意义，只能白白浪费自己的时间。"② 看来，他还没有胆量把意义一笔勾销。

　　另一派加弗里斯、格里森、奈达（E. Nida）等人，他们认为，要把分析的结果精确地表达出来，不考虑意义这一因素是不可思议的。弗里斯在《英语结构》（The Sructure of English）一书中，把意义分为词汇意义和结构意义。所谓"词汇意义"，就是"词典里记下来的孤立的词的意义"。③ 而所谓"结构意义"，就是借助于形式手段标示的句法关系。"一种语言的语法是由表示结构意义的手段构成的。"④ 他说："任何话语的整个意义都是由一个个词的词汇意义加上这种结构意义所组成的。不兼备词汇意义和结构意义的话语是不能理解的。"⑤

　　他进一步申说："传统语法的分析方法和我们这里所用的方法之间的对比在于，传统分析法是从一句话的未加区分的总体意义开始，并提出'用什么名目来称呼这个意义的各个部分'的问题；而我们的分析则是从描写所出现的形式手段以

　　①　C. F. Voeglin，Linguistics without meaning and culture without words，Word，5，P42，1949.

　　②　B. Bloch，A set of postulates for phonemic analysis，Language，24，P5，1948.

　　③　弗里斯:《英语结构(英语句子构造导论)》，中译本，第55页，商务印书馆。

　　④　弗里斯:《英语结构(英语句子构造导论)》，中译本，第56页，商务印书馆。

　　⑤　弗里斯:《英语结构(英语句子构造导论)》，中译本，第55页，商务印书馆。

及使这些手段具有意义的模式开始，得到结构意义是分析的结果。为了实用的目的，我们也研究缺乏清楚的语法信号的那些话语，研究这些话语的结构意义在什么时候以及为什么会发生歧义。"①

这一派的描写语言学家们虽然意义纳入语言学的范围，但是，他们对语义的探索只限于表现在语言结构中的意义。在他们看来，如果没有一定形式上的差别跟意义差别相呼应，意义上的差别就是不重要的。正如奈达所说的："脱离开形式的意义是不存在的。"② 由此，他们认为，既然没有形式就没有意义，形式就应该成为研究的出发点，意义的语言外壳就是研究意义的材料，因此，形式第一，意义第二。

由此我们可以看出，主张纯形式描写的这一派，在实际研究中不得不求助于意义；而主张研究意义的这一派，实际上仍然以形式的研究为出发点。所以，这两派虽有分歧，但在注意形式描写这一点上，则是完全一致的。

第三节　美国描写语言学的基本方法

美国描写语言学的语言分析手续十分复杂，我们把他们用的方法归纳为四种：①替换分析法；②对比分析法；③分布分析法；④直接成分分析法。在这四种分析法中，关键是分布分析法。下面我们分别加以说明。

1. 替换分析法

① 弗里斯:《英语结构(英语句子构造导论)》,中译本,第56页,商务印书馆。

② E. Nida, A system for the description of semantic elements, Word, 7, P8, 1951.

用某一个语言片段中出现的某一断片，去替换另一个语言片段中出现的另一断片，看替换之后得到的新的语言片段是不是具体语言中存在的事实。如果是，就说明两个或更多能够这样彼此替换的断片，是语言中同一现象或单位的变体，或是具有同样功能的某种单位。这样的方法叫替换分析法。例如，英语中的 can't do it（不能做那个）中的 c，一次发为［Kh］，一次发为［Kʰ］，如果替换之后听话人认为两次说的都是同一句话，那么，［Kh］与［Kʰ］就是同一语音断片的自由变体。

弗里斯在《英语结构》一书中曾举出《爱丽丝漫游奇境记》中 Jabbey Wocky 的诗：

Twas brillig, and the slithy toves

Did gyre and gimble in the Wabe；

All mimsy were the borogoves，

And the mome raths outgrabe. ……

在这首诗中，凡是我们预期它有清楚而明确的意义的词，都是没有意义的。不过任何说英语的人都会立刻认出，安放这些没有意义的词的间架是：

Twas——, and the——y——s

Did——and——in the——；

All——y were the——s，

And the—— ——s——. ……

这个间架提供了结构意义的信号。在有"——"的地方用适当的词填进去，便能得到可能理解的语句。"——"代表的是有同类功能的词，因此，它可以用不同的词来替换，如替换成功，就说明这些词有同类的功能。

仿此，弗里斯用没有意义的词组织成如下的英语句子：

103

Woggles ugged diggles.

用 Uggs 替换 Woggles，用 Woggled 替换 ugged，用 diggs 替换 diggles，得到：

Uggs woggled diggs.

再用 Woggs 替换 Uggs，用 diggled 替换 woggled，用 uggles 替换 diggs，得到：

Woggs diggled uggles.

由此，我们把 Woggles，Uggs，Woggs 归为一类，它们是表示某种东西的词，把 ugged，woggled，diggled 归为一类，它们是表示这些东西在过去某个时间作出某种动作的词；把 diggles，diggs，uggles 也归为一类，它们是表示动作所指向的另外一些东西的词。

根据上面的替换得到句子：

（1）Woggles ugged diggles.

（2）Uggs woggled diggs.

（3）Woggs diggled uggles.

这说明了，这些句子的间架是：

——s——ed——s.

也就是说，这三个句子在句法结构上是同类的。

2. 对比分析法

比较两个或两个以上的语言片段，找出其相同的部分和不相同的部分，从而确定这些部分的性质，这样的方法叫对比分析法。

例如，格里森在《描写语言学导论》（An Introduction to Descriptive Linguistics，1955）一书中，就是采用对比分析法来

104

确定希伯来语的语素的。① 他首先取如下的语言片段来对比：

（1）／zəkartíihuu／（我曾回忆过他）

（2）／zəkartíihaa／（我曾回忆过她）

（3）／zəkartíihaa／（我曾回忆过你）

比较 1 与 2 可看出有语音上的对立／－uu／：／－aa／，同时有意义上的对立"他"："她"，因而可假设／－uu／和／－aa／是一对语素。但是再对比 1、2、3，我们就发现这个假设是错误的，现在对立似乎应为／－huu／（他）：／－haa／（她）：／－kaa／（你），因此，还要取其他的语言片段来对比。

（4）／zəkarnúuhuu／（我曾回忆过他）

（5）／zəkarnúuhaa／（我曾回忆过她）

（6）／zəkarnúuhaa／（我曾回忆过你）

把 4、5、6 和 1、2、3 相比较，可以证实／－huu／（他）：／－haa／（她）：／－kaa／（你）的对立，同时还发现／－tíi－／（我）与／－núu－／（我们）的对立。但"我"和"我们"之间意义上的对立也许表现为／－rtíi／和／rnúu／的对立，还得取其他的语言片段来对比：

（7）／qə t altíihuu／（我曾杀过他）

（8）／qə t alnúuhuu／（我们曾杀过她）

由此可以断定"我"和"我们"之间意义上的对立是表现为对立／－tíi－／：／－núu－／，而不表现为对立／－rtíi－／和／－rnúu－／，这样，可以得到识别 zəkar（曾回忆过）和 qa t al（曾杀过）的基础，并把 zəkartíihuu 分成三段：

① 以下编了号的 20 个例句均引自 H. A. Gleason. An Introduction to Descriptive Linguistics，P67－74，1955.

zəkar——tíi——huu.

但是，我们还不敢确定其中每一个片段是一个单纯的语素还是一个语素序列。我们还要根据更多的语言材料来作出判断。因此，我们继续对比：

（9）/zəkaarúuhuu/（他们曾回忆过他）

（10）/zəkaaráthuu/（她曾回忆过他）

对比 9、10 和上述语言片段，可看出/–huu/（他）、/–úu–/（他们）和/–at–/（她）的对立。但 1–6 中有 zəkar–，而 9 和 10 中则有 zəkaar–，两者的语言构造和意义都相似，这又是为什么呢？我们来对比下面 A、B 两组语言片段：

A	B
/zəkar–tíihuu/	/zəkaar–úuhuu/
/zəkar–tíihaa/	/zəkaar–áthuu/
/zəkar–tíihaa/	
/zəkar–núuhuu/	
/zəkar–núuhaa/	
/zəkar–núuhaa/	

可以看出，在 A 组中，zəkar–出现于辅音之前，在 B 组中，zəkaar–出现于元音之前。可见，zəkar–和 zəkaar 是同一个语素由于语音条件不同而形成的语素音位变体。

我们发现还有这样一些语言片段：

（11）/zəkartúunii/（您曾回忆过我）

（12）/šəmartáuhaa/（您曾守卫过他）

（13）/ləqaaxúunii/（他们曾带过我）

对比 11、12、13，可以发现/–túu–/（您）和/–nii–/（我）的对立，它们是两个不同的语素。

106

我们还发现有这样的语言片段：

（14）/zəkaaróo/（他曾回忆过他）

其中的 zəkaar 可以认为是词干，但/－óo/既不像含有施动者"他"和受动者"他"两部分，又不像含有/－huu/（受动者"他"）。于是，我们再把 14 与下列语言片段相比：

（15）/zaakártii/（我曾回忆过）

（16）/zaakárnuu/（我们曾回忆过）

（17）/zaakár/（他曾回忆过）

对比 15、16，可以看出/－tii/（我）：/－nuu/（我们）的对立。这里，它们都是受动者。17 中的施动者"他"没有相应的形式，我们可以认为"他"的语音表达形式为－Ø－，即零形式。这样一来，14 中/zəkaaróo/便可分析为/zəkaar－Ø－óo/三部分。其中，－Ø－是零形式，表示施动者"他"，而/－óo－/则表示受动者"他"。由此可知，"他"有两个形式：一个是/－huu/，一个是/－óo/，这两个形式不像/zəkar－/和/zəkaar－/那样相似。因此，我们不大可能设想它们是同一语素的变体。但是，尽管它们的语音形式大相径庭，描写语言学家们仍把/－huu/和/－óo/看成是一个语素的不同变体。

上述各语言片段中共含有四个词干：/zəkar－/（曾回忆过），/qa t al/（曾杀过），/šəmar－/（曾守卫过），/ləqaax－/（曾带过）。对比一下这四个词干，可以发现它们具有相同的元音/－ə－a/或/－ə－aa/，而它们的辅音各不相同：/z－k－r/，/q－t－l/，/š－m－r/，/l－q－x/。因此，我们可以假设上述词干都是由元音序列和辅音序列两个语素组成的。

我们再对比：

（18）šooméer（守卫者）

（19）zookéer（回忆者）

（20）qoo ṭéel（杀戮者）

可以看出，/‑oo‑ée/这个语素的含义是表示"做某事者"。这样，我们可得出如下的语素：

/z‑k‑r/（回忆）

/p‑ṭ‑l/（杀）

/š‑m‑r/（守卫）

/l‑q‑x/（带）

/‑oo‑ée‑/（做某事者）

/‑ə‑a～‑ə‑aa～‑aa‑á/（曾……过）

前四个语素是词根，后两个语素是某种附加成分。/‑ə‑a/、/‑ə‑aa/、/‑aa‑á/是同一词素的不同变体。

由此可见，前面所说的/zəka‑/、/zəkaar‑/不是同一个单纯语素的不同变体，而是/z‑k‑r/和/‑ə‑a～‑ə‑aa/两个语素组合而成的。其中，语素/‑ə‑a～‑ə‑aa/有/‑ə‑a/和/‑ə‑aa/两个变体。

3. 分布分析法

分布（distribution）是美国描写语言学中一个有专门含义的术语。

1934 年，萨丕尔的学生和合作者史瓦德士（M. Swadesh），在他写的《音素原理》（The phonemic principle）这篇论文里，第一次把"分布"作为一个专门的术语来使用。他认为，这个术语的用法同"地理分布"的习惯用法是一样的。

海里斯在 1951 年的《结构语言学方法》一书中，给分布下的定义是："一个单位的分布就是它所出现的全部环境的总和，也就是这个单位的所有的（不同的）位置（或者出现的场合）的总和，这个单位出现的这些位置是同其他单位的出现有关系的。"①

根据这样的定义，可把分布相同的语言单位归类。例如，海里斯就曾把希伯来语中的某些语素用分布分析法加以归类。在希伯来语中有如下片段：

Xašavtikax（我这样想过）

Xašavtakax（你这样想过）

Xašavnukax（我们这样想过）

Xašavtemkax（你们这样想过）

Xašavukax（他们这样想过）

Xašavakax（她这样想过）

Xašavkax（他这样想过）

其中的 – ti –、– ta –、– nu –、– tem –、– u –、– a – 和零形式 ø 都同样出现在 Xasav – kax 这同样的环境中，它们的分布相同，因此，可归为一类，也就是代词这一类。②

霍克特用分布分析法，把一组可以在构造更大的形式中具有类似的出现权利的形式归为一类，称为形式类（form – class）。例如，能够同样出现在 can（能）、can go（能去）、can go there（能去那儿）之前的 she（她）、he（他）、it（它）、i（我）、We（我们）、they（他们）、the men across the street（走过街道的人）归为一个形式类。

可见，这样的分布分析法，是一种以寻找同类环境为原则

---

① Z. Harris, Methods in Structural Linguistics, P15.

② Z. Harris, Methods in Structural Linguistics, P17.

的归类法。

分布定义中的所谓"位置"，也包括周围的环境。正如布洛克和特雷格所说的："位置的相同不仅意味着对形式的头尾（开头、中间、末尾）来说的地位上的相同，而且还意味着由前面接的音和后面跟的音、音渡条件以及重音所决定的环境上的相同。"①

海里斯也给"环境"下了定义："话语里的某个单位的环境或者位置是由它邻近的单位组成的……所谓'邻近'是指处于上述那个单位之前或后，或者同时出现的单位的位置。"②

另外，还有一种特殊的分布，叫做互补分布（complementary distribution）。史瓦德士在《音素原理》一文中说："如果两个相似类型的语音之中，只有一个通常出现在某些语音环境里，并且只有另一个通常出现在某些其他语言环境里，那么这两个类型可能是同一音素的从属类型。……例如英语 Speech 这个词中的 p，是跟浊唇音 b 以及 peak、keep、happen 这些词中的清唇塞音 p 有互补分布关系的，但是因为语音上与后者相似，所以 p 的分布属于后一类，而不属于前一类。"③ 可见，如果两个现象在不同的环境中出现的可能性正好相互对立，那么，它们就可分布在对立的环境中而互相补充成同一个单位。例如，如果有 A、B 两个环境，甲现象能在环境 A 中出现，而不能在环境 B 中出现，乙现象能在环境 B 中出现而不能在环境 A 中出现，那么，这两种现象就是互补分布的现象。描写

① B. Bloch, G. L. Trager, Outline of Linguistic Analysis, P60.

② Z. Harris, Methods in Structural Linguistics, P15.

③ M. Swadesh, The phonemic principle Language, 10, P117, 1934.

语言学家们以互补分布为原则，把处于互补分布中的不同的语言现象进行合并，把它们归结为一个单位，即把它们看成是同一个单位的不同的变体。可见，这样的分布分析法，是一种以互补分布为原则的归并法。

派克（K. L. Pike）曾用互补分布来说明音位分布的特点："属于同一个音位的各个成员在分布上是互相排斥的，因此，各个成员的分布的总和就构成了整个这个音位的全部分布。在某个语言里，属于某个音位的成员在那个音位的总的分布里跟其他的每一个成员，都处于互补分布之中。"①

格里森用互补分布的原则来分析语素。他指出，如果两个或两个以上的成分的意义相似，分布互补，那么，它们就是同一语素的不同变休。因此，他应用互补分布的原则，把英语名词得数的语素变体/ – Z ~ – S ~ – ɨz/归并为语素 ｛– z｝。他说："如果我们认为/ – S/是基本的，那么，我们就可以说，在浊音之后它变成了一个浊音/ – Z/，在/S Z Š Ž Č J̌/之后，插入元音/ɨ/，由于元音是浊音，因此，变为/ – ɨz/。我们也可以选择/ – z/为基本的，那么，我们就可以说，在非浊音（除了/S Š Č /）之后，它变为非浊音/ – S/。"②

奈达根据互补分布的原则，把英语名词中表示复数的/ – ən/也归入其他表示复数的语素变体。他说："……由于语素变体/ – ən ~ – z ~ – s/同/ – ən/这个形式处于互补分布之中，而且还有共同的语义上的区别性（也就是它们都表示复数），

---

① K . L . Pike, Phonemics, A Technique for Reducing Language to Writing, P93, 1947.

② H. A. Gleason, An Introduction to Descriptive Linguistics, P82, 1955.

我们可以把所有这些形式都归并为同一个语素。"①

分布分析法是美国描写语言学的最重要、最关键的方法。海里斯甚至把分布分析法绝对化，认为它是描写语言学的唯一的方法。他在《结构语言学》一书中说："描写语言学主要研究的以及本书认为适用于语言结构的唯一的形式之间的关系，是彼此有关的某些部分或者特征在语流中的分布或者配列。"②因此，有人干脆把美国描写语言学家称为"分布主义者"。

4. 直接成分分析法

直接成分（Immediate Constituent）这个术语最早是布龙菲尔德于1933年在《语言论》一书中提出来的。他指出，"Poor John ran away"（可怜的约翰跑开了）这个句子的直接成分是两个形式：一个形式是 Poor John，一个形式是 ran away，而这每一个形式本身又是一个复杂形式，ran away 的直接成分是 ran 和 away，Poor John 的直接成分是 Poor 和 John。可见，句子不是一个简单的线性序列，它是由若干个直接成分的层级构成的，而每一个较低层级的成分是较高层级的成分的一部分。这种直接成分分析法，简称为 IC 分析法。

威尔斯(R. S. Wells)进一步对 IC 分析法进行了研究。他把一个句子的 IC，以及这些 IC 的 IC，直到各个语素，都叫做这个句子的成分，把凡是由两个或两个以上 IC 组成的序列，叫做结构体。例如，假定 the king of England opened Parliament 的 IC 是 the King of England 和 opened Parliament，而 the King of England 的 IC 是 the 和 King of England，opend Parliament 的 IC 是 opened

---

① E. A. Nida, Morphology, The Descriptive Analysis of Words, P44, 1946.

② Z. Harris, Structural Linguistics, P5, 1963 年新版。

Parliament,再往下分,King of England 分成 King 和 of England,of England 再分成 of 和 Endland 两个语素,最后,opened 又分成了 open 和 - ed 两个语素。上面的全部分析可图解如下:

the丨丨king丨丨丨of丨丨丨丨England丨open丨丨丨丨ed丨丨 Parliament

由此看出,这个句子有 12 个成分:

（1）the king of England

（2）the

（3）king of England

（4）king

（5）of England

（6）of

（7）England

（8）opened Parliament

（9）opened

（10）open

（11） - ed

（12）Parliament

这个句子有六个结构体,即:

（1）the King of England

（2）King of England

（3）of England

（4）opened Parliament

（5）opened

（6）the king of England opened Parliament

只是成分不是结构体的东西,就是语素,而只是结构体不

113

是成分的东西，就是句子。

威尔斯还提出了扩展（expansion）的概念。他说："有时两个序列能出现在相同的环境里，即使它们的内部结构不一样。当这两个序列中有一个序列比另一个序列更长或者彼此一样（包含的语素更多或者相等），而它们的结构不同（不属于完全相同的序列类），我们就把这个序列叫做另一个序列的扩展，而把另一个序列叫做模型。假如 A 是 B 的扩展，那么 B 就是 A 的模型。"①

威尔斯指出，扩展是 IC 分析的基本原则。IC 分析时，不仅在可能的情况下把一个序列看成是比它短的序列的扩展，而且还把它分成几部分，其中有些部分或者所有的部分本身也都是扩展。例如，我们可以把 the king of England opened Parliament 看成是 John Worked 的扩展，因为 the king of England 是 John 的扩展，而 opened Parliament 是 Worked 的扩展。因此，前面我们把 the king of England opened Parliament 的 IC 看成是 the king of England 和 opened Parliament 是合理的。

扩展"提供了一种从简单到复杂，从已确立的到还没有确立的，从明显的分析到不明显的分析的方法。"②

威尔斯指出，IC 分析的正确性要放在语言的整个系统中去鉴定。他说："一个 IC 分析会牵连到其他一些分析；所以它的正确性只有在考察了这种分析在 IC 系统中的大大小小的影响以后，才看得出来。总之，任何被接受的或是被拒绝的分析

① R. S. Wells Immediate Constituents, Language, 23, P81 - 177, 1947；转载 M. Joos 编 Reading in Linguistics, P187, 1958.

② R. S. Wells Immediate Constituents, Reading in Linguistics, P190.

不是某一个句子的分析，而是我们所谓的这种语言的 IC 系统的分析，也就是这种语言全部话语的全套的分析或者整个系统的分析，一直分析到时最小的成分为止。"①

第四节　美国描写语言学分析语言的步骤

在《结构语言学方法》一书中，海里斯提出，语言分析可以分为两个阶段、四个步骤来进行。第一阶段是语音分析（phonologic analysis），第二阶段是形态分析（morphologic analysis）。在第一阶段分两个步骤，首先确定语音成分，然后再研究这些成分之间的关系；在第二阶段也分两个步骤，首先确定形态成分，然后再研究这些形态成分之间的关系。分述如下。

第一阶段——语言分析

1. 第一步骤——划分音素

运用替换法和对比法，寻找语流中不连续的语音成分。这样的成分，叫做音素。同一个音素可以表现为不同的变体，但保持其语音上的同一性。划分音素就是要寻找声音上等价的不连续的声音片断，把音素变体合并为音素。例如，在进行英语语言调查时，请发音人多次重复说出"can't do it!"。他有时把其中的 c 读为[Kʰ]，有时把 c 读为[kh]，[Kʰ]和[kh]在语音上等价。因此，可以把它们看成同一个音素的自由变体。

2. 第二步骤——归纳音位

运用互补分布的原则，把音素归纳为音位。例如，英语中 [t] 出现于 [S - æ] 中，而不能出现于 [# - [ṛ] 中，（#表

---

① R. S. Wells Immediate Constituents, Reading in Linguistics, P193.

示零音素），$[t]$ 出现于 $[\# - [r]$ 中，而不能出现于 $[S - æ]$ 中，它们的分布互补，故可归入一个音位之中。在归纳音位的过程中，要随时调整环境，把已经归纳为音位的各音素，用同一个音位符号来代替，不再把它们看成不同的音素。

归纳音位时，要参考以下三个标准：

（1）尽可能减少音位的数目，尽可能使音位能在其中出现的环境越多越好。

例如，在英语中，音素 $[r]$ 出现在环境 $[\# - [r]$ 中，

音素 $[t]$ 出现在环境 $[\# - r]$ $\begin{bmatrix} e \\ i \end{bmatrix} - C]$、$[æ - C]$、$\begin{bmatrix} a \\ o \\ u \end{bmatrix} - C$、

$\begin{bmatrix} e \\ i \end{bmatrix}$、$[S - æ]$、$\begin{bmatrix} a \\ S - o \\ u \end{bmatrix}$ 中（其中大写字母 C 表示辅音），音

素 $[k]$ 出现在环境 $\begin{bmatrix} a \\ o - C \\ u \end{bmatrix}$、$\begin{bmatrix} a \\ S - o \\ u \end{bmatrix}$ 中，$[t]$ 与 $[t]$ 的分布

是互补的，$[t]$ 和 $[k]$ 的分布也是互补的。如果把 $[t]$ 与 $[t]$ 归纳为一个音位，这个音位能够在其中出现的环境一共有八个，而如果把 $[t]$ 和 $[k]$ 合并为一个音位，这个音位能够在其中出现的环境一共只有三个。所以，我们把 $[t]$ 和 $[t]$ 合并为一个音位。

（2）声音的对称：要注意音素的表现特征的同一性，音位间的音素内部关系的同一性以及整个音位系统的对称。

例如，英语中 $[p]$ 和 $[p^h]$ 都是双唇清塞音，根据音素表现特征的同一性，可归纳为一个音位。$[p]$、$[t]$、$[k]$ 出现于环境 $[S - V]$ 中（大写字母 V 表示元音），$[ph]$、$[th]$、$[kh]$ 出现于环境 $[\# - V]$ 中，如果只根据单纯的互补分布原

116

则，我们可以把［P］［th］归纳为一个音位。但是，为了求得音位间音素内部关系的同一性，并使音位系统对称，应该把［P］和［ph］归纳为音位｜p｜，把［t］和［th］归纳为音位｜t｜，把［k］和［kh］归纳为音位｜k｜。

（3）环境的对称：因为音位中包含的音素各自出现于不同的特殊环境之中，在进行音位归纳的时候，最好能使音位归纳的结果显示出各个音位的环境的总和都大致相同。

第二阶段——形态分析

1. 第一步骤（即全程的第三步骤）——切分话语

把话语切分为最小的、有意义的成分。切分时，主要采用对比法。海里斯说："话语中语素的界限不是根据话语的内部要素，而是根据同其他话语的比较的结果来确定的。"① 为此，海里斯提出了切分话语的两条原则：

第一条原则：如是一个音素序列中的任何一部分，在任何情况下没有另外一部分就不出现，那么，这个音素序列是不可切分的。

例如，音素序列 roomer（房客）可以切分为 room 和－er 两个部分，因为这两部分都能够独立使用，room 离开了－er 可以出现，－er 离开了 roon 也可以出现。

比较：That's our **roomer.**（那是我们的房客）

That's our **room.**（那是我们的房间）

That's our record**er.**（那是我们的记录员）

第二条原则：如果有一个言语片段大量地出现于某一个环境中，而从来不出现在另一环境中，那么，这个语言片段就可

---

① Z. Harris, Methods in Structural Linguistics, P163.

以看做形态单位。

例如，英语中 - S 这个成分大量地出现于"the——"或者"the good——"的后面（the books "书"，the good books "好书"），但 - S 永远不出现于 very 的后面。因此，可以把 - S 切分出来，使我们有可能作出有关英语结构的概括。

2. 第二步骤（即全程的第四步骤）——归纳语素以及分析语素之间的关系

这一步骤又可分为五小步来进行。

（1）归纳语素：首先使用替换法把语素的自由变化归纳为语素。例如，英语的 | i: kə'nɔmiks | 和 | ekə'nɔmiks |（economics "经济学"）在语音上有差别，是两个不同的音位组合，但它们可以在同一言语环境中出现，彼此可以互相替换，因而可看成是同一语素的自由变体，归并为同一语素。然后，根据互补分布的原则，把分布上互补的语素变体归并为一个语素。例如，knife 和 knives（"刀"），其中一个只出现于没有 [s] 跟在后面的环境中，另一个出现于有 [s] 跟在后面的环境中。其分布互补，故归并为一个语素。

同一个语素的变体在语音上的差别有大有小，有的只是略有差别，如 knife 和 knive（s），有的则毫不相干，如英语 am [（我）是]、are [（您）是]、is [（他）是]、was [（我）曾是]、were [（您）曾是] 也是同一个语素 be 的不同变体。

（2）归纳形式类：把具有相同的形态作用的语素归并成类，这样的类叫形式类（form - class）。在归纳形式类时，要把环境看成是某一类的成分，而不看成是个别的成分。归纳的具体手续有两种。一种先做，把言语片段在同类环境中出现的最常见的语素归纳成形式类；另一种后做，以第一种手续得到的形式类为环境,把其他能彼此替换的语素归纳成形式类。例如,在现代希伯来语中,[ti]最常见,在/xašavti kax/(我曾这样想)中,[ti]可被[ta]、[nu]、[tem]、[u]、[a]、[#]所替换,于是,先把它归成一类,叫 A 类。然后,以 A 类为环境,看看上述语言片段的其余部分是否还可以被别的成分替换。这样,可发现其中的 [–a–a–]能够被[–i–a–]、[hi–a–]所替换,如/xišavti kax/(我这样描绘)、/hixšavti oto/(我认为他重要)。于是,把 [–a–a–]、[–i–a]、[hi–a–]归成一类。叫 B 类。再以 A 类、B 类为环境,发现[x–č–v]能用[k–t–v](写)、[g–d–l](成长)来替换,于是把它们归为 C 类。

(3)归纳句法形式类:为了归纳出更为精练更带有普遍性的类别,还要把具有同样句法功能的形式类加以进一步的归类,得出句法形式类。例如,海里斯把 quite(十分)这样的语素归为 D 类,使得 D 类以外的语素不能和 D 类的语素存在相同的分布。但是,海里斯分出的 A 类中的一个语素(如 large"大")和语素 ly 组成的语素组合 A + ly(如 largely"大大地")还可以和 D 类语素存在相同的分布。例如,句子 They're quite new 和句子 They're largely new(它们非常新)在英语中都是成立的。可见,A + ly 可以同 D 替换,因而公式 A + ly = D 是成立的。这样便可把它们归为一个句法形式类。总起来说,如果语素组合 X 出现在言语片段中的环境 M 里,而语素或语素组合 Y、Z 也出现在环境 M 里,那么,有 Y = X,Z = X。

(4)分析构造:在句法功能上互相替换的形式类结合起来形成构造(Construction)。构造是分层次的,词是一种构造,更高层次的构造是复合词的构造、词组的构造等。高一层次的构造包含低一层次的构造。分析构造可以说明在一个位置上的形式类和其他位置上的形式类之间在结构方面的安排情况。

（5）归纳句型：根据形式类或构造在言语片段中的组合情况，可把言语片段的结构归纳为不同的类型。

分析言语片段的类型时要画出两条线；一条横线，一条竖线。横线代表形式类或构造在时间上的前后相续关系，竖线代表这些分彼此之间互相替换的情形。这可用图解来表示。例如，英语中的 NV（名词＋动词）可表示为如下页的图解：

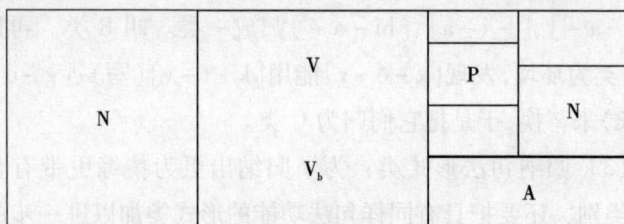

图 6－1　句型图解

其中，N 表示名词，V 表示动词，Vb 表示连系动词，P 表示介词，A 表示形容词。这个图解说明英语的 NV 这种言语片段可以出现如下各种情况。

NV：例如：

Our best books have disappeared.

（我们最好的书不见了）

NVP：例如：

The Martian came in.

（马吉安人进来了）

NVPN：例如：

They finally went on strike.

（他们终于罢工了）

NVN：例如：

120

We，ll tade it.

（我们要拿它）

NV_b：例如：

He is.

（他是）

NV_bP：例如：

I can't look up.

（我不能往上看）

NV_bPN：例如：

The mechanic looked at my engine.

（技师检查我的引擎）

NV_bN：例如：

He，s a fool.

（他是个傻子）

NV_bA：例如：

They look old.

（他们显得苍老）

这样，就可以把言语片段归纳为公式。凡是能满足这种公式的言语片段就叫做句子，适合于不同公式的句子类型叫做句型（sentence types）。

上面所讲的分析语言的步骤是从小到大、一步一步地进行的。这种步骤是海里斯提倡的。

美国描写语言学中还有另外一种从大到小、逐层分析的步骤，这就是直接成分分析法分析句子的步骤。它从句子开始一层一层地往下分，一直分到不能再分为止。这种分析步骤我们在直接成分分析法中已讲过，兹不赘述。

第五节　美国描写语言学语法
描写的两个模型

美国描写语言学语法描写的体系,可以归纳为两个模型:一个模型称为"项目与变化"(Item and Process),简称 IP;另一个模型称为"项目与配列"(Item and Arrangement),简称 IA。

IP 由鲍阿斯建立,萨丕尔加以充实,后来采用这种模型的人还有哈斯(M. Haas)、纽曼(S. S. Newman)等人。IP 的主要概念是:一种语言中有某些形式是最基本形式,而另一些形式是由基本形式经过一定的构形变化而产生的派生形式。例如,英语的 Work(工作,不定式)和 Worked(工作,过去时),前者是基本形式,后者是由前者经过附加后缀 – ed 这样的变化而产生的派生形式。把各种不同的变化(Process)作用于基本形式,就可以产生出许多不同的派生形式。IP 的主要内容就是"变化"(Process)。正如海里斯指出的,在 IP 中,"部分相同的两个形式之间的差别常常被描写为一种变化,这种变化使一个形式从另一个形式中派生出来。例如,当词根或词干有几种不同的语音形式时,就认为,这些不同的语音形式,是元音变换的变化作用于词根或词干的结果。词根之与词根加后缀的差别,则描写为附后缀的结果。这是一种传统的讨论方式,在美洲印第安语语法中尤其常见。当然,它跟历史上的变化或历时的演变过程没有任何关系,它仅仅是一种构型形的变化,从模式的某一部分向另一部分或较大的部分的运动。"①

---

① Z. Harris, Yakuts Structure and Newman's Grammar, IJAC, 10, P199, 1944.

IA 的概念由布龙菲尔德初步形成，以后由海里斯、布洛克、威尔斯、奈达等人加以发展。IA 的主要概念是：一种语言里的话语，是由一定数量的语素经过一定的配列而构成的；描写话语的结构，就是描写这些语素及其相互之间的配列关系。例如 worked 就是由 word 和－ed 这两个语素按照这样的配列（arrangement）构成的。IA 的要点是只谈项目及其出现时的配列。IA 假定，在某一语言里，任何一段话语都是完全由一定数量的、在语法上互相关联的、称为语素的单位，通过彼此相关的某种配列而构成的。说明了语素及其配列，话语的结构就明确了。只要我们列举出某种语言的语素及其在话语中出现时所构成的彼此相关的各种配列，就算是已经描写了这种语言的模式了。

当然，IA 的面貌实际上比"项目"和"配列"所包含的内容更为复杂。除了项目的形式和配列的线性次序之外，层次对于话语的结构也起着重要的作用。英语的"The old men and Women stayed at home"（年老的男人和女人留在家里）这句话，是有歧义的。如果我们把这一句话说给一些人听，很可能有的听话人会认为它的意思是"年老的男人和所有的女人留在家里"，另一些听话人会认为它的意思是"所有年老的男人和所有年老的的女人留在家里"，还有的听话人干脆不能作出决定，真是"仁者见之谓之仁，智者见之谓之智"。这与看图的人看到一个中空的立方体图形时的情形很相似。看图的人可以差不多随心所欲地来看，先把立方体的某一角看做最靠近自己，然后又把另一个角看做最靠近自己。因此，一般人看到下面的 A、B、C 三个图形时，很容易看出 B 跟 A 和 C 都不同，但是，他会感到 B 有时更像 A，有时又更像 C。这样，B 就是模棱两可的，或者说，B 是有歧义的。

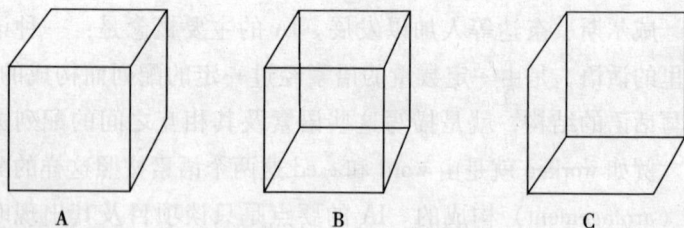

图 6-2　B 既像 A 又像 C

基于这种原因，在 IA 中，除了项目的形式和配列的线性次序之外，还要注意层次结构。事实上，"old men and women"根据意义的不同有两种不同的层次结构，如果注意到层次结构的不同，那么，这种意义上模棱两可的情况就可以得到解释。

IA 和 IP 这两种模型都不够理想，彼此各有优劣，难分高下。为此，霍克特提出，一个理想的语法模型，应该具备如下五条标准。

（1）模型必须具有一般性：它必须能适用于任何语言，而不是只适用于某种类型的语言。

（2）模型必须具有特定性：当用它来描写一种语言时，所得的结果必须完全由模型的性质和这种语言的性质来决定，而绝不能由分析者随意决定。

（3）模型必须具有概括性：当用它来描写一种语言时，其结果必须能概括所有观察到的材料，并能推而适用于尚未观察到的材料。

（4）模型必须具有能产性：当用它来描写一种语言时，其结果必须使人有可能据以创造出无限数量的正确的新话语。

（5）模型必须具有高效率：当用它来描写一种语言时，应该以最小数量的机构来取得必要的结果。

124

不论是 IP 模型还是 IA 模型，都不能完全满足上述标准。因此，霍克特提出，美国描写语言学必须对两个模型做更多的试验，并且也可尝试设计一些其他的模型，以便最后综合而成一个单一的、更接近于圆满的模型。

第六节　法位学理论

法位学（tagmemics）是美国描写语言学的一个分支。当美国描写语言学开始衰落的时候，法位学理论却继续向前发展，成了当代美国语言学中颇有影响的一种新学说。

法位学理论的中心人物派构（K. L. Pike, 1912 - ），是美国密执安大学语言理论系教授。早在 20 世纪 40 年代末，派克就开始探索研究这种新的语言学说。他的主要著作有：

1.《法素和直接成分》（Taxemes and Immediate Constituents, 1947）

2.《语言和生活》（Language and Life, 1957）

3.《成核现象》（Nucleation, 1960）

4.《法位学的新发展》（Recent Development in Tagmemics, 1974）

5.《英语动词短语中法位成分的规则》（Rules as Components of Tagmemics in the English Verb Phrase, 1974）

6.《语言和统一的人类行为结构理论的关系》（Language in Relation to a Unifide Theory of the Structure of Human Behavior, 1976）

7.《语法分析》（Grammatical Amalysis, 1977, 与 E. G. Pike 合著）

法位学在分析言语行为的时候，使用的描写方法主要有两种。

第一种描写方法是区分单位（emic unit）和非常单位（etic unit）之间的不同。这两个术语取 phonemics（音位学）和 phonetics（语音学）这两个词的后半部 emic 和 etic 构成。位单位是指一个封闭系统中的形式单位，非位单位是指具有醒目特点的物质表现形式。例如，世界上大多数语言都有［t］这个音，具有某些共同的声学语音特点，这是一个非位单位，我们只能从印象上对它加以描写，并没有把它归入任何一种语言，作为语言系统中的一个成员。而英语中｜t｜这个音，则是英语语音系统中的形式单位，它在具体的环境中有形形色色的变体，是位单位。

第二种描写方法是法位学层次。一个句子可以分为许多层次：语素层次，词汇层次，短语层次，分句层次，句子层次。句子的产生过程，就是从语素层次开始，经过词汇层次、短语层次、分句层次，最后达到句子层次，上一层次包括下一层次。例如，词汇层次包括语素层次，而短语层次又包括词汇层次。包括成分叫法素（syntagmeme），被包括成分叫法位（tagmeme）。因此，任何特定的成分既是法素，又是法位，对上一层次而言，它是法位，对下一层次而言，它是法素。例如，词汇对于构成它的语素来说，是法素，但对由它构成的短语来说，则是法位。可见，法位学力图把语言成分放在层次和系统中来研究，放在部分对整体的关系中来研究。

每一个法位都具有轨位（slot）、类别（class）、作用（role）和接应（cohesion）四个特性。轨位规定着某个法位在其所在结构中占据的是核心地位（nucleus）还是外围地位（margin），有时可以分为主语轨位、谓语轨位、宾语轨位、附

126

加语轨位。类别表示这个轨位上的语言实体所属的类，如词缀、名词、名词短语、动词根、子句根等等。作用指明该法位在结构中的职能，如动作者（actor）、受事者（undergoer）、受益者（benefitee）、陪同者（associated agent）、方向（scope）、时间（time）等。接应则表示该法位是支配着其他法位还是受其他法位的支配。这样，一个法位公式就应该具有如下的形式：

$$法位 = \frac{轨位 \mid 类别}{作用 \mid 接应}$$

任何一个法位的性质，应该从轨位、类别、作用、接应这四个方面来进行描写。

派克认为，任何语言都具有三种等级体系：音位等级体系（phonological hierar chy）、语法等级体系（grammaitcal hierarchy）、所指等级体系（referential hierarchy）。音位等级体系是指语音与其所在的结构之间存在的部分对整体的关系，包括的平面有音素、音节、重读群、停顿群、修辞停顿以及调降调等，同时也研究各种语气对每个单音及重读群的影响。语法等级体系是指词汇单位和词汇单位模式与其所在的结构之间存在的部分对整体的关系，包括的平面有语素、语素群、词根、词干、短语、子句根、子句、句子、独白、一问一答、谈话等。所指等级体系是指概念与其所在的结构之间存在的部分对整体的关系，就是说，一个语言单位，可能是用来说明另一个语言单位的原因、目的、结果等，而这第二个语言单位，又可以构成一篇故事的背景、发展、高潮或结尾。

这三个等级体系中的法位都可以用法位公式来表示。

音位等级体系中，一首诗的韵脚的法位公式是：

轨位：一行诗的结尾	类别：元音辅音结构
作用：韵脚	接应：——

语法等级体系中，谓语动词的法位公式是：

$$\text{动词} = + \begin{array}{l|l} \text{类别：动词根} & \text{轨位：核心} \\ \hline \text{作用：谓语} & \text{接应：——} \end{array}$$

$$\pm \begin{array}{l|l} \text{轨位：外围} & \text{类别：时态后缀} \\ \hline \text{作用：时间} & \text{接应：时间一致性} \end{array}$$

公式中"＋"号表示强制性，"±"号表示选择性。这个公式说明，动词原型是强制性的，其轨位是核心，类别是动词根，作用是谓语，而该动词的词尾变化的轨位是外围，类别是时态后缀，作用是表示时间，接应是要与动作发生的时间相符，动词的词尾变化是有选择性的，因而用"±"表示。

名词短语 old trees（古老的树）的法位公式是：

$$\text{名词短语} = + \begin{array}{l|l} \text{类别：动词根} & \text{轨位：核心} \\ \hline \text{作用：项目} & \text{接应：——} \end{array}$$

$$\pm \begin{array}{l|l} \text{轨位：外围} & \text{类别：形容词} \\ \hline \text{作用：修饰} & \text{接应：——} \end{array}$$

这个公式说明，trees（树）是强制性的，其轨位是核心，类别是名词，作用是表示项目（人物、状态等），old（古老的）是选择性的，其轨位是外围，类别是形容词，作用是修饰名词 trees。

所指等级体系的法位公式是：

轨位：一个行动或项目在整个事件中的地位	类别：发起这项行动的人或物
作用：采取这项行动的目的	接应：这项行动与事件中的其他行动的相互支配关系

在这三种等级体系中，语法等级体系的研究比较实在，成绩较大，而音位等级体系和所指等级体系还处于探讨之中。

128

本章参考文献

1. L. Bloomfield, Language, 1955, London. 中译本, 《语言论》, 袁家骅、赵世开、甘世福译, 钱晋华校, 商务印书馆, 1980 年。

2. E. Sapir, Language, An Introduction to the Study of Speech, 1921, New York. 中译本,《语言论——言语研究导论》, 陆卓元译, 陆志韦校订, 商务印书馆, 1964 年。

3. Z. Harris, Methods in Structural Linguistics, Chicago, University of Chicago Press, 1951.

4. C. F. Hockett, Two models of grammatical description, Word, 10, P210 - 233, 1954.

5. H. A. Gleason, An Introduction to Descriptive Linguistics, and revised deition, New York, 1961.

6. C. C. Fries, The Structure of English, An Introduction to the Construction of English Sentences , New York, 1952. 中译本, 《英语结构——英语句子结构导论》, 何乐士、金有景、邵荣芬、刘坚、范继淹译, 范继淹、金有景校订, 商务印书馆, 1964 年。

7. R. S. Wells, Immediate Constituents, Language, 23, P81 - 117, 1947.

8. 高名凯:《作为美国资产阶级文化一个部门的描写语言学》, 《语言学资料》, 1964 年第 3 期。

9. 刘润清:《派克的法位学语法》,《语言学动态》, 1979 年第 6 期。

第七章　法兰西学派

在历史比较语言学研究中崛起的"青年语法学派"出现于19世纪70年代。青年语法学派认为，语言存在于个人心理之中，而心灵的交际必须借助于生理器官发出的物质的声音才能实现，所以，语言是个人的生理、心理现象。他们提出，只有个人的语言才真正存在，有多少个人就有多少种语言，语言的一切变化都是在个人的言语活动中完成的。在个人心理主义语言观的指导下，青年语法学派很少考虑社会对语言的制约和影响。以索绪尔为代表的语言学派是社会心理学派，社会心理学派提出了语言是社会心理现象的论点来克服青年语法学派的片面性。索绪尔去世后，这个学派分为两支，一支是"日内瓦学派"，他们偏重语言的静态研究，奉索绪尔为奠基者，主要成员有巴利（C. Bally）、薛施蔼（A. Sechehaye）；另一支是"法兰西学派"，他们把社会心理的要素跟历史比较语言学的原则结合起来，主要成员有梅耶（A. Meillet，1866－1936）、房德里耶斯（J. Vendryès，1875－1960）。

法兰西学派虽然力图克服青年语法学派的个人心理主义的片面性。承认语言是社会现象，但是，由于"社会心理"也是一种"心理"，他们也是用心理去解释语言，而且在实际研究中以语言的历史作为研究对象，所以，法兰西学派在许多方面与青年语法学派的理论有密切的联系。

在本章中，我们将介绍法兰西学派的主要代表人物梅耶和房德里耶斯的语言学理论。

第一节　梅耶的历史比较语言学研究

梅耶于 1866 年生于法国的木兰（Moulins），他的父亲从事法律工作。梅耶于 1877 年进班维尔古典中学（I'École des Hautes Études），这个中学是一个偏重古代语文和人文科学教学的学校，梅耶在这里学习古希腊文、拉丁文和各种人文科学，打下了坚实的人文科学基础。梅耶于 1884 年到巴黎，在路易古典中学继续学习一年。中学毕业后，他分别在巴黎大学的文学院和高等研究院注册听课，1886 年开始选听索绪尔的语言学课程。他还先后学习了梵语、伊朗语、爱尔兰语、罗曼族语言和斯拉夫族语言。1887 年梅耶获硕士学位，1889 年取得国家语法教师资格文凭，成为巴黎语言学会会员，并当了四年的巴黎语言学会秘书。1891 年到高加索短期停留，使他对欧洲东部的印欧系语言，特别是阿尔明尼亚语，有了具体的深入的认识。梅耶于 1897 年获得文科博士学位，1905 年被正式任命为法兰西学院比较语法教授，1906 年被选为巴黎科学院院士和俄国彼得堡科学院院士。晚年病魔缠身，半身不遂，双目几近失明，但仍坚持到法兰西学院讲课。梅耶于 1936 年逝世，终年 70 岁。

梅耶的主要著作有：

1. 《古斯拉夫语属格—宾格用法探讨》（1897）
2. 《古典阿尔明尼亚语比较语法纲要》（1902）

3. 《古斯拉夫语词源和词汇研究》（1902－1905）

4. 《古波斯语语法》（1902－1905）

5. 《印欧语比较研究导论》（1903）

6. 《印欧语方言》（1908）

7. 《日耳曼族语言的一般特性》（1916）

8. 《希腊语史一瞥》（1923）

9. 《历史语言学中的比较方法》（1925）

10. 《拉丁语史纲要》（1925）

在这些著作中，最重要的是 1903 年出版的《印欧语比较研究导论》和 1925 年出版的《历史语言学中的比较方法》。

在《印欧语比较研究导论》中，梅耶具体地分析了印欧系各语言之间的相互关系以及这些语言与原始印欧语之间的相互关系，提出了语言分化的理论，认为从同一语言分化出来的各个语言离开原始母语的语源中心越远，其受语源中心变化的影响就越小，因而可以在这种语言中找到同源诸语言中最古老的语言特征。这个断论对于语言的比较研究具有重要意义。

1925 年出版的《历史语言学中的比较方法》是梅耶于 1924 年在挪威奥斯陆的比较文化研究所的学术演讲稿。此书以通俗的语言，深入浅出地论述了历史比较语言学的理论、方法和原则，是对历史比较语言学的科学总结。

梅耶在《历史语言学中的比较方法》一书的序言中说，"近年来，许多语言学家曾经提出一些证明得极坏的假设，所以我们更加有把这些方法加以考查的必要。新的词源研究做得很多，但是大多数连一点证明的迹象也看不出。目前大家对于保证词源的比较做得正确的那些条件还没有一致的意见，所以对这些词源研究作详细的批评是徒劳无功的"。为此，他在

《历史语言学中的比较方法》中，系统地研究了历史比较法的一般原则以及这种方法用于语言历史研究的成效和局限。

梅耶认为，历史比较法的客观基础，是语言符号音义结合的任意性和亲属语言之间的语音对应的规律性。如果以任意性为基础的语言符号之间表现出有规律的语音对应关系，那么，就可以肯定，这种有规律的语音对应关系绝不是偶然的，而是同源成分分化的结果。梅耶指出，语音对应和语音相似是两回事情，不应该把它们混为一谈。例如，阿尔明尼亚语的 erku（二）和梵语的 d（u）va（二）、拉丁语的 duo（二），在语音形式上虽然有很大的差异，但是相互之间却有着严格的对应关系：阿尔明尼亚语中其他一些以 erk－起头的词也同欧洲一些语言中的 dw－相对应。例如："怕"的词根在阿尔明尼亚语中是 erki－，在希腊语中是 dwi－，其中的 erk－对应于 dw－；"长久"在阿尔明尼亚语中是 erkar，在希腊语中是 dwaron，其中的 erk－也对应于 dw－。因此，"二"的例子可以用来证明语言的同源关系。

语音对应关系既然是语言同源关系的证明，历史比较语言学家们就试图根据语音对应关系去构拟原始共同语。19 世纪70 年代，共同语的构拟是历史比较语言学的研究重点之一。当时的大语言学家施来赫尔曾经用他构拟的原始印欧语写了一篇寓言《山羊和马》，他认为这样构拟出来的语言就是原始印欧人所讲的语言。梅耶对施来赫尔的做法不以为然，他认为："构拟并不能得出人们说过的那种真正的拉丁语，任何构拟都不能得出曾经说过的'共同语'。用一些历史上已经证实了是同族的语言米'构拟'出印欧语，在施来赫尔（Schleicher）是一种天才的大胆；但是用这种'构拟'出来的语言来写成一篇文字，在他也是一个严重的错误。比较方法只能得出一种相近的系统，可以作为建立一个语系的历史的基础，而不能得出一种真正的语言和它所包含的一切表达方式。"梅耶认为，构拟原始共同语的价值不是再现原始语的实际情况，而是可以将历史比较的成果用简单、明确的方式巩固在原始共同语的构拟之中，现代亲属语言的种种差异，也可以通过构拟出来的共同语得到合理的解释。

梅耶认为，必须在所比较的语言中，尽量找出古代原始共同语的那些被保存下来的特性，才能确定一种古代原始共同语的存在。应该从形态、语音、词汇三个方面的比较研究中来寻找这些特性。梅耶声称，比较方法是"建立语言史的唯一方法"。

梅耶特别强调形态，认为形态是"用来变化词、组合词以构成句子的全部规则，是语言中最稳固的方面"，"一种形态繁杂的语言，包含着很多特殊的事实，如最近发现的土火罗语（Tokharien）或赫梯语（Hittite），我们略加考释就可以看出它的印欧语的特性"。

由于特别强调形态，梅耶对于汉藏语系的历史比较研究不够乐观。他说，"反过来，远东的那些语言，如汉语和越南语，就差不多没有一点形态上的特点，所以语言学家想从形态的特点上找出一些与汉语或越南语的各种土语有亲属关系的语言，就无所凭借，而想根据汉语、西藏语等后代语言构拟出一种'共同语'，是要遇到一些几乎无法克服的阻力的"。梅耶预料到的这些"无法克服的阻力"，后来已经被在汉藏语系研究中提出的"内部构拟法"（internal reconstruction）——克服了。梅耶当时的看法是有偏颇之处的，这是由于历史的局限和他本人的语言知识背景决定的，他不懂汉藏语系的语言，得出这种偏颇的结论也是不足为怪的，我们不能苛求于前人。大量的研究事实表明，比较方法并不是建立语言史的唯一方法，语言历史的建立还存在着其他途径。

关于语音，亲属语言的语音系统的差别可以很大，但存在着有规则的对应，语言学家可以根据这种对应建立原始共同语。这样，就有可能"把一个古代的系统和新的系统互相对照"。梅耶指出，从语言的纵向发展中找出语音发展的规律，可以为亲属语言之间的横向的对应关系提供音理上的阐释。例如，阿尔明尼亚语的 erku（二）和其他印欧语如梵语的 d(u)va、拉丁语的 duo 等的对应，可以通过原始印欧语的 $*'dw-$、$*dwu-$ 得到音理上的解释，从而证实这是语音发展的结果。

梅耶是这样来解释的：首先，从原始印欧语到阿尔明尼亚语经历了一次重要的音变，浊塞音 d、g 分别变成清塞音 t、k，于是有 $'dw-\to'tw-$，这与格里木定律是一致的。其次，w 前的舌尖塞音 t 由于受到具有舌根作用的 w 的影响而变为 k，于是有 $'tw-\to k-$，例如，希腊语的 twe（你的）与阿尔明尼亚语的 ko（你的）对应。阿尔明尼亚语的 erku 中的 r 是词中的 k 在古代的一个浊辅音的痕迹，因为如果是清音，发音时声带不颤动，前面就不可能增生一个浊音 r。随后，可能是由于这个 r 处于音节的开头而后面又紧跟着一个辅音 k 不好发音，因而就在 r 前加一个 e 而成为 erk-。此外，e 的出现还可以从 erku（二）中的尾音 u 得到进一步的证明。从原始印欧语到阿尔明尼亚语，双音节词中的第二个音节的元音都已脱落，erku 中的 u 之所以能够保存下来，是因为当双音节的第二个音节的元音脱落时，这个词还不是双音节的词。这就是说，erku 中的 e 是后来增生的，不是原始印欧语固有的。上述语音对应关系得到音理上的这种合理解释之后，就具有强大的说明力和解释力，使我们能够在纷乱庞杂的语音中理出音变的规律，为同源关系的确定找出科学的根据。

关于词汇，梅耶强调同源词的确定要有语音和语义两个方面的根据：语音上要有严格的对应，语义上如果有分歧，必须找出具体的原因。词汇对比中还要特别小心避开偶然的借用成分。梅耶指出，日耳曼语的 b - 对应于拉丁语的 f -，例如，拉丁语的 flos 和 floris（花）对应于德语的 Blume（花）。但是，德语中的 Feuer（火）与法语中的 feu（火）却是毫无关系的，只是偶然的借用。梅耶说，"想一想各个罗马族语言中那些与法语的 feu（火）对应的词，如意大利语的 fuoco，西班牙语的 fuego，就可以知道 feu 与 Feuer 的相似是毫不相干的"。因为法语的 f - 应该对应于德语的 b -，而不应该对应于 f -。梅耶提醒人们："我们进行比较时只能用一些精密的公式——并且要小心避开那些借用成分。"

总之，梅耶认为，只有从形态、语音和词汇等三个方面得到证明，才可以确定语言的同源关系。这样，梅耶便为历史比较语言学的研究勾画出了一个清楚的轮廓。

梅耶把谱系树理论与波浪说结合起来，把历史比较语言学和方言地理学结合起来，从对立中看到这些理论的内在联系，并把他们纳入历史比较研究的框架，把历史比较语言学的研究推进了一大步。

历史语言学中，存在着两种对立的理论，一种是施来赫尔提出的谱系树理论（fanily tree），一种是施密特（Johannes Schmidt）提出的波浪论（Wave theory）。这两种理论曾经进行了激烈的争论。梅耶避开争论，从每一个学派的理论中吸取其合理的因素，加以提炼，把它们融合为一体，借以改进历史比较法。

谱系树理论认为，语言是不断分化的，他们假定曾经存在一种原始共同语，这种原始共同语经过一次突然的变故，分化为几种不同的语言，而这些语言又进一步分化，直到形成了现在世界上存在的各种各样的语言。历史比较法正是建立在这种谱系树理论基础上的一种方法。显而易见，谱系树理论把复杂的语言现象简单化了。波浪论对谱系树理论提出挑战。波浪论认为，在分化以前的原始共同语内部，就存在着方言的分歧，这些分歧的方言的特点会像波浪一样地向四面扩散，使不同的语言具有某些相同的特点；分化以后的语言也不是在真空中发展的，它们相互之间也会产生影响。波浪论提出之后，一直与历史比较法处于尖锐的对立之中，人们一直把这两种理论看成是水火不相容的。

梅耶独具慧眼，他认为，波浪论的某些精神，有助于历史比较法的改进。原始共同语不一定是一个内部一致的系统，可能有方言的差别。究竟是否有方言的差别，可以通过现代语言之间的差异类型来判断。如果一种语言现象在现代语言中的差异表现为一系列渐变的阶梯，那很可能是由一种统一的原始共同语在地域上分化的结果。现代罗曼语系的各种语言（如法语、意大利语、西班牙语、葡萄牙语、罗马尼亚语），它们与拉丁语的关系大体上就属于这种类型。如果某些现代语言的特征在地域上的分布呈现出断裂的、矛盾的、参差的特点，那就说明它们的原始共同语有方言的差别。例如，根据表示"百"的意思的词的词头辅音的发音，印欧系语言可以分为东西两群：东群读咝音（如伊朗语的 satem），西群读舌根音（如拉丁语的 centem）。日耳曼语与希腊语、拉丁语一样，属于西群，如英语的 hundred，德语的 Hundert 词头的辅音 h 为舌根音。但是，如果根据 o 与 a 的分合情况来判断日耳曼语的所属关系，则阿尔明尼亚语、希腊语、拉丁语的 o 与 a 从分，属于西群，印度—伊朗语的 o 与 a 从合，属于东群，而日耳曼语的 o 与 a 从合，当然也应该属于东群。这样，日耳曼语按"百"的词头辅音的区别应该属于西群，而按 o 与 a 的分合情况的区别应该属于东群，因此，日耳曼语在语言特征的分布上处于一种矛盾的地位，这就说明了原始印欧语内部存在着方言分歧。

梅耶接受了波浪说的合理内容，克服了以往的一些简单化倾向，为历史比较法作出了贡献。

在第一章第二节中我们说过，青年语法学派主张语音规律不容许有例外，如果有例外也必定有例外的规律，无法用语音规律解释的现象则认为是类推作用所造成的。但是，由于活的口语和方言中存在大量的不规则的例外，语言学家把这些现象画在地图上来研究，产生了"方言地理学"，针对方言中的大量例外的事实，方言地理学提出了"每一个词都有它自己的历史"的口号，这个口号与"语音规律无例外"的原则是完全对立的。于是，"语音规律无例外"的原则受到强烈的挑战。梅耶经过仔细的考查和推敲，发现这两种对立的理论有异曲同工之妙，可以用方言地理学的理论和方法来改进历史比较法。他说："统计学的长处就在于能用图表来说明事实，使人一目了然。语言学家能够在一张地图上，或者可以在两三张可以拿来对比的地图上看到与一个问题有关的事实，解决这个问题的那些要领就一下都出现在眼前了"，"这是因为比较方法在这些调查中找到了一个工具，比它以前所有的一切都更优越，并且恰巧适合于它的需要。我们第一次有了一整套可以拿来直接作比较的材料，分布在所研究的全部区域上，并且摆得清清楚楚的"，它使"比较方法得到了出乎我们意料之外的精密性、普遍性和便利性"。这样，梅耶就让反对历史比较法的方言地理学在历史比较法这棵树上开花结果，显示出了他的远见卓识。当然，梅耶并不赞同"每一个词都有自己的历史"这个口号，他说，如果孤立地研究一个词或者一个小组词、一个形式或一个小组形式，而不考虑它们在系统中的地位，那是会葬送整个历史语言学的。梅耶始终主张在语言的系统中来研究词的历史和特性，反对把词孤立起来研究。

梅耶还分析了语言间的相互影响。他认为，有威望的书面语对于地方土语会产生重要的影响。例如，"既然法语和土语是同一语族的，所以它们固有的词汇之间有许多有规则的对应；使用地方土语的人按照这些对应，不难用一些法语词造成一些土语化的词，或者把一些法语的句法搬到土语里去"。他还提出了混合语的概念，讨论了语言融合问题。他认为，被征服而消亡的语言会在胜利者的语言中留下一些语言特征，这些语言特征叫做"底层"（substrat）。根据"底层"可以解释方言的差别。

梅耶把彼此对立的东西结合起来研究，如谱系树与波浪论，"语音规律无例外"的口号与"每一个词都有自己的历史"的口号，看来是互相对立的，梅耶却能够从对立中看到它们内在的联系，并把它们纳入历史比较语言学的框架。这足以证明梅耶确实是一位具有敏锐观察力的卓越学者。

梅耶还探讨了语言历时演变中的普遍现象。他认为，不管人们生活在什么地方，他们的发音器官在生理上是大同小异的，因此，不同的民族可以有类似的发音习惯，使语音按照同样的原则发生变化。例如，前高元音/i/、/y/、/e/之前的舌根辅音容易发生腭化，非重读音节的元音趋向于央化或高化。另外，在形态和句法方面也有些普遍的现象。例如，曲折形式有趋于消失的倾向，虚拟式的功用逐渐减小。梅耶指出，语音的发展规律与形态的发展规律是不同的，"在形态方面，发生的事情并没有语音方面那么严格，形态是古代残迹的领域"。这是因为，语音变化的一般类型受生理条件的约束，因此，可以确定一些适用于一切语言的一般规律，在形态方面，就不具备这样的条件。

梅耶摆脱了对于语言现象只进行孤立观察的局限，能够从系统的角度来研究音变现象之间的彼此影响和联系。例如，他指出，在一切语言中，如果音节的重读与非重读的区别在于音强，则非重读音节的元音趋于央化；如果区别在于音长，则非重读音节的元音趋于高化。在当时的条件下，梅耶对音变现象之间的联系进行系统的分析，并揭示出内部的因果联系，确实是难能可贵的。

梅耶并不满足于历时比较语言学所取得的成绩。他认为，"现有的理论，与其说是以经过选择的材料为基础，不如说是以一些不完全的、模糊的和偶然的材料为基础"，因此，他提出，要加强对正在进行的变化的研究，而在梅耶那个时代，语言学家们对于这些正在进行的变化却掉以轻心，梅耶说："我们本来可以直接观察，然而很可惜，大家对正在发生的事却几乎睬也不睬。"梅耶认为，这些正在进行的变化包括：儿童如何学习语言的系统研究，各种地方土语的语言的差异细致研究，共同语和土语关系的研究，等等，都是亟待深入探讨的问题。

第二节　房德里耶斯的语言理论

法兰西学派的另一位代表人物是房德里耶斯。他于 1875 年出生于巴黎，1896 年获得国家文科教师资格，先后在克莱蒙费朗（Clermont – Ferrand）和冈城（Caen）任教，从 1907 年开始担任巴黎大学印欧语历时比较语法教授，并主持高等研究学院（Ecole des Hautes Etudes）的凯尔特语文学研究，在古典语言和凯尔特语的研究中作出重要贡献。房德里耶斯还解读了用塞浦路斯音节文字写的一种未知语言的铭文，1931 年被选入铭文学会。

房德里耶斯的主要著作有：

1.《拉丁语和爱尔兰语中拉丁语词起首音节的强度的演变及其效应》（Recherches sur l'histoire et les effets de l'intensite initiale en latin et les mots irlandais tirés du latin, thése doctorale, 1902）

2.《希腊语的重音调》（Traité d'accentuation greque, 1929）

3.《古爱尔兰语语法》（Grammaire du viel irlandais, 1908）

4.《语言论》（Le Langage, Paris, 1921）

5.《古典语言比较语法》（Traité de grammaire comparée des langues classiqués, 1924）

6.《语言学和凯尔特语研究论文集》（Choix d'études linguiistiques et celtiques, 1952）

他的代表作是《语言论》（Le langage），这部著作于 1914 年完稿，因为第　次世界大战爆发，丁 1921 年才出版。

房德里耶斯的语言学理论受到法国社会学家涂尔干（Emile Durkhelm，1858－1917）的强烈影响。涂尔干主张用实证的态度对待社会现象，把社会现象和个人的生理、心理现象截然分开，认为社会现象是意识现象，是"集体的表象"（representation collective）；他把社会现象概括成人们的传统风俗和制度，包括语言在内；他认为社会现象存在于个人之外，并强加于个人；他所说的"社会"是指任何个人的集合体，大而至于国家，小而至于公司、会社。房德里耶斯在他的语言理论中，贯彻了涂尔干的社会学说。

房德里耶斯的语言理论，主要内容如下：

1. 把语言分为一般语言和个别语言，研究了它们的本质、起源和发展。

房德里耶斯认为，一般语言具有如下的性质：

（1）语言是社会现象。他说，"语言在社会中形成，从人类感到有交际需要的那一天起就开始存在"，"语言是再好不过的社会现象，是社会接触的结果"，"语言是维系社会的最强有力的纽带之一，语言的发展也是靠社会的结合"。

（2）语言是作为交际工具的符号系统。他说，"对语言所能下的最一般的定义是：它是符号系统"，"所谓符号是指一切能作为人与人之间交际工具的记号"。关于语言符号的性质，他指出，"在符号和所指的事物之间，在语言形式和表象的内容之间，从来不存在自然的联系"。语言符号虽然是任意的，对个人却是强制的，因为个人从小孩学话时就已经"处在社会交际的网络之中"。

（3）语言和思维是密切联系着的。房德里耶斯认为"语言是思维的工具和助手"，"我们的表达形式把思维囚禁起来，使它不再有独立的存在，不能使它和物质化的声音分开，甚至

142

在物质化没有真正实现的时候不能和声音的可能性分开"。

（4）语言存在于人们的意识中。他说，"语言不可能存在于进行思维和说话的人之外，语言把根子扎在个人意识的深处"，"但个人的意识只是集体意识的一个成分，集体意识把自己的规律强加于每一个人"。房德里耶斯把语言在意识中的存在形式叫做"语象"（image verbale），语象"既是思维为了在语言中的表达而制拟出来的表象，又是随时准备成为现实的声音可能性的总和。语象是两面的，一面导向思维的深处，另一面反映在发音的机制中。从它的物质实现来看，它是由声音表达出来的，但从心理根源来看，它是精神活动的产物"。语象虽然存在于个人的意识中，但它们是个人在儿童时代向社会学说话时就获得的，归根结底"只是在大脑中变成了语言可能性的经验事实"，所以既是心理的，又是社会的。房德里耶斯认为意识中的语象和说话中的句子相当，句子是"语象所借以表达、并通过声音的中介而被人感知的形式"。

（5）语言与传统的风俗一样，"是一种社会制度"。他认为一切参与历史和生活的事物，它们的变化都是渐进的，没有突然的爆发，语言"形成一个连续的领域，就是说，那里的现象并无明显的界限，在每个事实发展到顶点的高峰之间有一系列不知不觉的等差"。

（6）语言可以分为"逻辑的语言"（langage logique）、"意志的语言"（langage actif）、"感情的语言"（langage affectif）。他认为，儿童学话总是从感情的公式开始的，后来，在纯感情的自发语言的内部，形成一个坚固的核心，这个核心逐步由于周围各个部分的凝固而扩大，这就是逻辑的语言。逻辑的语言形成后，继续被包围在感情的语言里，不断从感情的语言吸取营养。这个先语法的底子在某种程度上被个人终身保持着，感情的语言中的任何现象都可以用它来说明，同时，它反过来也从逻辑的语言得到营养。

所谓"个别语言"，也就是一定社会集体的语言。房德里耶斯认为，个别语言具有如下的性质：

（1）一定社会集体的语言不是表达民族精神的行为，它与种族无关。个别语言是"联合集体成员的最有力的纽带，同时又是他们的共同生活的象征和保障"，"它是集体成员互相了解的工具"，是"他们的认识和结合的标记"。

（2）有多少个集体就有多少种个别语言。房德里耶斯认为，任何集体都存在集体的意识，"人们一旦结合成群，就会利用微不足道的情况来巩固自己的集体，和别的集体对立"。语言是集体意识的表现，所以"有多少个集体就有多少种语言"。他说，"在一个城市（例如巴黎）的内部，也有一定数目的不同的语言相互交叠在一起：客厅的语言和兵营的语言不同，资产阶级的语言和工人阶级的语言也不一样，有法庭的隐语，也有近郊的黑话。这些语言有时有很大的差别，你可能熟悉其中一种而对另一种却毫无所知"，他指出，"甚至两个贴近的家庭也没有完全相同的语言"。

关于语言的起源问题，房德里耶斯首先把个别语言的起源和一般语言的起源分开，然后又把语言的起源问题和原始语言的面貌问题分开，从而将他的论证限定在人类有声语言起源问题上。他认为产生语言的社会条件是交际的需要，他说："语言在社会中形成，从人类感到有交际需要的那一天起就开始存在"；他认为产生语言的心理条件是人类对符号的掌握，他说："动物的语言暗示着符号必须依附于符号所表示的事物。

要消除这种依附，使符号获得独立于对象之外的意义，就需要一种心理的作用，这种作用就是人类语言的起点。"

语言的发展问题在房德里耶斯的语言理论中占有非常重要的地位。他从语言的内部发展和语言的外部发展两个方面来研究这个问题，又从心理的角度来观察和说明语言的内部发展，从社会的角度来观察和说明语言的外部发展。关于语言的外部发展，他认为存在着两个相反的趋势把语言拉向相反的方向：一个是分化的趋势，一个是统一的趋势。语言要素的自然发展使语言趋于分化，但分化不会进行到底，因为进行到底的分化将使语言失去交际的功能，统一的趋势总是对抗着分化的趋势，使语言的发展达到新的平衡。由于这两种趋势的相互作用，产生了方言、特殊语言、共同语等各种不同的语言。

2. 研究了语言的共时系统，从语言系统中分出语音、语法和词汇三种要素，分别从静态和动态的角度讨论了它们的性质和特点。

在语音方面，他从发音基础来说明语言的系统性，他认为语音的系统性来自发音器官动作件固定的协作关系。一个人在儿童时代学话的过程中就学会了一套互相配合、互相制约的发音动作，形成了他自己的语音系统，除非特殊原因，这个系统是终身不变的。

在语法方面，他从思维活动的规律和对句子的分析出发，来研究语言的语法。他认为，通过语言活动所引起的精神活动包括分析和总和两个过程。假定大脑摄入了一匹马在奔跑的视觉印象，意识首先分析这个印象的构成成分（"马"和"跑"）并确定它们之间的关系（"跑"是"马"的动作），这是分析的过程。接着，意识又把自己所辨认和分析出来的成分组成"马跑"这样一个语象，这是综合过程。分析和综合的过程都需要在语言材料的基础上进行，但是彼此又有差别。房德里耶斯认为，说不同语言的人在上述表象中分析出来的成分以及这些成分之间的关系是相同的，然而这种关系的表达，在不同的语言里却各有特殊的方式。

房德里耶斯把语言成分区分为"义素"（semanteme）和"形素"（morpheme）两类：义素是表达概念的成分，形素是表达概念之间的关系的成分，也就是语法成分。他把形素分为三类：第一类形素是句子中和义素相连的语音成分，如介词、人称代词、冠词、前后缀、词尾等；第二类形素是通过义素本身的语音性质来表示的成分，如词根的内部曲折、声调、零形素等；第三类形素是义素在句子中的位置，也就是词序。

形素的内容就是"语法范畴"。房德里耶斯认为，语法范畴必须有形式表示出来。语法范畴既然必须有形式上的标志，所有，不同语言的语法范畴的种类和数目不可能相同；即使是同一种语言，随着形式的变化，语法范畴也会发生变化。在任何语言里，语法范畴和逻辑范畴总是不完全一致的，语言学家只能牺牲逻辑来对语言事实进行分类，这样的分类至少符合语言的实际。他指出，要是法语语法不是按照亚里士多德的逻辑原则来建立，它肯定会是另一个样子。

在词汇方面，房德里耶斯给词汇下了如下的定义："词汇是语言中从语义价值来考虑的词的总汇。"他从词义的性质和词汇的系统性两方面来研究词汇问题。他认为，任何词不论过去有多少意义。在当前具体的使用场合，都会有确定的意义；一个词尽管在当前可以有多种意义，但浮现在意识中只是上下文所确定的那个意义。所以词既有当前意义，即它被使用的意

146

义，又有特殊意义，即同暂时用法有关的意义。当上下文使词摆脱人们记忆中存储的有关该词的其他意义，而显示出它在特定场合的意义时，其他的意义就潜伏在人们的意识之中，准备在适当的环境下浮现出来。所以，在词的各种意义之间找不到平均数，每个意义都完整地存在于意识之中，等待表现的时机。房德里耶斯用心理的联想作用来说明词汇的系统性。他说，词在意识中并不是孤立的，而是和它过去曾经出现过的上下文，和它过去曾经参加过的各种组合一起铭刻在人们的意识中，词汇的系统性就表现在词在意识中所形成的各式各样错综复杂的联想的网络之中。

3. 研究了语言的历时演变规律。

房德里耶斯认为，语言在时间的进程中不是固定不变的，它永远处于不知不觉的变动之中。

在语音演变方面，他把语音的演变分为"自发音变"（changements phonetiques spontanés）和"联合音变"（changementd phonetiques combinatoires）两种。

自发音变主要发生在语言的代代相传的过程中。他认为，个人的语音系统是在早年就确定了的，除了由于受教育而有意识地改变发音以及由于学习其他语言或方言而影响母语的发音之外，这种早年就固定下来的语音系统是终身不变的。所以，语音的演变一般不会发生在一代人身上。另一方面，儿童在学话过程结束后所获得的语音系很少跟父母的一模一样，这种微小的分歧导致了严重的结果，使得在代代相传的环节上发生自发音变。自发音变往往是无意识的，音变的结果往往是不可挽回的，发生自发音变的音往往是语音系统中那些难发的音。

联合音变是由于前后相续的音相互作用而引起的，如语音的同化、异化、换位等。联合音变不是随着语言的不同而不同的特殊现象，而是各种语言里都有同样表现的普遍现象。

在形态演变方面，房德里耶斯认为有两个一般的趋势支配着形态的演变：一个趋势来自划一的要求，它趋于消除不常用的形素；一个趋势来自表达的要求，它趋于创造新的形素。划一的要求由类推作用来满足，类推是一种心理作用，它在某种程度上取决于"省力律"，类推作用取消的罕用的、记忆不予保证的形式，它只有通过记忆的失败才能取胜。他指出，按照预定的逻辑而设计出来的人造语言，只能作为特殊的语言在少数人中间使用，这种人造语言一旦成为日常的交际工具，人们就会赋予其中不同的形式以不同的价值，某些形式可能支配别的形式而成为类推的辐射中心，从而打乱人造语言原来的井然秩序。因此，房德里耶斯认为，类推虽则响应划一的要求，但往往是逻辑的敌人。表达的要求一般是语音演变所引起的。语音演变的结果，有的形素败坏得很厉害，甚至完全消失，心理为了满足表达的要求，就去修补形式的磨损，引起形态的演变，修补磨损的主要方式是实词虚化和独立的词沦为词缀。他说："形态进行的各种不同情景使我们想到万花筒里见到的千变万化的图案。人们可以无限地转动这支万花筒，每次变换它的要素的组合，但得到的除了新的组合之外，再没有别的东西。"这就是著名的"万花筒理论"。

在词汇演变方面，房德里耶斯认为，个人对于语音和形态系统的掌握是一劳永逸的，而词汇却取决于环境，从来不是固定的，他指出，词没有独立的存在，它存在于人们的心里，通过意义的联系而汇合在心里的词群，如果其中的一个主要成员改变意义，那么，其他的词的意义也会发生相应的变化。他认为，一词多义是语言中的普遍现象，在多义化的过程中，词义的演变通常不是沿着直线进行的，而是围绕主要的意义向各个方面辐射的，而且派生的意义又可能成为新的辐射中心。在多义词的各个意义中，总有一个意义是主要的，但是，这个主要的意义不一定永远都是主要的，在它周围有次要意义在包围着，这些次要意义总是想取而代之。

房德里耶斯还讨论了词语替换的规律。他把词语替换的原因总括成说话者的心理和社会条件两个方面。从说话者的心理来看，当词语收到磨损而丧失表达能力的时候，说话者就会把它加以更换，采用别的词语来表达同样的概念。例如，有的词语因语音的演变而变得太短或者出现同音混淆，影响到表达力，他们就可能被替换。从社会条件来看，出于礼貌或者迷信的言语禁忌，文化的发展，某种外语的威望等，都可能引起词语的替换。

我国老一辈语言学家许多都到法国留过学，如王力、高名凯、岑麒祥等，他们在法国期间，都曾经当过房德里耶斯的学生，通过他们的介绍，房德里耶斯的学说在我国语言学界广为传播，产生了很大的影响。

本章参考文献

1. A. Meillet, Le méthode comparative en linguistique histoire Oslo, 1925. 中译本，《历史语言学中的比较方法》，岑麒祥译，科学出版社，1957 年。

2. 岑麒祥：《法国语言学家梅耶和他的业绩》，《语言学论丛》，第 12 辑，商务印书馆，1984 年。

3. J. Vendryès, Le Langage, Paris, 1921. 中译本，《语言论》，叶蜚声译，岑麒祥校，商务印书馆，1993 年。

第八章　功能语言学和法国的结构主义

　　法国的语言学受到索绪尔很大的影响。著名法国语言学家梅耶（A. Meillet，1866－1936）在巴黎高等研究学院求学期间，就曾经听过索绪尔的课。1889－1890 年，索绪尔因病不能到学校执教这段时间，梅耶曾受命代索绪尔授课。1891 年冬，索绪尔离开巴黎赴日内瓦以后，梅耶继任这个学院的语言学研究指导教授，一直到 1927 年退隐。

　　马尔丁内（A. Martinet，1908－）是梅耶的学生，也接受了索绪尔的影响。马尔丁内提出了语言功能观，以他为代表的功能语言学派，是欧洲最有影响的语言学派之一。

　　此外，法国还有两位在现代语言学史上引人注目的语言学家。一位是特思尼耶尔（L. Tesnière，1893－1954），一位是纪尧姆（G. Guillaume，1883－1960）。特思尼耶尔提出了从属关系语法，纪尧姆提出了心理机械论，在现代语言学史上独树一帜。他们两人都是结构主义者，但他们的结构主义是别具一格的。

　　本章中，我们将分别介绍马尔丁内、特思尼耶尔和纪尧姆的语言学说。

第一节　功能语言观

马尔丁内于 1908 年生于法国萨瓦山区奥特维尔城（Hauteville），1928 年进入巴黎高等研究学院，在著名语言学家梅耶和房德里耶斯的指导下攻读日耳曼语言学。1932 年，马尔丁内去丹麦在叶尔姆斯列夫指导下进修语符学，但他并没有接受语符学的理论。他认为，这种理论是一座"象牙之塔"。不过，语符学所体现的索绪尔的结构主义观点对他产生了深远的影响。1938 年，马尔丁内回到法国，担任巴黎高等研究学院语言学研究指导教授。1946－1955 年间，马尔丁内到了美国，曾任纽约国际语言学会主席，哥伦比亚大学校长及教授，并任著名语言学刊物《词》（Word）杂志的主编。1955 年回法国后，担任巴黎高等研究实习学院第四系的结构语言学研究指导教授，同时担任巴黎大学文学院语言研究所所长和普通语言学教授。1965 年创办《语言学》（La linguistique）杂志。1976 年参与建立国际功能语言学协会。近年来他虽年逾古稀，但仍参加该协会的学术活动。

马尔丁内的主要著作有：

1.《奥特维尔地区（萨瓦山区）法－普罗旺斯方言的语音描写》（Ladescription phonologigue duparler franco－provenĝal d'Hauteville（Savoie），1945）

2.《作为功能语音学的音位学》（phonology as functional phonetics，1949）

3.《语音演变的经济原则》（Économie des changement phonétiques，1955）

4.《普能语言学原理》（Éléments de Linguistique Générsle，1960）

5.《语言功能观》（A Functional View of Language，1962）

6.《功能句法研究》（Studies in Function Syntax，E. Coseriu ed.，1975）

马尔丁内的学术观点与布拉格学派十分接近，所以有人认为他是布拉格学派的基本思想和原则的继承者之一。但他的功能语言学又独具匠心，自然体系，是国际功能语言学协会这一流派的理论基础，因此，马尔丁内也就成了功能语言学的代表人物。

马尔丁内的语言功能观有如下要点：

1. 语言研究要以"功能"作为基本依据

马尔丁内认为，要区别两种功能：一是语言在社会生活中所完成的功能。其中，交际功能是语言的基本功能，表达功能、思维推理功能、称谓功能、美学功能是第二位功能；二是语言单位在完成交际功能的过程中所承担的功能，包括语言单位的作用，在一定语境中语言单位之间的关系等。

在语言研究中，在语言的各个平面上，不论是确定语言事实，划分语言单位的类别，描述语言结构，解释语言单位的变异幅度和演变规律，都要以功能作为基本依据。他说："意识到语言功能超越一切的重要性，通常会更加尊重事实。"[①]

2. 语言是具有双重分节的交际工具

马尔丁内说："语言结构是语言功能的一个方面。"[②] 他根

---

① A. Martinet，A Functional View of Language，P3，1962.

② A. Martinet，A Functional View of Language，P5，1962.

据语言单位在交际过程中完成的不同功能，把语言定义为"具有双重分节（double articulation）的交际工具"①。第一分节的最小单位是符素（moneme），符素是声音和意义结合的单位，它通常表现为随着出现时间的先后排成的序列，承担着表义的功能，所以又叫"表义性单位"（significative unit）。第二分节的最小单位是音位（phoneme），音位本身没有意义，只能区别符素的意义，承担着区别性功能，所以又叫做"区别性单位"（distinctive unit）。

一种语言现象能否看做语言事实，要看它能否在语言交际中完成一定的功能。在语言研究中，要抓住能完成表义功能和区别功能的语言事实。这一原则，叫做"功能筛选"（Criblage fonctionnel）。

3. 语言学的研究对象是言语活动

索绪尔《普通语言学教程》的结束语是："语言学的唯一的、真正的对象是就语言和为语言而研究的语言。"② 马尔丁内却提出了另一个口号："就人类言语活动、为人类言语活动而研究言语活动。"③ 马尔丁内在这个口号中所说的"言语活动"，既包括索绪尔的"语言"（langue），又包括索绪尔的"言语"（parole）。他说："科学研究首要的要求就是不能因为

① A. Martinet, A Linguistic Science for Language and Languages. 中译文，《研究语言本身的语言学》，载《语言学译丛》第一辑，第185页，中国社会科学出版社。

② 索绪尔：《普通语言学教程》，中译本，第323页，商务印书馆。

③ A. Martinet, Studies in Functional Syntax, P11, 1975.

方法上的苛求而牺牲研究对象的完整性。"① 因此，不能把言语排除在语言学研究的范围之内。语言学家要从言语中通过功能分析，归纳出语言系统，语言事实要经过"功能筛选"来确定，而不能由事先画好的"语言"的框框来确定，语言事实不能只局限于语言的结构系统中来研究，而应该在言语活动中，放在语言功能系统的运转中来研究。

4. 语言研究要注重形式，同时也要兼顾实体

索绪尔在《普通语言学教程》中说："语言是形式而不是实体。"② 马尔丁内则认为，语言的形式固然要放在语言研究的首位，但在难以找到形式根据的情况下，也可以依靠实体来识别语言的功能。

例如法语中位于前高元音后的/-ll-/可变为/-j-/，这种变化是由于/-ll-/受前高元音的影响而腭化，使其发音部位和发音方法都与/-j-/接近，而要保持腭化的/-l-/和/-j-/的区别，在发音上比较困难，所以，腭化的/-l-/可能丧失边音的特征而变为半元音/-j-/。这种情况，要借助于语音实体才能得到说明。

5. 语言研究要历时与共时并重

索绪尔在《普通语言学教程》中指出，共时观点与历时观点的对立是绝对的，不容许有任何妥协，而且，共时观点比历时观点更重要。马尔丁内则认为："人类不断改变着的需要，时刻都在危及语言机制的平衡，并且使它在新的形式下恢

---

① A. Martinet, A Linguistic science for Language and Language. 中译文，《研究语言本身的语言学》，载《语言学译丛》第一辑，第185页，中国社会科学出版社。

② 索绪尔：《普通语言学教程》，中译本，第169页，商务印书馆。

复平衡。"① 因此，语言的共时状态与历时状态是分不开的。马尔丁内调查了 66 个出生在 1920 年以前的巴黎人，他们都能区分 patte［pat］（爪子）和 pâte［pa：t］（面团）中的元音［a］和长元音［a：］。他又调查了 1940 年以后出生的许多巴黎人，他们中间 60% 以上认为这两个词中的元音相同。但这种情况并不影响上述两代人之间进行交际。这种现象从共时观点来看，说明现代法语中/a/和/a：/对立已不是普通性对立；从历时观点来看，说明/a/和/a：/的对立在巴黎人的习惯用法中已经逐渐消失。可见，语言作为交际工具的职能尽管是纯共时的，但也包含着语言的历时的发展，不宜把它们势不两立地对立起来。

6. 各种语言都有自己的特殊性

马尔丁内认为："每一种语言都按自己特有的形式来组织和它相对应的经验材料。"② 例如，"他游过了河"这个经验，用法语说是 "Il a traversé la rivière à la tê la nage"，用英语说是 "He swam across the river"。"游"这个概念在法语中用 "à la nage"这个状语表示，但英语中则用谓语 "swam"来表示；"通过"这个概念在法语中用动词 "a traversé"来表示，英语中则用介词 "across"来表示。因此，他认为，"一种语言和另一种语言的词汇意义和功能的分配情况是各不相同的"③。在语言研究中，要对各种语言的各自不同的语言现象进行分析，不能把一种语言分析的结果生拉活扯地硬套在另一种语言

① A. Martinet, A Functional View of Language, P2, 1962.
② A. Martinet, Éléments de Linguistique Générale, P16, 1960.
③ A. Martinet, Studies in Functional Syntax, P228, 1975.

上。

由上所述可以看出，马尔丁内的语言功能观，在许多方面对索绪尔的语言理论提出了异议。他重视语言事实，不愿为了维护一种既定的理论而抛弃语言事实。正如马尔丁内所说的："功能语言学获得的任何进展，不论在过去还是在将来一个时期内，都是逆着潮流的。"①

第二节　语言经济原则

马尔丁内提出，语言"运转的基本原理"（principe de fonctionnement）是"语言经济原则"（économie du langage）。他认为，言语活动中存在着从内部促使语言运动发展的力量，这种力量可以归结为人的交际和表达的需要与人在生理上（体力上）和精神上（智力上）的自然惰性之间的基本冲突。交际和表达的需要始终在发展、变化，促使人们采用更多、更新、更复杂、更具有特定作用的语言单位，而人在各方面表现出来的惰性则要求，在言语活动中尽可能减少力量的消耗，使用比较少的、省力的、或者具有较大普遍性的语言单位。这两方面的因素相互冲突的结果，使语言处在经常发展的状态之中，并且总能在成功地完成交际功能的前提下，达到相对平衡和稳定。经济原则是支配人们言语活动的规律，它使人们能够在保证语言完成交际功能的前提下，自觉或不自觉地对言语活

---

① A. Martinet, A Linguistic science for Language and Language. 中译文，《研究语言本身的语言学》，载《语言学译丛》第一辑，第 184 页，中国社会科学出版社。

动中力量的消耗，作出合乎经济要求的安排。语言经济原则对语言结构演变的特点和原因作出合理的解释。

在马尔丁内之前，帕西（P. Passy，1859－1940）于1890年曾提出语言演变的"经济原则"（le principe d'économie）但他认为，在"强调原则"（le principe d'emphase）起作用的地方，"经济原则"就不起作用。叶斯柏森（O. Jespersen，1860－1943）于1922年提出"省力说"（easy theory）。弗莱（H. Frei）于1929年提出"经济需要"（le besoin d'économie）。他们都谈到了语言在演变中力求经济的趋势，但认为除了演变之外，其他地方就不存在这种趋势。马尔丁内从语言的交际功能着眼，认为合理安排力量消耗的经济原则，在语言这一功能结构的运转中，是无处不在起作用的。

语言的第一分节受着经济原则的支配。例如，法语"J'ai mal à la tête"（我头痛）这句话中，包含六个排成言语链的符素，它们不仅仅在这句话的这种排列中表示"我头痛"这一经验，而且，每一个符素还可以用在别的地方表示别的经验，如 mal 也可以用于"Il fait le **mal**"（他干坏事）中表示"坏事"，tête 也可以用于"Il s'est mis à leur **tête**"（他成为他们的头头）表示"头头"。如果在每一个具体环境中，每一件交际的事情都与一个特定的符素相对应，那么，符素的数量就会大大膨胀，以至于人脑记不住，无法掌握。由于语言经济原则的作用，语言中的一个符素可以有多种用途，这样，就可以减轻人们记忆的负担，保证交际活动的正常进行。

语言的第二分节也受着经济原则的支配。语言中数以万计的符素的语音形式，都是由为数有限的音位组成和区分的。例如，法语中的 tête/tɛt/（头）这个符素，它是由音位/t/（出

157

现两次）和/ε/组成的，而这两个音位中的每一个都可以和别的音位组成许多不同的符素。借助于/t/和/b/的对立，可以把 tête 和 bête/bεt/（牲畜）区别开来，借助于/t/和/r/以及/ε/和/ã/的对立，可以把 tante/tãt/（姑娘）和 terre/tεr/（土地）区别开来。而且，语言中这为数有限的音位，又是由数目更少的区别特征构成的。如果每一个符素都要求一个特殊的音位，而每个音位都要求有一个特殊的区别特征，那就得区分成千上万的音位和区别特征，这是人们的发音器官和听觉器官所难于胜任的。

由此可见，语言的第一分节和第二分节都受着经济原则的支配。

在语音演变中也清楚地显示了经济原则的作用。根据马尔丁内的考察，古印欧语中没有重叠辅音，但到了古希腊语、古拉丁语、古英语时期，说这些语言的人中间形成一种通例，在某些表现力强的词汇单位中，在元音之间单辅音的地方，使用同一辅音的重叠形式来突出这些词的表现力。于是，出现了/-tt-/、/-nn-/、/-kk-/这类重叠辅音。其中，第一个辅音为缩气音，第二个辅音为破裂音。这样，发出来的音比相应的单辅音更长、更强，所消耗的力量也更大。经过一段相当长的时期，采用重叠辅音的表现力强的词汇单位越来越多，重叠辅音的使用频率越来越高。这样，人们发音时所消耗的力量就越来越大。在语言经济原则的作用下，为了减少发音时力量的消耗，就出现了重叠辅音简化为单辅音的趋势，同时，也有了重叠辅音与单辅音相混淆的可能性。为了保留它们的区别功能，各种语言采取了不同的演变方式。例如，古英语中的 Knokke（敲打），到现代英语变为 knock/nɔk/，其中，/-kk

-/在现代英语中与/-k-/合并，原有的元音/o/变为/ɔ/，承担了区别功能。

经济原则在语法中也有作用。例如，印欧语系诸语言中，语法符素（如介词、连词以及表示格、时态、人称等的词尾）的使用频率比词汇符素（如动词、名词、形容词的词干）高得多。由于经济原则的作用，这些语法符素的平均长度比词汇符素的平均长度短得多。这样，尽管语法符素出现频率高，使用起来并不费力。又如，印欧语系诸语言的一般句子的谓语总带有主语（祈使句除外），在和谓语相联系的各种句子成分中，主语的使用频率是最高的。由于经济原则的作用，作为主语的符素没有任何特殊的形式标记：俄语的名词和代词作主语时总是用第一格，法语和英语的代词作主语时用主格，这样，可以减轻人们记忆的负担。

经济原则在词汇中也起着作用。例如，英语动词 move（运动，移动）是从法语借来的，因为它一开始就按英语中常用的类推模式变位，在记忆上是经济的，所以，在英语中使用频率很高。但作为 move 前身的法语动词 mouvoir（使移动），则由于变位规则太复杂，在口语中使用频率越来越低，人们通常用意思相同但变位形式比较简单的 remuer、bouger 等来代替它。

马尔丁内的功能语言学，能够在音位、形态、句法的研究上，保持逻辑的连贯性，构成一个比较完整的体系。他的语言经济原则，也是一个有相当解释能力的理论模式。这一学派的各种观点尚在不断的发展之中。1976 年在法国圣弗卢尔（Saint-Flour）成立的国际功能语言学协会，就是这个学派经过长期富有生气的活动之后，不断地扩大影响的结果。

第三节　从属关系语法

特思尼耶尔是 20 世纪上半期法国著名语言学家。他生于 1893 年 5 月 13 日，曾在斯特拉斯堡大学和蒙彼利埃大学任教，研究斯拉夫语言和普通语言学。

特思尼耶尔的主要工作是建立从属关系语法（grammaire de dépendance）的一般理论。他作了大量的语言对比研究，涉及的语言有古希腊语、古罗马语、罗曼语、斯拉夫语、匈牙利语、土耳其语、巴斯克语。他曾为不能在论著中引用东方语言而深表遗憾。1934 年，他在《斯特拉斯堡大学语文系通报》（Bulletin de la Faculté des Lettres de Strasbourg）上，发表了《怎样建立一种句法》（Comment construire une Syntaxe），这篇文章阐述了从属关系语法的基本论点。从 1939 年起，他开始写从属关系语法的巨著《结构句法基础》（Élément de Syntaxe Structurale），边写边改，历时十余载，一直到 1950 年才完成。可惜这部巨著未能在他生前出版。1954 年 12 月 6 日，特思尼耶尔逝世。后来，他的朋友们整理了他的遗稿，《结构句法基础》一书于 1959 年出了初版，于 1965 年出了第二版。美国语言学家海斯（D. Hays）关于从属关系语法的最早的一篇论文《分类与从属的理论》（Grouping and Dependency Theory），发表于 1960 年，显然在《结构句法基础》一书之后，所以，我们可以说，特思尼耶尔是从属关系语法的开创人。

除了《结构句法基础》一书之外，特思尼耶尔还写过一些关于斯洛文尼亚语的论文，如《斯洛文尼亚语中的双数形式》（Les formes du duel en Slovéne）、《用于研究斯洛文尼亚语

160

双数形式的语言地图》（Atlas linguistique pour servir à l'étude du duel en slovènel）等等。

从属关系语法的最基本的概念是"关联"（connexion）和"转位"（translation），本节中我们着重介绍这两个基本概念。

1. 关联

法语句子 Alfred parle（阿尔弗列德讲话）是由 Alferd 和 parle 两个形式构成的。但操法语的人在说这句话时，其意思并不是指一方面有一个人叫阿尔弗列德，另一方面有一个人在讲话；而是指阿尔弗列德做了讲话这个动作，而讲话人是阿尔弗列德，在 Alfred 和 parle 之间的这种关系，不是通过 Alfred 和 parle 这两个单独的形式来表达的，而是通过句法的联系来表达的，这种句法的联系就是"关联"。正是"关联"这个东西把 Alfred 和 parle 联在一块儿，使它们成为一个整体。特思尼耶尔说，"这种情况与在化学中的情况是一样的，氯和钠化合形成一种化合物氯化钠（食盐），这完全是另外一种东西，它的性质不论与氯的性质或是与钠的性质都是迥然不同的"，"关联"赋予句子以"严谨的组织和生命的气息"，它是句子的"生命线"，"所谓造句，就是建立一堆词之间的各种关联，给这一堆词赋予生命；反之，所谓理解句子，就意味着要抓住把不同的词联系起来的各种关联"①。

关联要服从于层次（hiérarchie）原则，也就是说，关联要建立起句子中词与词之间的从属关系来。这种从属关系可用"图式"（Stemma）来表示。例如，Alfred mange une pomme（阿尔弗列德吃苹果）可用下面的图式来表示：

---

① L. Tesnière, Éléments dc Syntaxe Structurale, Paris, Klincksieck, 1959.

这里，动词 mange（吃）是句子的"结"
（noeud），Alfred 和 pomme 从属于动词 mange，
它们被置于 mange 的下方；une 从属于 pomme，
它被置于 pomme 的下方。

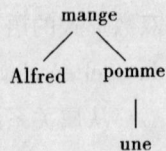

图 8 - 1　图式

特思尼耶尔认为，动词是句子的中心，它支
配着别的成分，而它本身却不受其他任何成分的支配。因此，他
把主语和宾语同等看待，把它们都置于动词的支配之下。例如：

Mon jeune ami connaît mon jeune cousin

（我年轻的朋友认识我年轻的表弟）

图式如下图。

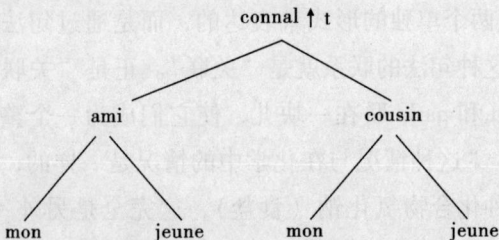

图 8 - 2　动词是句子的中心

主语的词组和宾语的词组都平列在动词结点 Connaît 之下，
这两个词组是可以相互调位的，因此，可以组成如下的被动句：

Mon jeune Cousin est Connu de mon jeune ami

（我年轻的表弟为我年轻的朋友所认识）

层次原则的一个必然的推论是：所有的从属成分都从属于
其支配者。例如，我们来对比：

p_1 中作主语的名词词组 mon vieil ami 在 p_2 中变为作宾语
的名词词组；在 p_1 中作宾语的名词词组 Cette fort jolie Chanson
在 p_2 中变为作主语的名词词组，而它们都是有关动词的从属

162

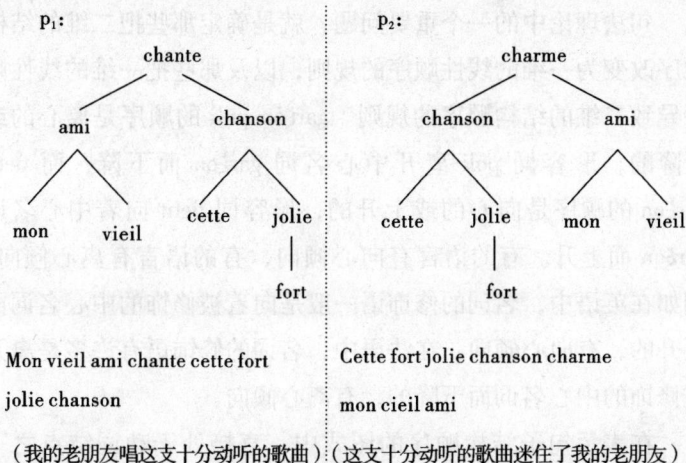

p_1:

chante
├── ami
│   ├── mon
│   └── vieil
└── chanson
    ├── cette
    └── jolie
        └── fort

Mon vieil ami chante cette fort jolie chanson

（我的老朋友唱这支十分动听的歌曲）

p_2:

charme
├── chanson
│   ├── cette
│   └── jolie
│   └── fort
└── ami
    ├── mon
    └── vieil

Cette fort jolie chanson charme mon cieil ami

（这支十分动听的歌曲迷住了我的老朋友）

图 8-3　支配者与从属成分

成分。

特思尼耶尔认为，应该把结构顺序（ordre Structurale）和线性顺序（ordre linéaire）区别开来。例如，词组 un petit garçon（一个小男孩）和 un garçon poli（一个有礼貌的男孩）有着相同的结构顺序：

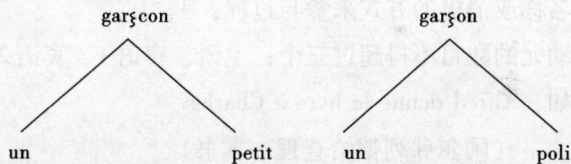

garçon
├── un
└── petit

garçon
├── un
└── poli

图 8-4　结构顺序

名词 garçon 在图 8-4 中是支配者，形容词 petit 和 poli 都从属于这个名词。但是，这两个词组的线性顺序却不同：在 un petit garçon 中，形容词在名词 garçon 的左侧；在 un garçon poli 中，形容词在名词 garçon 的右侧。显而易见，结构顺序则是二维的，而线性顺序则是一维的。

163

句法理论中的一个重要问题，就是确定那些把二维的结构顺序改变为一维的线性顺序的规则，以及那些把一维的线性顺序导致二维的结构顺序的规则。garçon poli 的顺序是离心的或下降的，形容词 poli 离开中心名词 garçon 而下降；而 petit garçon 的顺序是向心的或上升的，形容词 petit 向着中心名词 garçon 而上升。有的语言有向心倾向，有的语言有离心倾向。例如在英语中，名词的修饰语一般是向着被修饰的中心名词而上升的，有向心倾向；在法语中，名词的修饰语有许多是离开被修饰的中心名词而下降的，有离心倾向。

在表示句子结构顺序的图式中，直接处于动词结点之下的，是名词词组和副词词组。名词词组形成"行动元"（act-ant），副词词组形成"状态元"（circonstants）。

"状态元"的含义是不言自明的，而"行动元"的含义则必须加以界说。

特思尼耶尔是这样来定义行动元的：

"行动元是某种名称或某种方式的事或物，它可以通过极简单的名称或消极的方式来参与过程。"[1]。

行动元的数目不得超过三个：主语、宾语1、宾语2。

例如，Alfred donne le livre à Charles.

　　　（阿尔弗列德给查理一本书）

这个句子中，从属于动词 donne 的行动元有三个：第一个行动元是 Alfred，作主语，第二个行动元是 livre，作宾语1，第三个行动元是 Charles，作宾语2。其图式如下：

从理论上说，状态元的数目可以是无限的。

---

① L. Tesnière, Éléments de Syntaxe Structurale, Paris, Klincksieck, 1959.

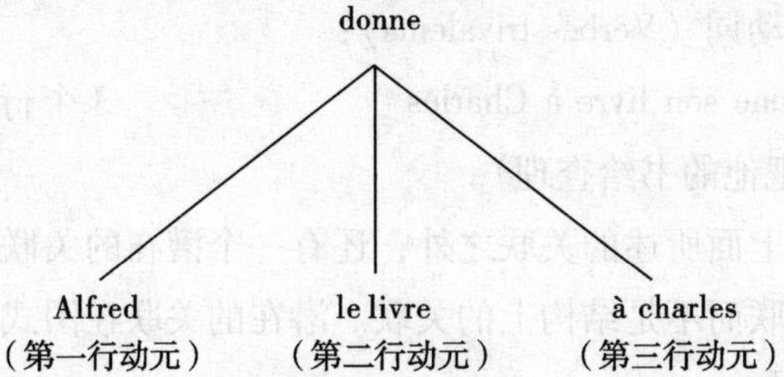

图 8 - 5　行动元

例如：

Ce Soir, je passerai vite, chez lui, en sortant du bureau, Pour….

（今晚,我从办公室出来,将很快地到他家去,为了……）

其中, Ce Soir, vite, chez lui, en sortant du bureau, pour 等, 都是状态元。

行动元的数目决定了动词的价（Valence）的数目。如没有行动元, 则为零价动词; 如有一个行动元, 则为一价动词; 如有两个行动元, 则为二价动词; 如有三个行动元, 则为三价动词。

例如：

零价动词（Verbes avalents）：

Il pleut　　　　　　　　　　　　　　0 个行动元

（下雨）

一价动词（Verbes monovalents）：

Il dort　　　　　　　　　　　　　　1 个行动元

（他睡觉）

二价动词（Verbes bivalents）：

Il mange une pomme　　　　　　　2 个行动元

（他吃苹果）

165

三价动词（Verbes trivalents）：

Il donne son livre à Charles   3 个行动元

（他把他的书给查理）

除了上面所述的关联之外，还有一个潜在的关联，它是语义上的关联而不是结构上的关联。潜在的关联在图式中用虚线表示。例如：

Alfred aime son père.

（阿尔弗列德爱他的父亲）

在这个句子中，Son（他的）这个词不仅与其从属的词père 有结构上的关联，而且，它和 Alfred 还有语义上的关联。图式如下：

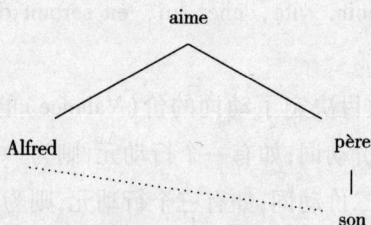

图 8-6　潜在的关联

2. 转位

特思尼耶尔提出了四个基本词类：动词、名词、形容词、副词。动词用 I 表示，名词用 O 表示，形容词用 A 表示，副词用 E 表示。它们之间的从属关系可图示如下：

第一级是动词，第二级是名词和副词，第三级是形容词和副词，第四级只是副词。

这个图式可以通过"转位"加以复杂化。在词组 le livre de Pierre（皮埃尔的书）中，de Pierre 在结构上与 livre 发生关系，它起着类似于形容词的作用。这样，我们就可以认为，介

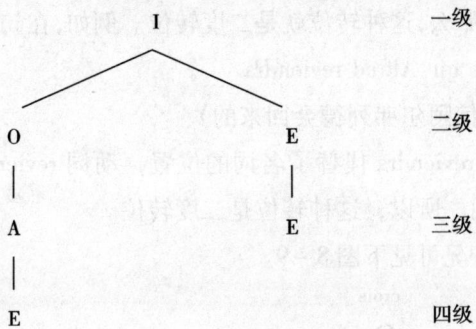

图 8-7　词类的从属关系

词 de 把名词 Pierre 转位为话语中的形容词。

这种情况可图示如下：

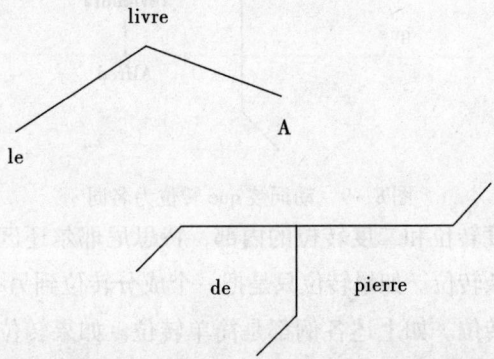

图 8-8　介词把名词转位为形容词

这时，de 是转位者（translateur），Pierre 是被转位者（translaté），它们合起来构成一个转位。

根据转位所涉及的词类，特思尼耶尔把转位区分为一度转位和二度转位。如果转位的被转位者是名词(O)、形容词(A)和副词(E)，那么，这种转位就是一度转位。如上例就是一度转位。如果转位的被转位者是动词(I)，动词本身是支配者而不是

167

被支配者,那么,这种转位就是二度转位。例如,在句子

Je crois qu' Alfred reviendra

（我相信阿尔弗列德会回来的）

中, Alfred reviendra 代替了名词的位置, 动词 reviendra 被 que 转位为名词。所以, 这种转位是二度转位。

这种情况可见下图 8 - 9。

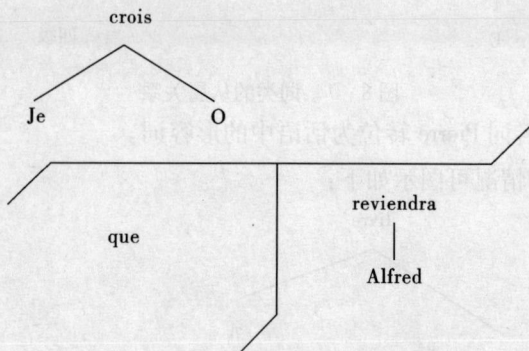

图 8 - 9　动词被 que 转位为名词

在一度转位和二度转位的内部,特思尼耶尔还区分了简单转位和复杂转位。如果转位只是把一个成分转位到另一个成分,就是简单转位。如上述各例都是简单转位。如果转位可连续地从一个成分转位到另一个成分,又由这个成分转位到其他的成分,也就是先转位为成分 C_1, 再由成分 C_1 转位为成分 C_2, 再由成分 C_2 转位为成分 C_3, 如此等等, 一直转位到成分 C_n, 那么, 这种转位就是复杂转位。例如, 在 trancher dans le vif （割到肉里）中, vif 一词的转位就是复杂转位: 形容词 vif 由转位者 le 转位为名词, 而 le vif 的功能就其对动词 trancher 的关系来说相当于副词, 其转位者是 dans。图示如下页图 8 - 10。

从理论上说, 转位有六种类型:

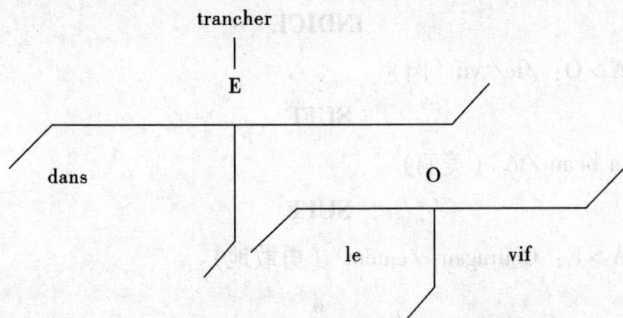

图 8 – 10 复杂转位

O > A；   O > E；   A > O；

A > E；   E > O；   E > A。

在这六种类型的转位中，转位者或者是介词，或者是后缀，或者是加标记，转位者也可以为空。在下面的例子中，介词转位者注以 PREP，后缀转位者注以 SUFF，加标记转位者注以 INDICE，空转位者注以 ø。例如：

PREP

O > A：un poéte /de/ génie（天才诗人）

SUFF

un poéte gen /ial/（天才诗人）

ø

la question // type（典型问题）

PREP

O > E：Il se bat /avec/ courage

（他勇敢地奋斗）

ø

Cette année // il se bat

（这一年他奋斗）

169

INDICE

A > O：/le/ vif （肉）

SUFF

la beau /té/ （美丽）

SUFF

A > E：Courageus /ement/ （勇敢地）

ø

Sentir bon // （散发香味）

INDICE

E > O：/le/ bien （好处）

PREP

E > A：le mode /d'/ aujourd'hui
（今天的风尚）

ø

un homme bien // （一位体面的人）

特思尼耶尔的语言学思想已引起了越来越多的语言学家的重视，从事语言信息自动处理的语言学家们特别推崇这一理论。这一理论在自动翻译、人机对话的研究中，显示出越来越大的作用。法国格勒诺布尔理科医科大学教授沃古瓦（B. Vauquois，1929 – 1985），在他所领导的 GETA 自动翻译实验室中，采用这一理论来设计多语言自动翻译系统，异军突起，成果累累。

第四节 心理机械论

纪尧姆是一位自学成才的法国语言学家。他生于 1883 年，出身贫寒，没有进过大学，没有学位。早年以教俄国移民学法语谋生，筚路蓝缕，钻研数学。1909 年与法国著名语言学家梅耶结识，开始从事语言学研究。1911 - 1913 年发表《比较逻辑语法研究》和《法语逻辑语法研究》，1919 年发表《法语中的冠词问题及其解决方法》，1929 年发表《时态和动词——体、语式和时态的理论》，提出了心理机械论（Psychomécanique），1945 年发表《古典语言中时态的构造体系》。1936 年梅耶逝世后，根据梅耶的遗愿，巴黎大学附设的高等学校聘请纪尧姆当讲师。他每周讲授一次语言学理论，直到 1960 年逝世。

纪尧姆逝世后，他的学生瓦兰（R. Valin）成为他的法定继承人。瓦兰于 1961 年将纪尧姆的全部手稿从法国运到加拿大，并于 1964 年在加拿大拉瓦尔大学语言系成立了"纪尧姆著作保存会"（Le fonds de Gustave Guillaume），经过 20 年的惨淡经营，终于使"心理机械论"成为一种引人注目的语言理论。

心理机械论认为，语言是人类特有的现象，人的心理活动中存在着一套特有的语言机制，它掌管着人的语言活动。其主要论点如下：

1. 活动时间的概念

纪尧姆认为，人的语言行为是反映人的思维活动的，而思维活动从发生到完成需要一定的时间，这段时间就叫做"活动时间"（temps opératif）。活动时间是极短暂的，可以是无限小的，根本测量不出来，但这活动时间是确实存在的。肯定了活动时间的存在，就可以将它形象化地在空间上用一条有箭头的、不逆转的、单方向的直线（即矢量）表示出来。如图 8 - 11 所示。

由于活动时间的存在，语言就不是静态的，而是动态的。

思维活动开始   思维活动结束

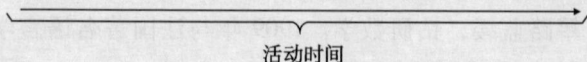

活动时间

图 8 - 11　用矢量来表示活动时间

它不是一堆现成的概念，也不是像索绪尔所说的那样是一部存放于人们头脑中的词典，而是一整套有多种用途的机制。语言是一个反映外在世界的完整体系，这体系是人们在历史的长河中总结经验，不断地积累、创造和丰富起来的。

2. 语言和言谈的区分

纪尧姆提出，言语活动（langage）等于语言（langue）加上言谈（discours），即

Langage = langue + discours

这里，纪尧姆不是用索绪尔的言语（parole）而是用言谈（discours）。法语中，discours 一词的主要意思也是指 parole，但外延比 parole 更广泛。Parole 主要指个人的有声语言，而discours 还可包括书面文字、手势语、个人内心的独白等。

语言和言谈之间存在着如下关系：

第一，在共时语言学中，语言的存在先于言谈，语言的运用就是从语言过渡到言谈，过渡需要的时间就是"活动时间"。

第二，语言是抽象的，是一个经常的和连续存在的常数；而言谈是具体的，只是对语言的瞬间的和断续的利用。语言包括一个"反映系统"（système de representation）和一个"表达系统"（système d'expression），反映系统比表达系统更重要。反映系统内恒常存在的观念，在使用时从心灵深处被召唤到表面上来。从反映系统到表达系统的过渡，就是从语言到言谈的过渡。研究语言，主要是研究反映系统对思维活动的反映。

172

第三，语言限制言谈，确定言谈。语言是"潜能"（puissance），而言谈是"实效"（effet）。实效是说话人从潜能所蕴藏的各种可能性中进行选择的结果。

如果用矢量 AC 表示思维活动，A 表示思维活动的起点，B 表示进行中的思维活动，C 表示思维活动终点，则上述关系可见下图 8 – 12。

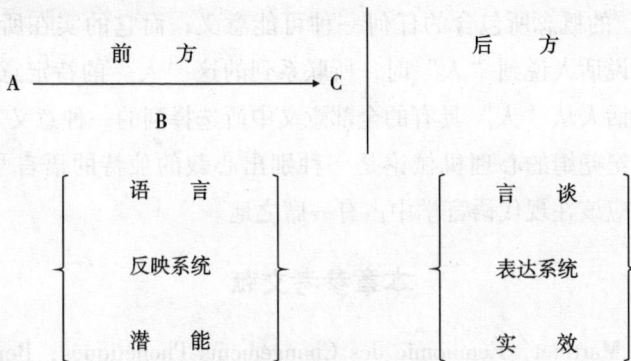

图 8 – 12　思维活动示意图

纪尧姆认为，要从思维活动发生的三个阶段（开始——进行——终结）来研究各种心理活动，进而确定语言的作用和价值。所以，纪尧姆称自己的语言学为"位置语言学"（linguistique de position）。例如。在反映系统中，存在着人类意识中一些特有的心理活动，如从"一般"（universel）到"个别"（singulier）和从"个别"到"一般"的往返运动，就是产生冠词体系的原因。

3. 潜在所指和实在所指的区分

纪尧姆提出，所指（signifié）加上符号（signe）等于能指（signifiant），即

Signifié + Signe = Signifiant

他又根据语言和言谈的区分，潜能和实效的区分，把所指分为"潜在所指"（Signifié de puissance）和"实在所指"（Signifié d'effet）。"潜在所指"是语言中言谈所具有的各种可能性的总和，"实在所指"则是言谈中某个意义实效（effet de sens）的现实化（actualisation），而符号是联系语言和言谈之间的中转站。

例如，法语中的 homme（人）一词的潜在所指，是指"人"的概念所包含的任何一种可能意义；而它的实在所指，是指说话人说到"人"时，所联系到的这"人"的特定意义，即说话人从"人"具有的全部意义中所选择到的一种意义。

纪尧姆的心理机械论是一种别出心裁的独特的语言学理论，应该在现代语言学中占有一席之地。

本章参考文献

1. A. Martinet, Éconiomie des Changements Phonetiques, Berne, 1955.

2. L. Tesnière, Éléments de Syntaxe Structurale, Paris, Klincksieck, 1959.

3. 周绍珩：《马尔丁内的语言功能观和语言经济原则》，《国外语言学》，1980 年第 4 期。

4. 冯志伟：《特思尼耶尔的从属关系语法》，《国外语言学》，1983 年第 1 期。

5. 程曾厚：《居斯达夫·纪尧姆的"心理机械论"及其著作保存会》，《国外语言学》，1981 年第 2 期。

第九章　配价语法

在前一章中，我们介绍了从属关系语法（grammaire de dependance），这种语法又称依存语法，最早是法国语言学家特思尼耶尔提出的。特思尼耶尔是从属关系语法的创始人，与特思尼耶尔几乎同时以及在特思尼耶尔之后，从属关系语法在法国之外也有了很大进展，由于这种语法便于计算机对自然语言进行自动处理，在信息时代特别受到欢迎。

从属关系语法中的"价"，是从化学中借用来的一个概念。在化学中，一个元素的"价"是指这个元素的一个原子与氢原子化合或者被氢原子置换时氢原子的数目，特思尼耶尔把这个术语引入语法研究，用以说明动词支配的行动元数目的多少，一个动词能支配多少行动元，这个动词的价的数目就是多少。语言学的进一步发展发现，不仅动词有价，形容词和名词也有价。因此，价可以理解为语言中的动词、形容词或某些名词在其周围开辟一定数量的空位，并要求用特定的成分来加以填补的特性，有多少空位就有多少价。因此，从属关系语法又叫做"配价语法"（valence grammar）。

除了特思尼耶尔之外，法国以外的一些语言学家也研究从属关系语法，本章我们讲述从属关系语法的这些新发展，并介绍德国的配价语法研究的成果。

第一节　从属关系语法的新发展

目前自然语言计算机处理主要采用乔姆斯基的短语结构语法（见第十一章第二节），与短语结构语法比较起来，从属关系语法没有词组这个层次，每一个结点都与句子中的单词相对应，它能直接处理句子中词与词之间的关系，而结点数目大大减少了，便于直接标注词性，具有简明清晰的长处。特别在语料库文本的自动标注中，使用起来比短语结构语法方便。

例如，"铁路工人学习英语语法"这个句子，如果用短语结构语法的树形图来表示，其树形图结构如下：

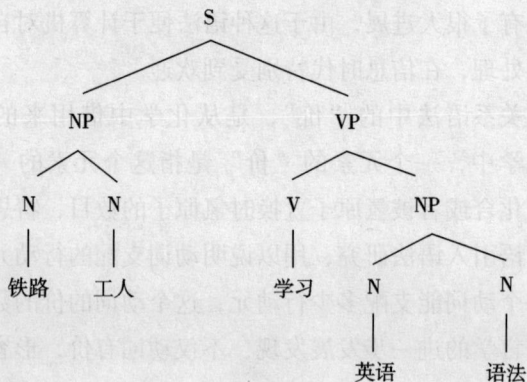

图 9-1

在这个树形图中，有 S、NP、VP、N、V 等非终极结点，它们分别表示句子、名词词组、动词词组、名词、动词等语法范畴，而不表示具体的单词。如果用从属关系语法来表示，其树形图的结构如图 9-2 所示。

显而易见，这样的结构比基于短语结构的树形图简洁得

多，层次和结点数都减少了。因此，从属关
系语法受到了自然语言处理研究者的欢迎。

　　美国语言学家 D·G·海斯（D. G. Hays）
于 1960 年根据机器翻译的特点提出了从属
分析法（dependency analysis），尽管海斯的
从属分析法是独立提出的，但是，这种分析
法在基本原则方面与特思尼耶尔的从属关系
语法有许多共同之处。这种分析法力图从形式上建立句子中词
与词之间的从属关系，比特思尼耶尔的理论更加形式化。

```
        学习
       /    \
工人          语法
 |            |
铁路          英语

      图 9-2
```

　　例如，在英语中，冠词（Art）与名词（N）之间的关系
是：名词是中心词，冠词是从属词，冠词位于名词的左侧，这
种从属关系图示如下图 9-3。

```
  N
  /
 /
Art

图 9-3
```

　　从属词写于中心词的下方，如从属词位
于中心词的右侧，就写于右下方。

　　这种从属关系还可以用符号来表示。假
定 X_i 为中心词，X_{j1}，X_{j2}…，X_{jk} 为 X_i 的左
侧从属词（X_{j1} 位于最左侧），X_{jk+1}，X_{jk+2}…
X_{jn} 为 X_i 的右侧从属词（X_{jn} 位于最右侧），那么，表示 X_i 与其
从属词之间的语法规则可写为：

　　X_i（X_{j1}，X_{j2}…X_{jk}，＊，X_{jk+1}，X_{jk+2}…，X_{jn}）

　　式中 ＊ 代表中心词相对于从属词的位置，这个规则记为规
则①。

　　除了这种形式的规则之外，还有两种形式的规则，分别记
为②和③；

　　②X_i（＊）：表示 X_i 在句子中没有从属性，这是终极型规
则；

177

③ * （X_i）：表示 X_i 不是任何词的从属词，即 X_i 为全句中心词，这是初始型规则。

采用这三种形式的规则，可以从形式上表示句子的中心词及其从属词之间的关系，以造出句子的从属关系树形图，从而表示出句子的句法结构，达到自动句法分析的目的。

1970 年，美国计算语言学家罗宾孙（J. Robinson）提出了从属关系语法的四条公理：

1. 一个句子只有一个成分是独立的；

2. 句子中的其他成分直接从属于某一成分；

3. 任何一个成分都不能从属于两个或两个以上的成分；

4. 如果成分 A 直接从属于成分 B，而成分 C 在句子中位于 A 和 B 之间，那么，成分 C 或者从属于 A，或者从属于 B，或者从属于 A 和 B 之间的某一成分。

1987 年，舒贝尔特（K. Schubert）在研制多语言机器翻译系统 DLT 的工作中，从计算语言学的角度出发，提出了用于计算语言学的从属关系语法 12 条原则：

1. 句法只与语言符号的形式有关；

2. 句法研究从语素到语篇各个层次的形式特征；

3. 句子中的单词通过从属关系而相互关联；

4. 从属关系是一种有向的同现关系；

5. 单词的句法形式通过词法、构词法和词序来体现；

6. 一个单词对于其他单词的句法功能通过从属关系来描述；

7. 词组是作为一个整体与其他词和词组产生聚合关系的语言单位，而词组内部的各个单词之间存在着句法关系，形成语言组合体；

178

8. 一个语言组合体内部只有一个支配词，这个支配词代表该语言组合体与句子中的其他成分发生联系；

9. 句子的主支配词支配着句子中的其他词而不受任何词的支配，除了主支配词之外，句子中的其他词只能有一个直接支配它的词；

10. 句子中的每一个词只在从属关系结构中出现一次；

11. 从属关系结构是一种真正的树结构；

12. 在从属关系结构中应该避免出现空结点。

不难看出，舒贝尔特的这 12 条原则包含了罗宾孙的四条公理，并且把从属关系扩展到了语素和语篇的领域，可计算性和可操作性更好，更加适合于自然语言处理的要求。

从属关系可以用树形图来表示。表示从属关系的树形图，叫做"从属树"（dependency tree）。这种从属树是自然语言句子结构的一种形式描述方式，因此，有必要进一步研究从属树中结点之间的各种关系。

我国学者冯志伟从开发机器翻译系统的实践中，在 20 世纪 80 年代初期就研究了从属树中的结点之间的关系，他认为，这样的关系主要有支配关系和前于关系两种。

如果从结点 x 到结点 y 有一系列的树枝把它们连接起来，系列中所有的树枝从 x 到 y 自上而下都有同一个方向，那么，就说结点 x 支配结点 y。例如，在表示"铁路工人学习英语语法"这个句子的从属树中，标有"学习"的结点支配标有"工人"和"铁路"的结点，标有"工人"的结点支配标有"铁路"的结点；标有"学习"的结点还支配标有"语法"和"英语"的结点，标有"语法"的结点支配标有"英语"的结点。

从属树中的两个结点，只有当它们之间没有支配关系的时候，才能够在从左到右的方向上排序，这时，这两个结点之间就存在着前于关系。例如。在前面的从属树中，标有"工人"的结点前于标有"语法"和"英语"的结点。"工人"与"语法"这两个结点之间，不存在支配关系，"工人"与"英语"这两个结点之间，也不存在支配关系；同样地，标有"铁路"的结点前于标有"语法"和"英语"的结点，"铁路"与"语法"这两个结点之间，不存在支配关系，"铁路"与"英语"这两个结点之间也不存在支配关系。

根据机器翻译研究的实践，冯志伟提出，从属树应该满足如下五个条件：

1. 单纯结点条件：在从属树中，只有终极结点，没有非终极结点，也就是说，从属树中的所有结点所代表的都是句子中实际出现的具体的单词。

2. 单一父结点条件：在从属树中，除了根结点没有父结点之外，所有的结点都只有一个父结点。

3. 独根结点条件：一个从属树只能有一个根结点，这个根结点，也就是从属树中唯一没有父结点的结点，这个根结点支配着其他的所有的结点。

4. 非交条件：从属树中的树枝不能彼此相交。

5. 互斥条件：从属树中的结点之间，从上到下的支配关系和从左到右的前于关系是互相排斥的，也就是说，如果两个结点之间存在着支配关系，那么，它们之间就不能存在前于关系。

我国学者冯志伟提出的从属树的五个条件，更加形象地描述了从属树中各个结点之间的联系，显然比罗宾孙的四条公理和舒贝尔特的 12 条原则更加直观，更加便于在机器翻译和自然语言的计算机处理中使用。

用从属关系语法来进行自动分析是很好的，因为分析得到的从属树层次不多，结点数目少，清晰地表示了句子中各个单词之间的从属关系。但是，用从属树来进行自动生成时，必须把表示句子层次结构的从属树转变成线性的自然语言的句子，根据从属树的第 5 个条件（互斥条件），从属树中结点之间的支配关系和前于关系是互相排斥的，从结点之间的支配关系，不能直接地推导出它们之间的前于关系，所以，还应该按照具体自然语言中词序的特点，提出适当的生成规则，把表示结构关系的从属树，转变成表示线性关系的句子。在这方面，各种自然语言的生成规则是不尽相同的。例如，汉语的修饰成分一般应置于中心成分之前，而法语的某些修饰成分则置于中心成分之后；汉语主动句的宾语一般应置于谓语之后，而日语的宾语则置于谓语之前。

与短语结构语法相比，从属树也有它的不足之处，在短语结构语法的成分结构树中，由于终极结点之间的前于关系直接地反映了单词顺序，只要顺次取终极结点上的单词，就能够直接生成句子。所以，在自动生成方面，从属树不如短语结构语法的成分结构树方便。为了弥补从属树的这种不足，许多学者在机器翻译研究中，把短语结构语法和从属关系语法结合起来，较好地解决了句子的自动生成问题。

第二节　德国的配价语法

60 年代初期，德国学者把特思尼耶尔的从属关系语法引进了德语研究。从属关系语法在德国一般叫"配价语法"

（Valenzgrammatik）。赫尔比希（G. Herbig）提出了补足语（Ergänzungen）和说明语（Angaben）的概念，补足语大致相当于特思尼耶尔的行动元，说明语大致相当于特思尼耶尔的状态元，赫尔比希指出某些状语也是动词要求的配价成分，并把补足语分为必有补足语和可有补足语两种。他还与申克尔（W. Schenkel）合编了《德语动词配价与分布词典》，于 1969 年出版。恩格（U. Engel）在《现代德语语法》一书中，建立了完善的德语配价语法体系，他把补足语定义为动词在次范畴化形成一个句子时所特有的被支配成分的集合，对补足语和说明语进行了详尽的分类和论述。舒马赫（H. Schumacher）主编了《动词配价分类词典》，对补足语的种类进行了调整，该词典于 1986 年出版，是一部研究德语动词配价的专著。托依拜特（W. Teubert）把"价"的概念扩展到名词，深入地研究了德语名词的价，于 1979 年出版了专著《名词的配价》，这是关于名词配价的最早著作，开名词配价研究的先河。

配价可以从逻辑、句法和语义三个不同的层次来认识。

1. 逻辑配价：德国学者邦茨欧（W. Bondzio）认为，在句法结构的组合过程中，词汇的意义提供了决定性的前提，词汇本身具有联结的可能，其联结的能力来源于词汇的语义特点，词义的概念核心反映了语言之外的现实中各种现象之间的关系。例如，德语的 verbinden（联语）这个词的词义表示了联结者、联结的对象、同联结的对象相连的成分三者的关系，德语的 besuchen（访问）这个词的词义表示了访问者和被访者两者之间的关系。配价学者用"空位"这个谓词逻辑的术语来表示词义所具有的关系。动词 verbinden 的词义含有三个空位，动词 besuchen 的词义含有两个空位。空位的数量是完全由单

182

词的词义决定的，在词义的基础上产生的空位就是"价"，某个单词的词义含有的空位数就是该词的价数。这种由于词义的逻辑关系所决定的配价，叫做逻辑配价。在不同的语言中，同一个概念所表示的逻辑配价的价数是相同的。在汉语中，"联结"这个动词也是三价的，"访问"这个动词也是两价的。不过，在某一具体的语言中，逻辑关系如何实现，则要借助于该语言特殊的表现方法。

2. 句法配价：逻辑配价在某一具体语言中的表现形式是不尽相同的，这种不同的表现形式，是由具体语言的特有的形式决定的，逻辑配价在具体语言中的表现形式就是句法配价。例如，"帮助"这个动词的逻辑配价为三价：帮助者、被帮助者、所提供帮助的内容，这种逻辑配价在德语中的表现是：谓语动词需要变位，帮助者用主格表示，被帮助者用给予格表示，所提供的帮助用 bei 构成介词结构表示。"他帮助我工作"的德语是"Er hilft mir bei der Arbeit"。同一语言中的同义词的逻辑配价是相同的，但却往往具有不同的句法配价。例如，德语的 warten 和 erwarten 都表示"等待"，逻辑配价是一样的，它们都是二价动词，有两个空位：等待者、被等待者。但是，warten 的被等待者要用 auf 构成介词结构表示，而 erwarten 的被等待者则用宾格表示，比较：

Er wartet auf seine Freundin

Er erwartet seine Freundin

这两个句子的含义都是"他等待他的女朋友"。

3. 语义配价：语义配价是指充当补足语的词语在语义上是否与动词相容。语义配价在不同语言中往往有不同的特点。例如，汉语中可以说"喝汤"，补足语"汤"在语义上与动词

"喝"是相容的，但是，在德语中，Suppe（汤）与 trinken（喝）是不相容的，德语中不说"eine Suppe trinken"（喝汤），而要说"eine Suppe essen"（吃汤），而在汉语普通话中是不能说"吃汤"的。这种语义配价也同样反映了不同语言的特性。

配价理论对于自然语言的计算机处理是很有价值的。在自然语言处理的研究中，有必要重视配价理论的研究，这是计算语言学和数理语言学基础理论研究的一个重要方面。

本章参考文献

1. L. Tesnière, Élements de Syntaxe structurale, Paris, 1965.

2. K. Schubert, Metataxis: Contrastive Dependency Syntax for MT, Dordrecht: Foris, 1987.

3. W. Teubert, Valenz des Substantives, Verlag Schwann, Duesseldorf, 1979.

4. 冯志伟：《自然语言机器翻译新论》，语文出版社，1995年。

5. 冯志伟：《自然语言的计算机处理》，上海外语教育出版社，1996年。

6. 冯志伟：《从属关系语法对机器翻译研究的作用》，《外语学刊》，1998年，第1期。

7. 韩万衡：《德语配价语法》，商务印书馆，1994年。

184

第十章　伦敦学派

伦敦学派是现代语言学的一个重要流派。这个学派的创始人是弗斯（J. R. Firth，1890－1960）。弗斯逝世后，韩礼德（M. A. K. Halliday）成为这个学派的主将，形成了新弗斯学派。本章介绍弗斯及新弗斯学派的语言理论。

第一节　弗斯的语言理论

弗斯生于 1890 年 6 月 17 日。1911 年在里兹大学历史系毕业。第一次世界大战期间，他进入英国印度教育事务部，投笔从戎，在印度、阿富汗和非洲等地服兵役。随军服役期间，他开始研究印度和非洲的语言，学术生涯从历史学转到语言学。1920－1928 年，弗斯担任印度拉合尔旁遮普大学英语教授。1928 年回英国，担任伦敦大学语音学讲师，并兼任伦敦政治经济研究学院语言社会学讲师、牛津印度学院印度语语音学讲师、东方研究学院语言学讲师。这个时期，他结识了伦敦政治经济研究学院的著名人类语言学家马林诺夫斯基（B. Malinowski），两人一起共事多年，他们之间的亲密友谊，对于弗斯语言理论的形成起了重要作用。1937 年，弗斯再往印度，专门研究古吉拉特语（Guja-rati）和泰卢固语（Telugu）。1938 年返回英国后，东方研究学院改名为东方与非洲研究学院,他成了这个学院的正式研究人员,并担任该学院语音学和语言学系的讲师,讲授语言学和印度语。1940 年升为副教授,1941 年升为教授并成为该系主任。1944年,伦敦大学设立普通语言学讲座,弗斯担任了第一任主讲教授。1954－1957 年,弗斯担任英国语文学会主席。此外,他还赴国外讲学,参加过巴黎语言学会主办的语义学讲座,参加过联合国教科文组织的语言学家常设委员会的工作。1956 年因病退休,但壮心未已。1957 年应美国内阁的邀请,担任巴基斯坦的语言学顾问,1958 年他又到爱丁堡大学任客座教授,并获得该校授予的荣誉法学博士学位。此外,他还是东方与非洲研究学院荣誉研究员和伦敦大学荣誉教授。弗斯于 1960 年 12 月 19日去世。

弗斯有专著两本:

1.《言语》(Speech, 1930)

2.《人的语言》(The Tongue of Men, 1937)

他的大部分著作是专题论文,共有论文 41 篇, 比较重要的论文有:

1.《语义学的技巧》(The techniqne of semantics, 1935)

2.《英国的语音学派》 (The English school of phonetics, 1946)

3.《语音和跨音段成分》(Sounds and prosodies, 1948)

4.《大西洋的语言学》(Atlantic linguistics, 1949)

5.《表达意义的方式》(Model of meaning, 1951)

6.《普通语言学和描写语法》(General linguistics and de - scriptive grammar, 1951)

7.《结构语言学》(Structural linguistics, 1955)

8.《语言学理论概要》　（A synopsis of linguistic theory, 1957）

9.《普通语言学中的语言处理》（The treatment of language in general linguistics, 1959）

弗斯语言理论的要点如下：

1. 语言除了具有语言内部的上下文之外，还具有情境上下文

弗斯的语言理论受到马林诺夫斯基很大的影响。马林诺夫斯基在南太平洋巴布亚新几内亚的特罗布里恩德群岛（The Trobriand Islands）进行人类学实地考察时，发现当地土著居民的话很难译成英语。例如，一个划独木船的人把他的桨叫做"wood"（木头），如果不把这人的话与当时的环境结合起来，就不能理解 wood 指的是什么。因此，他认为，要把一种文化所使用的语言中的术语及话语，翻译成另一种文化所使用的语言是不可能的。语言绝非自成体系，语言是根据社会的特定要求而进化的，因而语言的性质及使用都反映了该社会的具体的特性。他说："话语和环境互相紧密地纠结在一起，语言的环境对于理解语言来说是必不可少的。"接着他又说："一个单词的意义，不能从对这个单词的消极的冥思苦想中得出，而总是必须参照特定的文化，对单词的功能进行分析之后才能推测出来。"[①] 因此，从总体上来说，只有在"文化上下文"（context of culture），尤其只能在"情境上下文"（context of situation）中，才能对一段话语的意义作出估价。马林诺夫斯基所说的"文化上下文"，是指说话者生活在其中的社会文化；马

---

① B. Malinowski, The Problem of Meaning in Primitive Language, P307, 1923.

187

林诺夫斯基所说的"情境上下文",是指说话时已在实际发生的事情,即语言发生的情境。

弗斯接受了马林诺夫斯基的"情境上下文"这个术语,并且给它作了更加确切的定义。

弗斯认为,语言行为包括如下三个方面的范畴:

A. 参与者的有关特征:是哪些人,有什么样的人格,有什么样的有关特征。

（1）参与者的言语行为。

（2）参与者的言语行为之外的行为。

B. 有关的事物和非语言性、非人格性的事件。

C. 语言行为的效果。①

这里所说的"言语行为之外的行为","非语言性、非人格性的事件","语言行为的效果"等,就是"情境上下文"。

因此,他认为,要把语言作为一种"社会过程"来看。他说,语言是"人类生活的一种形式,并非仅仅是一套约定俗成的符号和记号"。他还说:"我们生活下去,就得学习下去,一步步学会各种语言形式来作为侧社会的条件。自己扮演的是哪些角色,这些角色得说什么样的话,我们心中有数。在情境上下文中说合乎身份的话,这才能行为有效,彬彬有礼。所以要提出各种限制性语言（restricted languaga）这个概念。"他还说:"具备社会性的人能扮演各种各样、互相联系的角色,并不显得彼此冲突或很不协调。……为了研究语言学,一个具备社会性的人应当看作能运用各种限制性语言

---

① J. R. Firth, A synopsis of linguistic theory, 1957.

的人。"① 这里所谓的"限制性语言",就是人们按各自的行业、身份、地位和处境所说出来的得体的话。

弗斯认为,语言的异质性和非联系性,要比大多数人所愿意承认的还要严重得多。人类行为中有多少个专门系统,就有多少套语言,就有多少套同特殊的语言联系在一起的特殊的社会行为。人可能有各种身份,有时是乡下佬,有时则是有教养阶层的人,他们的语言都各有不同。

逻辑学家们往往认为,单词和命题本身就有意义,他们不考虑"参与者"和"情境上下文"。弗斯指出,这是不对的。他说:"我以为,人们的话语不能脱离它在其中起作用的那个社会复合体,现代口语的每一段话都应该认为有其发言的背景,都应该与某种一般化的情境上下文中的典型参与者联系起来加以研究。"②

2. 语言既有情境意义,又有形式意义

弗斯强调,语言学的目的是说明意义。他说:"描写语言学的首要任务就是对意义进行陈述。"③ 意义分两种:一种是"情境意义",一种是"形式意义"。他之所以把意义作这样的区分,是由于他认为,语言既有情境上下文,又有语言内部的上下文、"情境意义"出自情境上下文,"形式意义"出自语言内部的上下文。

情境意义就是语言在情境上下文中的功能,前面已经讲过,这是弗斯接受了马林诺夫斯基的观点而提出来的。

---

① J. R. Firth, The treatment of language in generallinguistics , P146, 1959.

② J. R. Firth, Papers in Linguistics, 1934 - 1951, P226.

③ J. R. Firth, Papers in Linguistics, 1957, P190.

形式意义则是弗斯受了索绪尔关于语言符号具有价值这一观点的启发而提出来的。什么是形式意义呢？弗斯说："我主张把意义或功能分解为一系列的组成部分。确定每一种功能，都应当从某一语言形式或成分与某一上下文之间的关系下手。这就是说，意义应当看成上下文关系的复合体，而语音学、语法学、语义学则各自处理放在适当的上下文中间的有关组成部分。"①

在弗斯看来，形式意义可表现于三个层次上：搭配层、语法层、语音层。

所谓"搭配"（collocation），是指某些词常常跟某些词一起使用。弗斯说："'意义取决于搭配'是组合平面上的一种抽象，它和从'概念'上或'思维'上分析词义的方法没有直接的联系。night（夜晚）的意义之一是和 dark（黑暗）的搭配关系，而 dark 的意义之一自然也是和 night 的搭配关系。"② cow（母牛）是常常和动词 to milk（挤牛奶）一起使用的。这两个词往往这样搭配：They are milking the cows（他们给母牛挤奶），Cows give milk（母牛提供牛奶）。可是，tigress（母老虎）或 lioness（母狮子）就不会和 to milk 搭配，讲英语的人不会说 *They are milking the tigresses，或 *Tigresses give milk。由此可见，在搭配层，cow 的形式意义与 tigress 和 lioness 不同。

在语法层也有形式意义。例如名词的数这个语法范畴，在有的语言中只有单数和复数两种数（如英语），在有的语言中有单数、双数和复数三种数（如古斯拉夫语），在有的语言中有单数、

---

① J. R. Firth, Papers in Linguistics, 1934 - 1951, P19.

② J. R. Firth, Papers in Linguistics, 1957, P196.

双数、大复数、小复数四种数（如斐济语）。这样，在英语中的单数与古斯拉夫语和斐济语的单数的形式意义就不一样。在英语中，单数只与复数相对，在古斯拉夫语中，单数跟双数与复数相对；在斐济语中，单数跟双数、大复数、小复数相对。

语音层也有形式意义。假定某一语言中有 ［i］、［a］、［u］三个元音，另一种语言中有［i］、［e］、［a］、［o］、［u］五个元音，那么，［i］这个元音在第一种语言里的形式意义与［a］、［u］相对，在第二种语言里的形式意义与［e］、［a］、［o］、［u］相对，二者的形式意义是不同的。

由此可以看出，弗斯关于"情境意义"的思想是来自马林诺夫斯基的，而弗斯关于"形式意义"的思想是来自索绪尔的。他把这两位大师的观点融为一炉，独出一家，使其放出异样的光彩。

3. 语言有结构和系统两个方面

在弗斯的理论中，"结构"和"系统"这两个词有着特定的含义。"结构"是语言成分的"组合性排列"（Syntagmatic ordering of elements），而"系统"则是一组能够在结构里的一个位置上互相替换的"类聚性单位"（a set of paradigmatic units）。结构是横向的，系统是纵向的。图示如下：

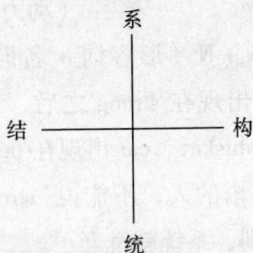

图 10-1 结构和系统

语法层、语音层和搭配层都存在着结构和系统。

在语法层，例如：

John greeted him（约翰欢迎他）

John invited him（约翰邀请他）

John met him（约翰遇见他）

这三句话的结构都是 SVO（主语＋动词＋宾语），其结构相同。在这相同的结构中，动词可以用 greet，或用 invite，或用 meet，三者合起来构成一个系统。

在语音层，例如：英语有 pit、bit、pin、pen 这四个词，其结构是 C_1VC_2（辅音$_1$＋元音＋辅音$_2$）。在这个结构中，词首 C_1 位置可出现 [p]、[b]，词中 V 位置可出现 [i]、[e]，词末 C_2 位置可出现 [t]、[n]，这就构成三个不同的系统。

在搭配层，例如：

a 栏	b 栏
strong argument	powerful argument
（有力的论据）	（有力的论据）
strong tea	powerful whiskey
（浓茶）	（烈性的威士忌）
strong table	powerful car
（结实的桌子）	（动力大的汽车）

这里的结构是 A＋N（形容词＋名词）。但是，在 a 栏，argument、tea、table 出现在 strong 之后，三者属于一个系统；在 b 栏，argument、whiskey、car 出现在 powerful 之后，三者同属另一个系统。讲英语的人，不能说*strong whiskey，也不能说*powerful tea，否则，系统就乱套了。

4. 音位的多系统理论和跨音段理论

192

弗斯的音位理论有两个特点：一个是"多系统论"（polysystemic），一个是"跨音段论"（prosodic）。

首先说"多系统论"。根据弗斯关于"系统"的概念，在音位学中的系统，就是在某个结构中的一个位置上所能出现的若干个可以互换的语音的总称。例如，skate［skeit］、slate［sleit］、spate［speit］这三个词的结构都是 $C_1C_2VC_3$（辅音$_1$＋辅音$_2$＋元音＋辅音$_3$），［k］、［l］、［p］都能在 C_2 这个位置上出现，构成一个系统。美国描写语言学描写音位，采用的是"单系统"（mono‐systemic）分析法。例如，team 中的［t^h］是吐气的，它出现于词首；steam 中的［t］是不吐气的，它出现于［s］之后。因此，把［t^h］、［t］归为一个音位｜t｜，并说［t^h］、［t］是音位｜t｜的变体（allophone）。但是，单系统分析法有时会碰到很大的困难。例如，爪哇语的词首可出现 11 个辅音:［p］、［b］、［t］、［d］、［t］、［d］、［tj］、［dj］、［k］、［g］、［?］,词末只能出现四个辅音:［p］、［t］、［k］、［?］。按单系统分析法,应当把词末的四个辅音与词首的 11 个辅音中的四个合起来算为四个音位。但是，词末的［t］是与词首的［t］归为一个音位呢？还是与词首的［t］或［tj］归为一个音位呢？这是很难决定的。如果采用多系统分析法，建立两个辅音系统，一个是词首辅音系统，一个是词末辅音系统，这样描写起来就好办得多了。

再说"跨音段论"。弗斯认为，在一种语言里，区别性语音特征不能都归纳在一个音段位置上。例如，语调不是处于一个音段的位置上。而是笼罩着或管领着整个短语和句子。"Has he come?"（他来了吗?）用升调，这个升调不局限于 has 的｜h｜、｜æ｜、｜z｜各音段音位的位置，也不局限于

he、come 的｜h｜、｜i｜、｜k｜、｜ʌ｜、｜m｜各音段音位的位置，而是笼罩着整个的问句。这种横跨在音段上的成分，就叫做"跨音段成分"（prosody）。跨音段成分可以横跨一个音节的一部分，也可以横跨整个音节，或一个词、或一个短语、或一个句子。语调是跨音段成分之一，但跨音段成分并不限于语调。

例如，roman meal（罗马面，由粗小麦粉或黑麦粉掺和亚麻仁制成）这个合成词，有八个音位｜romən mil｜，按美国描写语言学的方法，每个音位都要这样描写一番：｜r｜是浊音、舌尖音、卷舌音，｜o｜是浊音、圆唇音、央元音，｜m｜是浊音、双唇音、鼻音，如此等等。当把这八个音都描写完，"浊音"这个特征重复了八次，显得叠床架屋，不得要领。事实上，"浊音"是八个音都共有的，它横跨在 roman meal 这个合成词的整个音段上，因此，在这里，弗斯把"浊音"也看成一种跨音段成分，描写方法简洁明白。

从弗斯文章的字里行间，我们可以了解到，弗斯所说的跨音段成分，除了语调之外，还有音高、音强、音长、元音性、软腭性等。

音位单位（phonemic units）减去跨音段成分（prosody）之后留下来的东西，弗斯叫做"准音位单位"（phonematic u-nits）。例如，把｜romən mil｜的浊音性抽出，留下的就是八个准音位单位。

第二节　新弗斯学派

弗斯的学生韩礼德继承弗斯的理论，在弗斯去世后，多次表示要完成弗斯未竟之业，建立了新弗斯学派。韩礼德就是新弗斯学派的主将。

韩礼德于 1925 年生于英格兰约克郡的里兹，青年时期在伦敦大学主修中国语言文学。1947－1949 年来我国北京大学深造，受到罗常培的指导，1949－1950 年到岭南大学学习，又受到王力的指导。回英国之后在弗斯指导下攻读博士学位，于 1955 年完成博士论文《"元朝秘史"汉译本的语言》（The language of the Chinese "Secret History of the Mongols"），获得剑桥大学哲学博士学位。此后，韩礼德先后在剑桥大学、爱丁堡大学、伦敦大学任教，并在美国耶鲁大学、美国布朗大学、肯尼亚内罗毕大学、美国伊利诺伊州立大学任教，并在美国加利福尼亚州斯坦福行为科学高级研究中心任研究员。以后，韩礼德移居澳大利亚，任悉尼大学语言学系主任。

韩礼德的主要著作有：

1.《语言功能的探索》 （Explorations in the Functions of Language，Erward Arnold，London，1973）

2.《作为社会符号的语言：对语言和意义的社会理解》（The Social Interpretation of Language and Meaning，Erward Arnold，London，1978）

3.《英语的接应》 （Cohesion in English，longman，London，1976，与 R. Hasan 合著）

新弗斯学派主要在下面三个方面继承和发展了弗斯的学说：

1. 发展了弗斯关于"情境上下文"的理论，提出了"语域"的概念

韩礼德把弗斯关于"情境上下文"的理论落实到具体的

语言结构中去。他认为，语言的情境可由"场景"（field）、"方式"（mode）和"交际者"（tenor）三部分组成。"场景是话语在其中行使功能的整个事件，以及说话者或写作者的目的。因此，它包括话语的主题。方式是事件中话语的功能，因此，它包括语言采用的渠道（临时的或者有准备的说或写），以及语言的风格或者修辞手段（叙述、说教、劝导、应酬等等）。交际者指交际中的角色类型，即话语的参与者之间的一套永久性的或暂时性的相应的社会关系。场景、方式和交际者一起组成了一段话语的语言情境。"① 语言的语义可以分为观念功能（ideational function）、话语功能（textual function）和交际功能（interpersonal function）。

观念功能又可再分为经验功能（experiential function）和逻辑功能（logical function）。经验功能与说话的内容发生关系，它是说话者对外部环境的反映的再现，是说话者关于各种现象的外部世界和自我意识的内部世界的经验。逻辑功能则仅仅是间接地从经验中取得的抽象的逻辑关系的表达。

交际功能是一种角色关系，它既涉及说话者在语境中所充当的角色，也涉及说话者给其他参与者所分派的角色。例如，在提问时，说话者自己充当了提问者，即要求信息的人的角色；同时，他也就分派听话者充当了答问者，即提供信息的人的角色。又如，在发命令时，说话者自己充当了命令的发出者，即以上级的口吻讲话的角色，同时，也就分派听话者充当了命令接受者，即以下级的身份执行命令的角色。不同的说话者，因与听话者的关系不同，在对同一听话者说话时，会采取

---

① M. A. K. Halliday & R. Hosan, Cohesion in English, Longman, P22, 1976.

不同的口气；而同一说话者对不同的听话者说话时，也会采用不同的口气。

话语功能使说话者所说的话在语言环境中起作用，它反映语言使用中前后连贯的需要。例如，如何选一个句子使其与前面的句子发生关系，如何选择话题来讲话，如何区别话语中的新信息和听话者已经知道的信息，等等。它是一种给予效力的功能，没有它，观念功能和交际功能都不可能付诸实现。

韩礼德认为，观念功能、交际功能和话语功能是三位一体的，不存在主次问题。

当语言情境的特征反映到语言结构中时，场景趋向于决定观念意义的选择，交际者趋向于决定交际意义的选择，方式则趋向于决定话语意义的选择。如图 10 - 2 所示：

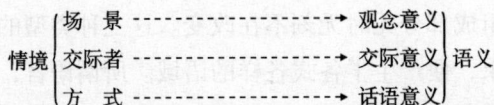

图 10 - 2　情境决定语义的选择

这样，韩礼德便把语言的情境落实到语言本身的语义上来，具体地说明了情境与语言本身的关系究竟是什么。

在此基础上，韩礼德提出"语域"（registers）的概念。

语域是语言使用中由于语言环境的改变而引起的语言变异。语言环境的场景、交际者、方式三个组成部分，都可以产生新的语域。

由于场景的不同，可产生科技英语、非科技英语等语域。科技英语又可以再细分为冶金英语、地质英语、数学英语、物理英语、化学英语、农业英语、医学英语等语域。这些语域之间的差异，主要表现在词汇、及物性关系（transitivity telations）和语言各结构等级上的逻辑关系的不同。

由于交际者的不同，可产生正式英语、非正式英语以及介于这两者之间的、具有不同程度的正式或非正式英语等语域，还可以产生广告英语、幽默英语、应酬英语等语域。这些语域之间的差异，主要表现在语气、情态以及单词中所表达的说话者的态度的不同。

由于方式的不同，可产生口头英语和书面英语等语域。这些语域之间的差异，主要表现在句题结构（主题、述题）、信息结构（新信息、旧信息）和连贯情况（如参照、替代、省略、连接等）的不同。

在现实生活中，语域的变异，通常不是只由一种语言环境因素的改变而引起的。在语言的实际使用中，场境、交际者和方式三个组成部分无时无刻不在改变。这三种类型的变化共同作用的结果，便产生了各式各样的语域。所谓语言，只不过是一个高度抽象化的概念。

2. 发展了弗斯关于"结构"和"系统"的理论，对"结构"和"系统"下了新的定义，提出了系统语法

韩礼德新提出的语法理论包括四个基本范畴：单位（unit）、结构（structure）、类别（classification）、系统（system）。其中，结构与系统的含义与弗斯的不尽相同，分别解释如下：

（1）单位：语言的单位形成一个层级体系（hierarchy），它同时又是一个分类体系，单位之间的关系呈现为从最高（最大）到最低（最小）的层级分布，每个单位都包含一个或一个以上的、紧跟在它下面的（小一号的）单位。例如，英语中的单位就是句子、分句、词组、词和语素。一个单位的级（rank）就是这个单位在层级体系中的位置。

（2）结构：在语法中，为了说明连续事实间的相似性而设立的范畴，叫结构。结构是符号的线性排列，其中，每个符号占一个位，而每个不同的符号代表一个成分。结构中的每个单位，由一个或多个比它低一级的单位组成，而每一个这样的组成成分，都有自己特殊的作用。例如，英语的分句由四个词组组成，这四个词组的作用是分别充当主语（subject）、谓语（predicate）、补语（complement）和附加语（adjunct），分别用 S、P、C、A 来代表。所有的分句都可由它们组合而成，如 SAPA（主语—附加语—谓语—附加语）、ASP（附加语—主语—谓语）、SPC（主语—谓语—补语）、ASPCC（附加语—主语—谓语—补语—补语），等等。此外，在词组这一级，还有一类词组，韩礼德把它们叫做"前定语"（modifier）、"中心语"（head）、"后定语"（quatifier），分别用 M、H、Q 来代表。如果可能存在的结构有 H（中心语）、MH（前定语—中心语）、HQ（中心语—后定语）、MHQ（前定语—中心语—后定语）等形式，那么，这些结构可以用一个公式表示为（M）H（Q），其中括号里的成分可有可无，是随选的。

（3）类型：一定单位的一群成员，根据它们在上一级单位的结构中的作用，可以定出它们的类别。例如，英语的词组可定出动词词组、名词词组、副词词组等类别。动词词组用作分句中的谓语，名词词组用作分句中的主语和补语，而副词词组在分句中则具有附加语的功能。它们的类别都是根据词组中的成员在分句中的作用定出来的。一般地说，如果某一单位具有基本结构 XY、XYZ、YZ、XYZY，那么，下一级单位的基本类别就是"作用于 X 的类别"、"作用于 Y 的类别"和"作用于 Z 的类别"。

结构和类别为一方，单位为另一方，它们之间的关系可在理论上确定。类别和结构一样，都是同单位相连的，类别始终是一定单位的成员的类别。类别和结构的关系经常不变，类别总是按照上一级单位的结构来定，结构总是按照下一级单位的类别来定。

　　（4）系统：韩礼德指出，所谓系统，是由一组特点组成的网。如果进入该系统的条件得到满足，那么，就选出一个特点，而且只选出一个特点。从某一特定系统网中形成的特点进行的任何选择，就构成对某一单位的系统的描写。可见，系统从某外部形式上看，就是一份可供说话者有效地进行选择的清单。系统之间的种种关系，可以由系统网来表示。

　　系统存在于所有的语言层，如语义层、语法层和音位层，它们都有各自的系统来表示本层次的语义潜势。

　　从系统语法的观点来看，言语行为就是从数量巨大的、彼此有关的、可供选择的各种成分中，同时地进行选择的过程。

　　假设有一个包括特点 a 和 b 的系统，必须选出 a 或 b，则可表示为图 10－3。

　　如果系统（1）包括特点 a 和 b，系统（2）包含特点 x 和 y，而系统（1）中的 a 是进入系统（2）的条件，也就是说，如果选上了 a，那就必须选择 x 和 y，则可表示为图 10－4：

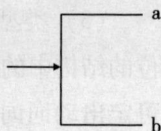

图 10－3

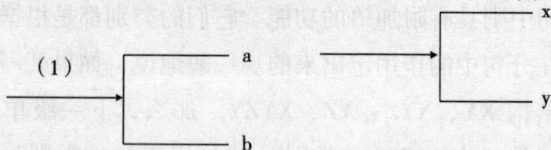

图 10－4

如果在同样的条件 a 下，系统 m/n 与系统 x/y 同时发生，则可表示为图 10 – 5：

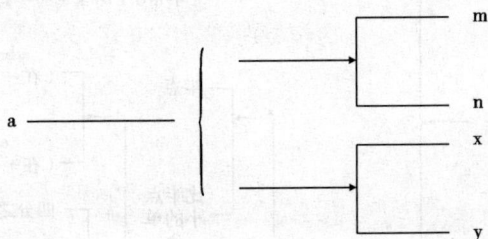

图 10 – 5

如果在 a 和 c 二者都选上的条件下，必须选择 x 或 y，则可表示为图 10 – 6：

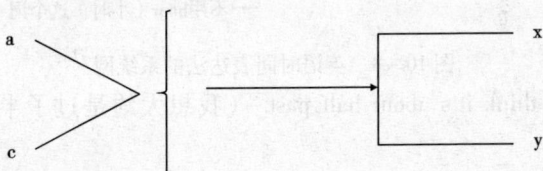

图 10 – 6

如果在 a 或者 d 选上的条件下，选择 x 或 y，则可表示为图 10 – 7：

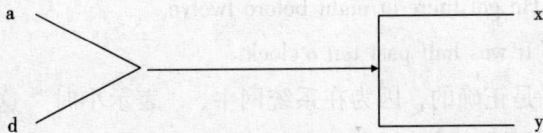

图 10 – 7

由此，可以组成系统网，这种系统网可以清楚地描写句子的结构。例如，图 10 – 8 是英语时间表达法的系统网。

这个系统网可以准确地说明下列各句是否合乎语法。

i. Is it six yet? （已经六点钟了吗）

表示小时 ——— 带o'clock（……点钟）

——— 不带o'clock（……点钟）

时间表达法

半点 ——— before（在……之前）

——— after（在……之后）

比半点小的单位 ——— 四分之一小时

——— 十二分之一小时

——— minute（分）

表示比小时小的单位

——— 用hour（小时）这个词

——— 不用hour（小时）这个词

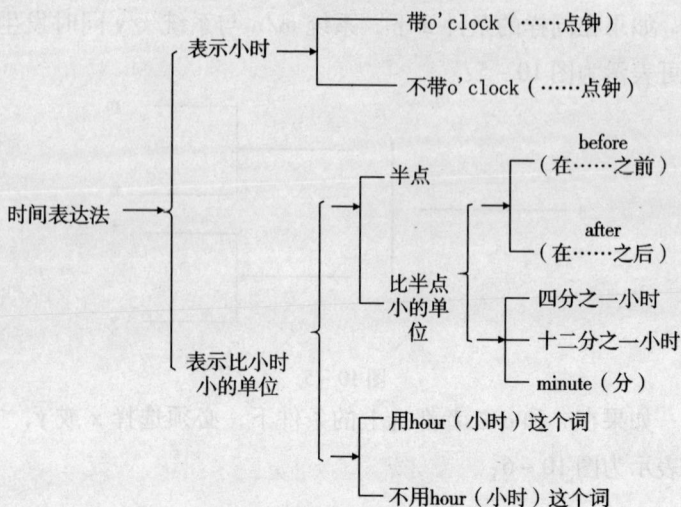

图10-8 英语时间表达法的系统网

ii. I think it's about half past. （我想大约是过了半点钟左右）

iii. It was five after ten. （十点五分）

iv. He got there at eight minute before twelve. （他于十二点差八分到达那里）

v. *He got there at eight before twelve.

vi. *It was half past ten o'clock.

句i是正确的，因为在系统网中，"表示小时"这一类可以选用"不带o'clock"的用法。句ii是正确的，因为在系统网中，"表示比小时小的单位"这一类也可以采用"不用hour（小时）这个词"的用法。句iii是正确的，因为在系统网中，"表示比小时小的单位"这一类可先进入"比半点小的单位"，然后进入"十二分之一小时"（即五分钟）这种用法，而无须用"minute"（分）这个词；但在"比半点小的单位"这同一

202

条件下，还应同时用"after"（在……之后）或"before"（在……之前），句 iii 中用了 after，所以是正确的。句 iv 也是正确的，因为在系统网中，"表示比小时小的单位"这一类，可先进入"比半点小的单位"，然后，又可同时进入"before"（在……之前）和"minute"（分）。句 v 是不正确的，因为在系统网中，当它进入"比半点小的单位"之后，必须在"四分之一小时"或"十二分之一小时"或"minute"（分）之间选择一种，但它哪一种都没有选择，所以，是不正确的。句 vi 也是不正确的，因为在系统网中，如果进入了"表示比小时小的单位"，然后又进入了"半点"的表示法，则不应该用"o'clock"，而只有在"表示小时点"这一类中，才能带"o'clock"，所以，句 vi 不正确。

可以看出，系统语法的系统网必须精心地进行编制，才能正确无误地表示语言的结构。

由于系统语法把言语行为看成一个在数量庞大的、彼此有关的可选择项目中同时地进行选择的过程，如果表示这种选择过程的系统网编制得又详尽、又准确，就可以用形式化的手段对语言进行细致入微的描述，从而使这种系统语法在语言自动处理中得到实际的应用。美国人工智能专家维诺格拉德（T. Winograd），在 1974 年研制的自然语言理解程序 SHRDLU 中，运用了系统语法的理论，取得了很大的成功。SHRDLU 程序能理解用普通英语键入计算机终端的语句，并能回答询问，以此进行人机对话，用英语来指挥机器人摆弄积木，移动简单的几何物体。

3. 提出了语法分析的三个尺度——级、幂、细度

韩礼德把语法分析的尺度叫做阶。为了把范畴相互联系起

来，要采用三种抽象的阶进行工作，这就是级（rank）、幂（exponence）和细度（delicacy）的阶。

级的阶上，排列着从句子到语素的各层单位，按逻辑顺序从最高单位排列到最低单位。句子的描写只有当语素的描写完备以后才能完备，反之亦然。

幂的阶是抽象程度的阶梯，它把语法中的概念同实际材料联系起来。从比较抽象的概念向具体的材料推进，就是沿着幂的阶下降。

细度的阶则反映结构和类别的细分程度。细度是一个渐进系（cline），它是潜在地带有无限分度的连续体。它的范围，一头是结构和类别两大范畴中的基本程度，另一头是理论上这样的一个点，过了这个点就得不出新的语法关系。

韩礼德认为，对一个语言项目进行分类时，应该按照细度的阶，由一般逐步趋向特殊，对每一个选择点上的可选项给以近似值。例如，句子可区分为陈述句和祈使句；如果是陈述句，又可进一步细分为肯定句和疑问句；如果是疑问句，又可再进一步细分为一般疑问句和特殊疑问句。细度的概念也可以适用于语义层。例如，在及物性系统中，过程可细分为物质过程、思维过程、关系过程和言语过程，而思维过程又可进一步细分为感觉过程、反应过程和认知过程。

在每一个选择点上，可选项的选择要考虑概率。当进一步细分时，如果有多重标准，而且其中有关的标准如果互相交叉，就要根据不同的情况，给以不同的参数值，进行适当的调整。如果类别的区分细微得使描写只顾得上关键性的标准，而顾不上别的标准，这样的描写也就到了尽头。例如，分句按细度的阶一步一步地区分，到了一定的程度，就会走到语法区分

204

的尽头，就得让它们接下去经受词汇的区分。到了这一步，不论形式项目是否在系统中排列就绪，它们之间进一步的关系只能是词汇关系，必须用词汇理论来说明语法所无法对付的那部分语言形式。

本章参考文献

1. J. R. Firth, Papers in Linguistics, 1934 – 1951, London, Oxford University Press, 1951.

2. M. A. K. Halliday, Categories of the theory of grammar, Word, 17, P241 – 292.

3. 王宗炎：《伦敦学派奠基人弗斯的语言理论》，《国外语言学》，1980 年，第 5 期。

4. 龙日金：《伦敦学派的语言变异理论简介》，《国外语言学》，1982 年，第 4 期。

第十一章 转换生成语法的产生

如果说，索绪尔语言学说的提出是语言学史上哥白尼式的革命，那么，乔姆斯基（N. Chomsky, 1928 - ）的转换生成语法的提出，则是语言学史上的又一次划时代的革命，即"乔姆斯基革命"。1916 年索绪尔《普通语言学教程》的出版，开辟了现代语言学的新纪元，而 1957 年乔姆斯基《句法结构》的出版，乔姆斯基对结构主义的一系列基本原理提出的挑战，则标志着语言学中的"乔姆斯基革命"的开始。这场革命直到今天还没有完结。

转换生成语法从产生到现在，大致可以分为三个时期。第一个时期从 50 年代到 1965 年，着重研究了形式语言理论的基本原理，提出了转换语法，可称为"第一语言模式时期"。第二个时期从 1965 年到 1970 年，这个时期，语义问题成为争论的焦点，可称为"标准理论时期"。从 1970 年开始，研究的主要目标是普遍语法，可称为"扩充式标准理论时期"。这三个时期，本书将在本章以及第十二、第十三章中分别加以介绍。

第一节　乔姆斯基和他的主要著作

　　乔姆斯基于 1928 年 12 月 7 日生于美国费城。他的父亲威廉·乔姆斯基（William Chomsky）是一个希伯来语学者，曾写过《大卫·金西的希伯来语法》（Davis Kimhi's Hebrew grammar）一文。幼年的乔姆斯基（他的名字叫诺阿姆，即 Noam Chomsky）在其父的熏陶下，就爱上了语言研究工作。1947 年，他认识了美国描写语言学"后布龙菲尔德学派"的代表人物、著名语言学家海里斯（Z. Harris）。在学习了海里斯《结构语言学方法》一书的若干内容之后，他被海里斯那种严密的方法深深地吸引了，几乎到了心醉神迷的程度。从此，他立志以语言学作为自己毕生的事业，进了海里斯执教的宾夕法尼亚大学，专攻语言学。

　　乔姆斯基是熟悉希伯来语的，学习了《结构语言学方法》一书后，他试图用海里斯的方法来研究希伯来语，但所获结果甚微。于是，他决定把海里斯的方法作适当的改变，建立一种形式语言理论，采用递归的规则来描写句子的形式结构，从而使语法获得较强的解释力。从 1947 年到 1953 年，他花了整整六年时间来从事这种研究。其间，1949 年他在巴尔 – 希列尔（Y. Bar – Hillel，1915 – 1975）的鼓励和支持下，提出了一套描写语言潜在形态的规则系统，1951 年在宾夕法尼亚大学完成了硕士论文《希伯来语语法》。1951 年后，他到哈佛大学学术协会，以正式会员的身份从事语言研究工作。1953 年，他在《符号逻辑杂志》（Journal of Symbolic Logic）上，发表了一篇关于对美国描写语言学的方法作形式化描述的文章《句法分析系统》（System of Syntactic Analysis）。他感到，在结构主义的框架中研究语言，往往会引出错误的结果。

为了完成形式语言理论这一有意义的研究课题，在海里斯的建议下，乔姆斯基从 1953 年开始学习哲学、逻辑学和现代数学。这个时期，他受到了古德斯曼（N. Goodsman）的"构造分析法"的影响，同时也受到了奎恩（W. V. O. Quine）对逻辑学中的经验主义批判的影响，他采用的语言研究方法是严格的形式化的。同时，他对美国描写语言学的那一套方法越来越不满意，在哈勒（M. Halle）的支持下，乔姆斯基决心同结构主义思想彻底决裂，另起炉灶，走自己的新路。

1954 年，乔姆斯基着手写《语言理论的逻辑结构》（The Logical Structure of Linguistic Theory）一书。在这部著作中，他初步勾画出生成语法的理论观点和思想方法。后来乔姆斯基的名著《句法结构》（Syntactic Structures）就是这部著作的缩写本。1955 年，《语言理论的逻辑结构》书稿完成，乔姆斯基回到宾夕法尼亚大学，并以《转换分析》（Transformational analysis）一文获得了博士学位。

1955 年秋，乔姆斯基经哈勒和雅可布逊推荐，到麻省理工学院（MIT）电子学研究室做研究工作，并在现代语言学系任教，给研究生讲授语言学、逻辑学、语言哲学等课程。麻省理工学院电子学研究室在著名学者魏斯奈尔（Jerome Wiesner）的领导下，为多学科的联合研究提供了很好的环境，这样，乔姆斯基就有可能去专心致志地从事他所想从事的研究工作。

这时，乔姆斯基的形式语言理论的思想已基本成熟，他更加清醒地认识到结构主义的路子是完全错误的，他开始以初生牛犊不怕虎的勇气，大胆地向结构主义挑战。然而，他的语言学思想并没有受到当时的语言学界的重视，他写了不少论文给专业语言学杂志投稿，但是，几乎所有的论文都遭到冷遇，被无声无息地退了回来。他在大学的讲课中也时时谈及自己的语言学观点，但是，人微言轻，当时的专业语言学家，对于乔姆斯基这个有独特思想的青年人，并没有表现出丝毫的兴趣。

乔姆斯基并不气馁，1956 年，在哈勒的建议下，他把自己在麻省理工学院给研究生讲课的一些笔记，交给了荷兰冒顿（Mouton）公司的《语言学丛书》（Janua Linguarum）的编辑舒纳费尔德（C. V. Schoonefeld）。舒纳费尔德独具慧眼，答应出版这些笔记。经过一番修改之后，由冒顿公司在 1957 年以《句法结构》（Syntactic Structures）为题出版。此书只不过是《语言理论的逻辑结构》一书的梗概，叙述也不够严格，乔姆斯基本来以为此书的出版并不会引起语言学界多大的注意。可是，出乎乔姆斯基本人的意料，此书出版不久，在 1957 年的《语言》（Language）杂志第 33 卷第 3 期上，罗伯特·李斯（Robert Lees）发表了一篇文章，题为《评诺阿姆·乔姆斯基的〈句法结构〉》，提醒人们注意乔姆斯基的语言学新思想。从此，乔姆斯基的语言学说才开始在语言学界传播开来。

乔姆斯基初露锋芒，引起了语言学界的瞩目。他被邀请参加 1958 年和 1959 年的美国语言学得克萨斯会议，不久又被聘为麻省理工学院的教授。1962 年，在麻省理工学院召开的国际语言学会议上，乔姆斯基作了《当代语言理论中的一些问题》的报告，全面地论述了转换生成语法和结构主义语言学的本质区别，这份报告于 1964 年在荷兰出版。

1965 年，乔姆斯基的《句法理论要略》（Aspects of theory of the Syntax）一书出版，此书中，乔姆斯基提出了转换生成语法的标准理论。1972 年出版《生成语法中的语义研究》（Studies of Semantics in Generative Grammar），提出了"扩充式标准理论"的雏形。1973 年发表了《转换的条件》（Condition on Transformation），把语言研究的重点从规则本身转移到规则的条件，丰富了扩充式标准理论的内容。1979 年，乔姆斯基参加了在意大利比萨举行的 GLOW（Generative Linguistics of the Old World，即"旧大陆生成语言学"）年会，发表了关于"管辖"（government）与"约束"（binding）的讲演，后整理成《管辖与约束讲稿》（Lectures on Government and Binding）于 1981 年由荷兰甫利思出版社（Foris publications）出版，这是转换生成语法近期理论的代表作。

乔姆斯基现任美国麻省理工学院语言学教授、牛津大学约翰·洛克讲座讲师、柏克莱加利福尼亚大学客座教授，并在普林斯顿进修学院和哈佛认知研究中心任高级研究员，在伦敦大学主持谢尔门纪念讲座。乔姆斯基是美国科学院院士、英国科学院通讯院士，并任世界裁军和平同盟的理事。芝加哥大学、芝加哥洛约拉大学和伦敦大学都授予他名誉博士学位。

乔姆斯基的主要著作有：

1.《语言理论的逻辑结构》（The Logical Structure of Linguistic Theory，1955）

2.《语言描写的三个模型》（Three models for the description of Language，PGIT，2：3，P113－124，1956）

3.《句法结构》（Syntactic Structures，1957）

4.《论语法的一些形式特性》（On certain formal Properties of grammars，Information and Control，2：2，P113－116，1959）

5.《上下文无关文法和后进先出存储器》（Context－free

grammar and Pushdown Storage, Quart. Prog. Dept. , No. 65, MIT Res. Lab. Elect. , P187 – 194, 1962）

6.《语法的形式特性》 （Formal properties of grammar, Handbook of Math. Psych. , 2, Wiley, New York, P323 – 418, 1963）

7.《句法理论要略》 （Aspects of the Theory of Syntax, 1966）

8.《语言与思维》（Language and Mind, 1968）

9.《生成语法中的语义研究》 （Studies of Semantics in Generative Grammar, 1972）

10.《对语言的思考》（Reflections on Language, 1975）

11.《形式和表达论文集》（Essays on Form and Interpretation, 1977）

12.《句法理论中的原则与参数》（Principles and Parameter in Syntactic Theory, 1979）

13.《规则与表达》（Rules and Representation, 1980）

14.《管辖与约束讲稿》（Lectures on Government and Binding, 1981 ）

15.《论形式与功能的表达》 （On Representation of Form and Function, 1981）

16.《管辖和约束理论的某些概念和结果》（Some concepts and consequences of the theory of government and binding, Cambridge, Mass, MIT Press, 1982）

17.《语言知识》 （Knowledge of language, New York, Praege, 1985）

18.《语障》 （Barriers, Cambridge, Mass, MIT Press,

第二节 形式语言理论

形式语言理论的研究对象，除了自然语言之外，还包括程序语言和其他人造语言。在形式语言理论中，语言被看成是一个抽象的数学系统，乔姆斯基把它定义为：按一定规律构成的句子（Sentence）或符号串（String）的有限的或无限的集合，记为 L。

每个句子或符号串的长度是有限的，它们由有限数目的符号相互毗连而构成。构成语言的有限个符号的集合，叫做字母表（alphabet）或词汇（Vocabulary），记为 V；不包含任何符号的符号串，叫做空句子（empty Sentence）或空符号串（empty String），记为 ε。

如果 V 是一个字母表，那么，把由 V 中的符号构成的全部句子（包括空句子 ε）的集合，记为 V^*，而把 V 中除了 ε 之外的一切句子的集合，记为 V^+。例如，如果 V = {a, b}，则

$V^* = \{\varepsilon,\ a,\ b,\ aa,\ ab,\ ba,\ bb,\ aaa,\ \cdots\}$

$V^+ = \{a,\ b,\ aa,\ ab,\ bd,\ bb,\ aaa,\ \cdots\}$

但是，某语言的字母表 V 中的符号相互毗连而成的符号串，并不一定都是该语言中的句子。例如，the boy hit the ball 在英语中是正确的，叫做"成立句子"；而由同样符号构成的 *the hit the boy ball 在英语中却是不正确的，叫做"不成立句子"。为了区别一种语言中的成立句子和不成立句子，就有必要把这种语言刻画出来，从而说明在这一种语言中，什么样

212

的句子是成立的，什么样的句子是不成立的。

乔姆斯基认为，可以采用三种办法来刻画语言。

第一种办法，是把语言中的全部成立句子穷尽地枚举出来。如果语言只包含有限数目的句子，要穷尽地枚举是容易办到的；而如果语言中句子数目是无限的，用简单枚举的办法就行不通。而且，在很多场合，对于语言中某一个长度有限的句子，还可以采用一定的办法将其长度加以扩展。例如，对于英语句子

This is the man

（这是那个男人）

我们可以将其扩展为

This is the man that married the girl

（这是那个同姑娘结婚的男人）

还可以进一步扩展为：

This is the man that married the girl that brought some bread

（这是那个同带来了一些面包的姑娘结婚的男人）

乔姆斯基认为，可以在句子里加上任意数目的 that－从句。每加一个这样的从句就构成了一个新的更长的句子，而这些句子都是成立的。究竟能加多少个 that－从句，只与讲话人的记忆力及耐心有关，而与语言本身的结构无关。在这个意义上可以说，人们能够加上无限数目的 that－从句而使句子保持成立。在这样的情况下，用简单枚举的办法来刻画语言显然是行不通的。

第二种办法，是制定有限数目的规则来生成（generate）语言中无限数目的句子。

例如，上面三个句子可以这样统一地加以描述：

设 X 是一个初始符号，S 为句子，R 为 that－从句，提出重写规则：

X→S

S→S⌢R

这里，→是重写符号，⌢是毗连符号，利用这两条规则，可以生成数目无限的带 that – 从句的句子。乔姆斯基把这些数目有限的刻画语言的规则，叫做文法（grammar），记为 G。文法是有限规则的集合，这些规则递归地生成潜在的无限的句子，并排除语言中的不成立句子。文法 G 所刻画的语言，记为 L（G）。需要注意的是，乔姆斯基在这里所说的"文法"，与一般语言学书中所说的"语法"不是一码事，它有着如上所述的特定的含义。

乔姆斯基指出，早在 19 世纪初，德国杰出的语言学家和人文学者洪堡德（W. V. Humboldt，1767 – 1835）就观察到"语言是有限手段的无限运用"。但是，由于当时尚未找到能揭示这种理解所含的本质内容的技术工具和方法，洪堡德的论断还是不成熟的。那么，究竟如何来理解语言是有限手段的无限运用呢？乔姆斯基认为："一个人的语言知识是以某种方式体现在人脑这个有限的机体之中的，因此语言知识就是一个由某种规则和原则构成的有限系统。但是一个会说话的人却能讲出并理解他从未听到过的句子以及和我们听到的不十分相似的句子。而且，这种能力是无限的。如果不受时间和注意力的限制，那么由一个人所获得的知识系统规定了特定形式、结构和意义的句子数目也将是无限的。不难看到这种能力在正常的人类生活中得到自由的运用。我们在日常生活中所使用和理解的句子范围是极大的，无论就其实际情况而言还是为了理论描写上的需要，我们完全有理由认为人们使用和理解的句子范围都是无限的。"①

递归是体现"有限手段的无限运用"的最好办法。乔姆斯基提出的"文法"就恰恰采用了递归的办法。

第三种办法，是提出一种装置来检验输入符号串，从而识别该符号串是不是语言 L 中的成立句子。如果是成立句子，这个装置就接收它；如果是不成立句子，这个装置就不接收它。乔姆斯基把这样的装置叫做自动机（automata），它是语言的识别程序（recognizer），记为 R。

由此可见，刻画某类语言的有效手段，是文法和自动机。文法用于生成此类语言，而自动机则用于识别此类语言。文法和自动机是形式语言理论的基本内容。如果要想了解乔姆斯基关于语言"生成"的基本概念，必须认真地研究他的形式语言理论中关于文法的论述，否则，我们就很难理解"生成"这一概念的实质。至于乔姆斯基在自动机方面所做的许多十分有意义的工作，本书就不再介绍了。

ϑϑΦΔ 乔姆斯基从形式上把文法定义为四元组：

$$G = (V_N, V_T, S, P)$$

其中，V_N 是非终极符号，不能处于生成过程的终点；V_T 是终极符号，能处于生成过程的终点。

显然，V_N 与 V_T 构成了 V，V_N 与 V_T 不相交，没有公共元素。我们用 ∪ 表示集合的并，用 ∩ 表示集合的交，则有

$$V = V_N \cup V_T$$

$$V_N \cap V_T = \phi \text{（}\phi\text{表示空集合）}$$

---

① N. Chomsky，《乔姆斯基序》，载《乔姆斯基语言理论介绍》，第 1－2 页，1982 年，黑龙江大学出版社。

V_N 中的符号用大写拉丁字母表示；V_T 中的符号用小写拉丁字母表示；符号串用希腊字母表示，有时也可以用拉丁字母表中排在后面的如 w 之类的小写字母来表示。

S 是 V_N 中的初始符号，它是生成过程的起点。

P 是重写规则，其一般形式为：

$$\varphi \to \Psi$$

这里，φ 是 V^+ 中的符号串，Ψ 是 V^* 中的符号串，也就是说，$\varphi \neq \phi$，而可以有 $\Psi = \phi$。

如果用符号#来表示符号串中的界限，那么，可以从初始符号串#S#开始，运用重写规则#S#→#φ_1#，从#S#构成新的符号串#φ_1#，再运用重写规则#φ_1#→#φ_2#，从#φ_1#构成新的符号串#φ_2#……一直重写下去，当得到不能再继续重写的符号串#φ_n#才停止。这样得到的终极符号串#φ_n#，显然就是语言 L（G）的成立句子。

重写符号"→"读为"可重写为"，它要满足如下条件：

i. →不是自反的；

ii. $A \in V_N$，当且仅当存在 φ、Ψ 和 ω，使得 $\varphi A \Psi \to \varphi \omega \Psi$[①]；

iii. 不存在任何的 φ、Ψ 和 ω，使得 $\varphi \to \Psi$#ω；

iv. 存在元素对（χ_1，ω_1）…，（χ_n，ω_n）的有限集合，使得对于一切的 ψ、Ψ，当且仅当存在 φ_1、φ_2 及 $j \leqslant n$ 时，$\varphi = \varphi_1 \chi_j \varphi_2$ 和 $\Psi = \varphi_1 \omega_j \varphi_2$，那么，$\varphi \to \Psi$。

可见，文法包含着有限个规则 $\chi_j \to \omega_j$，这些规则充分地确

---

① "当且仅当"是数学上表示充分必要条件的一种习惯说法，它的含义是"在某种条件下，而且只在这种条件下"。

216

定了该文法全部可能的生成方式。这样，用这有限数目的规则，就可以递归地生成语言中无限数目的句子。

例如，在英语中，有如下的文法：

G＝（V_N，V_T，S，P）

V_N＝｛NP，VP，T，N，V｝

V_T＝｛the，man，boy，ball，saw，hit，took…｝

S＝S

P：

S→NP⌢VP   （ⅰ）

NP→T⌢N   （ⅱ）

VP→V⌢NP   （ⅲ）

T→the   （ⅳ）

N→boy，ball，man…   （ⅴ）

V→hit，saw，took…   （ⅵ）

这里，初始符号 S 表示句子，NP 表示名词短语，VP 表示动词短语（注意不要跟表示字母表的那个符号 V 相混）。

利用这些重写规则，可以从初始符号 S 开始，生成英语的成立句子"the boy hit the ball"，"the man saw the ball"，"the man took the ball"，"the man hit the ball"等等。

"the boy hit the ball"的生成过程可写成如下形式，后面注明所用重写规则的号码：

S

NN⌢VP   （ⅰ）

T⌢N⌢VP   （ⅱ）

T⌢N⌢V⌢NP   （ⅲ）

the⌢N⌢V⌢NP   （ⅳ）

217

the⌒boy⌒V⌒NP （ⅴ）

the⌒boy⌒hit⌒NP （ⅵ）

the⌒boy⌒hit⌒T⌒N （ⅱ）

the⌒boy⌒hit⌒the⌒N （ⅳ）

the⌒boy⌒hit⌒the⌒ball （ⅴ）

这样写出来的生成过程，叫做推导史（derivational history）。

当然，由于这里写出的文法只是英语文法的一个小片段，因而用这样的文法生成的语言，也只是英语的一小部分。

文法也可生成符号语言。例如，可提出如下的文法：

$G = (V_N, V_T, S, P)$

$V_N = \{S\}$

$V_T = \{a, b, c\}$

$S = S$

P：

S→aca （ⅰ）

S→bcb （ⅱ）

S→aSa （ⅲ）

S→bSb （ⅳ）

利用这个文法，可以生成所谓"有中心元素的镜像结构语言"，这种语言的句子由三部分构成：第一部分是若干个 a 和若干个 b 相毗连；第二部分是单个的符号 c；第三部分是在 c 后与第一部分成镜像关系的若干个 a 和若干个 b 的毗连，如 abcba, bbacabb, ababacababa……。这种结构，叫做镜像结构。如果用 α 表示集合 $\{a, b\}$ 上的任意非空符号串，用 $α^*$ 表示 α 的镜像，则这种语言可表示为 $\{αcα^*\}$。

如果我们要生成符号串 abbaacaabba，那么，从 S 开始的推导史如下：

$$S$$
$$aSa \qquad (\text{iii})$$
$$abSba \qquad (\text{iv})$$
$$abbSbba \qquad (\text{iv})$$
$$abbaSabba \qquad (\text{iii})$$
$$abbaacaabba \qquad (\text{i})$$

显然，由这个文法生成的语言的符号串，其数目是无限的。

下面，我们来给文法 G 所生成的语言 L（G）下一个形式化的定义。为此，要引入表示 V^* 上的符号串之间关系的符号 $\underset{G}{\Rightarrow}$ 及 $\underset{G}{\overset{*}{\Rightarrow}}$。

先对这两个符号的含义作一说明。

如果 $\alpha \rightarrow \beta$ 是 P 的重写规则，φ_1 和 φ_2 是 V^* 上的任意符号串，应用重写规则 $\alpha \rightarrow \beta$ 于符号串 $\varphi_1 \alpha \varphi_2$，得到符号串 $\varphi_1 \beta \varphi_2$。那么，可写为 $\varphi_1 \alpha \varphi_2 \underset{G}{\Rightarrow} \varphi_1 \beta \varphi_2$，读为：在文法 G 中，$\varphi_1 \alpha \varphi_2$ 直接推导出 $\varphi_1 \beta \varphi_2$。就是说，当应用某个单独的重写规则从第一个符号串得到第二个符号串的时候，$\underset{G}{\Rightarrow}$ 表示这两个符号串之间的直接推导关系。

假定 α_1，α_2，…，α_m 是 V^* 上的符号串，并且 $\alpha_1 \underset{G}{\Rightarrow} \alpha_2$，$\alpha_2 \underset{G}{\Rightarrow} \alpha_3$，…，$\alpha_{m-1} \underset{G}{\Rightarrow} \alpha_m$，那么，这种关系可以写为 $\alpha_1 \underset{G}{\overset{*}{\Rightarrow}} \alpha_m$，读为：在文法 G 中，$\alpha_1$ 推导出 α_m。由此可见，$\underset{G}{\overset{*}{\Rightarrow}}$ 表示 α_1 和 α_m 这两个符号串之间的推导关系。换句话说，如果应用 P 中的若干个重写规则由 α 得到 β，那么，对于两个符号串 α 与 β，就有 $\alpha \underset{G}{\overset{*}{\Rightarrow}} \beta$。

这样，由文法 G 生成的语言 L（G）的形式化定义为：L（G）= {W | W 在 V_T^* 中，并且 $S \underset{G}{\overset{*}{\Rightarrow}} W$}。

这个定义的含义是：对于一切符号串 W 的集合，W 在 V_T^* 中，并且有 $S \underset{G}{\overset{*}{\Rightarrow}} W$，那么。符号串 W 的集合就是由文法 G 生成的语言 L（G）。

由此可见，一个符号串处于 L（G）中要满足两个条件：

条件 1：该符号串只包括终极符号；

条件 2：该符号串能从初始符号 S 推导出来。

同一语言可由不同的文法来生成，如果 L（G_1）= L（G_2），则文法 G_1 等价于文法 G_2。

前面所定义的文法 G =（V_N，T_T，S，P），其重写规则为 φ→ψ，并且要求 φ ≠ φ。这样定义的文法，其生成能力太强了。为此，乔姆斯基给这样的文法加上了程度各不相同的一些限制，从而得到了生成能力各不相同的几类文法。

限制 1：如果 φ→ψ，那么，存在 A，$φ_1$，$φ_2$，ω，使得 φ = $φ_1 A φ_2$，ψ = $φ_1 ω φ_2$。

限制 2：如果 φ→ψ，那么，存在 A，$φ_1$，$φ_2$，ω，使得 φ = $φ_1 A φ_2$，ψ = $φ_1 ω φ_2$，并且 A→ω。

限制 3：如果 φ→ψ，那么，存在 A，$φ_1$，$φ_2$，ω，a，Q，使得 φ = $φ_1 A φ_2$，ψ = $φ_1 ω φ_2$，A→ω，并且 ω = a Q 或 ω = a，因而，A→a Q 或 A→a。

限制 1 要求文法的重写规则全都具有形式 $φ_1 A φ_2$→$φ_1 ω φ_2$，这样的重写规则在上下文 $φ_1$—$φ_2$ 中给出 A→ω。显然，在这种情况下，ψ 这个符号串的长度（即 ψ 中的符号数）至少等于或者大于 φ 这个符号串的长度（即 φ 中的符号数），如果用 | ψ | 和 | φ | 分别表示符号串 ψ 和 φ 的长度，则有 | ψ | ≥

｜φ｜。由于在重写规则 $\varphi_1 A\varphi_2 \rightarrow \varphi_1 \omega\varphi_2$ 中，每当 A 出现于上下文 φ_1—φ_2 中的时候，可以用 ω 来替换 A，因此，把加上了限制 1 的文法叫做上下文有关文法（Context – Sensitive grammar）或 1 型文法（type 1 grammar）。

限制 2 要求文法的重写规则全都具有形式 A→ω，这时上下文 φ_1—φ_2 是空的，在运用重写规则时不依赖于单个的非终极符号 A 所出现的上下文环境。因此，把加上了限制 2 的文法叫做上下文无关文法（Context – free grammar）或 2 型文法（type 2 grammar）。

限制 3 要求文法的重写规则全都具有形式 A→a Q 或 A→a，其中，A 和 Q 是非终极符号，a 是终极符号。这种文法叫做有限状态文法（finite state grammar）或 3 型文法（type 3 grammar），有时也叫做正则文法（regular grammar）。

没有上述限制的文法，叫做 O 型文法（type O grammar）。

显而易见，每一个有限状态文法都是上下文无关的；每一个上下文无关文法都是上下文有关的；每一个上下文有关文法都是 O 型的。乔姆斯基把由 O 型文法生成的语言叫 O 型语言（type O language）；把由上下文有关文法、上下文无关文法和有限状态文法生成的语言分别叫做上下文有关语言（context-sensitive language）、上下文无关语言（context – free language）和有限状态语言（finite State language），也可以分别叫做 1 型语言（type 1 language）、2 型语言（type 2 language）和 3 型语言（type 3 language）。

由于从限制 1 到限制 3 的限制条件是逐渐增加的，因此，不论对于文法或对于语言来说，都存在着如下的包含关系：

0 型 ⊇ 1 型 ⊇ 2 型 ⊇ 3 型①

可图示为图 11 – 1：

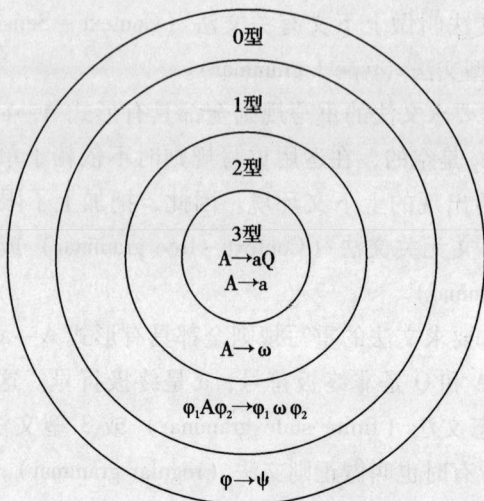

图 11 – 1　文法和语言的分类

　　上述四种类型的方法及其所生成的语言的卓越见解，是乔姆斯基对于形式语言理论的最为重要的贡献，在计算机科学界，人们把它称之为乔姆斯基分类（Chomsky classification）。

　　下面进一步对这四种类型的文法加以说明。

1. 有限状态文法

　　有限状态文法的重写规则为 A→a Q 或 A→a（A→a 只不过是 A→a Q 中，当 Q = φ 时的一种特殊情况）。如果把 A 和 Q 看成不同的状态，那么，由重写规则可知，当状态 A 转入状态 Q 时，可生成一个终极符号 a。这样，便可把有限状态文法想象为一种生成装置，这种装置每次能够生成一个终极符号，

---

①　⊇表示包含关系，A⊇B 表示 B 包含于 A 中，B 也可以等于 A。

而每一个终极符号都与一个特定的状态相联系。

我们改用字母 q 来表示状态，如果这种生成装置原先处于状态 q_i，那么，生成一个终极符号后，就转到状态 q_j；在状态 q_j 再生成一个终极符号后，就转到状态 q_k，等等。这种情况，可用状态图（State diagram）来表示。

例如，如果这种生成装置原先处于某一状态 q_0，生成一个终极符号 a 后，转入状态 q_1，那么，其状态图为 11 - 2。

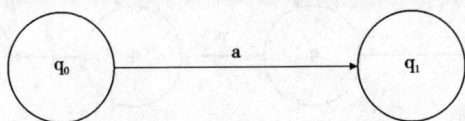

图 11 - 2　生成语言 a 的状态图

它生成的语言是 a。

如果这种生成装置原先处于状态 q_0，生成终极符号 a 后，转入状态 q_1，在状态 q_1 再生成终极符号 b 后，转入状态 q_2，那么，其状态图为 11 - 3。

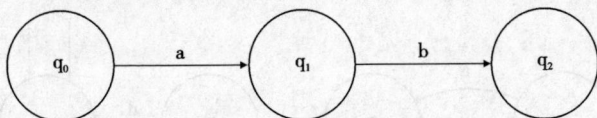

图 11 - 3　生成语言 ab 的状态图

它生成的语言是 ab。

如果这种生成装置处于状态 q_0，生成终极符号 a 后，又回到 q_0，那么，其状态图为 11 - 4。

这种状态图叫做圈（loop），它生成的语言是 a, aa, aaa, aaaa, 等等，可简写为 $\{a^n\}$，其中，$n \geq 0$。

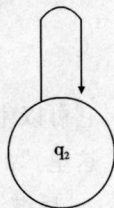

图 11 - 4　生成语言 $\{a^n\}$ 的状态图

如果这种生成装置处于状态 q_0，生成终极符号 a 后转入状态 q_1，在状态 q_1，或者生成终极符号 b 后再回到 q_1，或者生成终极符号 c 后转入状态 q_2，在状态 q_2，或者生成终极符号 b 再回到状态 q_2，或者生成终极符号 a 后转入状态 q_3，那么，其状态图为 11 - 5：

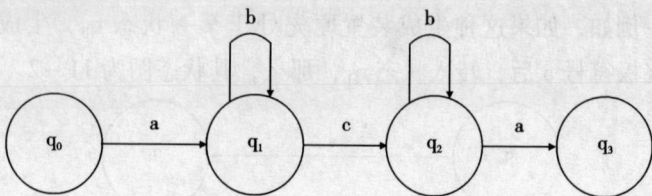

图 11 - 5　生成语言 $\{ab^n cb^m a\}$ 的状态图

　　它生成的语言是 aca，abca，abcba，abbccba，abcbba ……，可简写为 $\{ab^n cb^m a\}$，其中 $n \geq 0$，$m \geq 0$。

　　这种生成装置在生成了若干个终极符号之后，还可转回到前面的状态，构成一个大的封闭圈。例如下面的状态图：

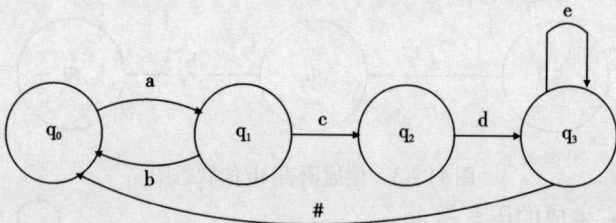

图 11 - 6　含有大封闭圈的状态图

　　它可以生成如 acde#，abacdee#，abacdacdeee# 等终极符号串，这里 "#" 表示符号串的终点。但是，它还可以进入初始状态 q_0 后继续生成新的符号串，q_0 既是初始状态，又是最后状态。这个状态图生成的语言，可简写为 $\{a (ba)^n cde^m\}$，其中，$n \geq 0$，$m \geq 0$。

可见，给出一个状态图，就可以按着图中的路，始终顺着箭头所指的方向来生成语言。当达到图中的某一状态时，可以沿着从这一状态引出的任何一条路前进，不管这条路在前面的生成过程中是否已经走过；在从一个状态到另一个状态时，可以容许若干种走法；状态图中还可以容许任意有限长度的、任意有限数目的圈。这样的生成装置，在数学上叫做有限状态马尔可夫过程（finite state Markov process）。

状态图是有限状态文法的形象表示法，因此，根据状态图就可以轻而易举地写出其相应的有限状态文法。

例如，与图 11 – 6 中的状态图相应的有限状态文法如下：

$G = (V_N, V_T, S, P)$

$V_N = \{ q_0, q_1, q_2, q_3 \}$

$V_T = \{a, b, c, d, e, ^\# \}$

$S = q_0$

$P:$

$q_0 \rightarrow aq_1$

$q_1 \rightarrow bq_0$

$q_1 \rightarrow cq_2$

$q_2 \rightarrow dq_3$

$q_3 \rightarrow eq_3$

$q_3 \rightarrow {}^\# q_0$

在这个文法中，q_0, q_1, q_2, q_3 表示状态，它们都是非终极符号，不难看出，P 中和各个重写规则都符合于有限状态文法重写规则的形式。

然而，由于有限状态文法的重写规则限制较严，它存在着不少的缺陷。

第一，有一些由非常简单的符号串构成的形式语言，不能由有限状态文法生成。乔姆斯基举出了如下三种形式语言：

（1）ab, aabb, aaabbb……，它的全部句子都是由若干个 a 后面跟着同样数目的 b 组成的，这种形式语言可表示为 $L_1 = \{a^n b^n\}$，其中，$n \geq 1$。

（2）aa, bb, abba, baab, aaaa, bbbb, aabbaa, abbbba ……，这种形式语言是没有中心元素的镜像结构语言。如果用 α 表示集合 $\{a, b\}$ 上的任意非空符号串，用 α^* 表示 α 的镜像，那么，这种语言可表示为 $L_2 = \{\alpha \alpha^*\}$。

（3）aa, bb, abab, aaaa, bbbb, aabaab, abbabb ……，它的全部句子是由若干个 a 或若干个 b 构成的符号串 α，后面跟着而且只跟着完全相同的符号串 α 而组成的，如果用 α 表示集合 $\{a, b\}$ 上的任意非空符号串，那么，这种语言可表示为 $L_3 = \{\alpha \alpha\}$。

L_1，L_2，L_3 都不能由有限状态文法生成，可见，这种文法的生成能力是不强的。

第二，在英语中存在着如下形式的句子：

（1）If S_1, then S_2.

（2）Either S_3, or S_4.

（3）The man who said S_5, is arriving today.

在这些句子中，if—then, either—or, man—is 存在着相依关系，这种句子，与乔姆斯基指出的、具有镜像特性的形式语言 L_2 很相似，也是不能用有限状态文法生成的。

第三，有限状态文法不适于描写自然语言。例如，可以提出一个有限状态文法来生成两个英语句子 the bird sings the song（那只鸟唱歌），the birds sing the song（那些鸟唱歌），其

状态图如下:

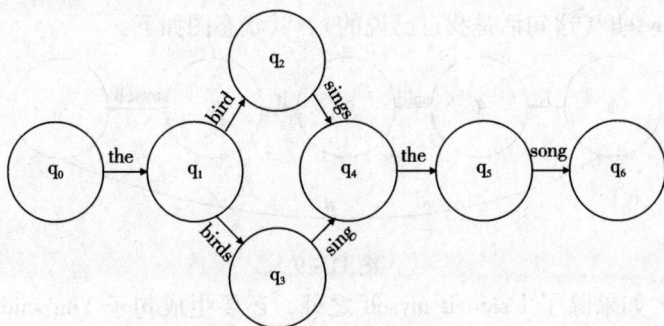

图 11 - 7   一个状态图生成两个英语句子

如果在状态 q_1 处加一个圈,记作 big,在状态 q_5 处加一个圈,记作 pretty,则状态图变为:

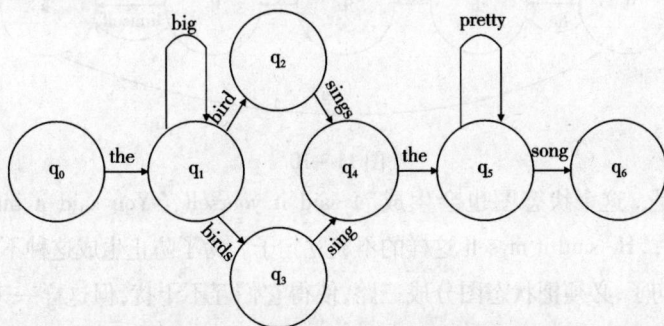

图 11 - 8   在图 11 - 7 上加了两个圈

这时,这个有限状态文法除了能生成上面两个句子之外,还可以生成 the big bird sings the song, the bird sings the pretty song, the big bird sings the pretty song, the big birds sing the pretty song, *the big bird sings the pretty song, *the big big bird sings the pretty pretty song 等句子。可以看出,其中打了"*"号的句子在英语中是不成立的。

227

又如，可提出这样的有限状态文法来生成英语句子 I said it myself（这句话是我自己说的），其状态图如下：

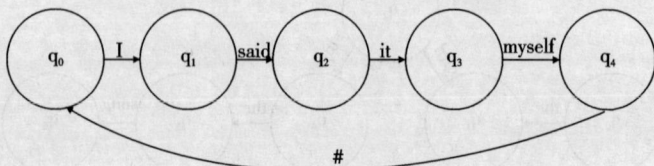

图 11-9

如果除了 I said it myself 之外，还要生成句子 You said it yourself（这句话是你自己说的），He said it himself（这句话是他自己说的），则可提出这样的状态图，如图 11-10 所示：

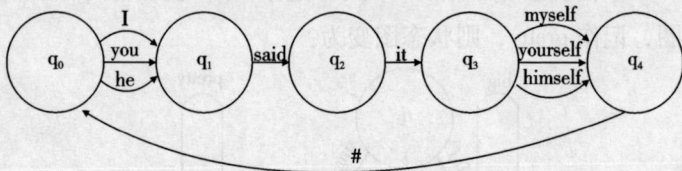

图 11-10

但是，这个状态图也会生成 *I said it yourself，*You said it himself，*He said it myself 这样的不成立句子。为了防止生成这种不成立句子，必须把状态图分成三路，使得它们互不干扰，但这样一来，状态图就得变成如图 11-11 的样子，比图 11-10 复杂得多了。

如果要把 in last evening（在昨晚上）这样的短语加在每句之后作状语，那么，就得在图 11-11 的状态图中的 q_4、q_8、q_{12} 之后分别再加上如状态图 11-12。

并且还要重新调整生成分界符号"#"的状态。

这样一来，状态图就变得更加复杂了。

几个简单句子的状态图已经这么复杂，如果要生成英语中的一篇文章，一本书，其状态图之复杂也就可想而知了。

228

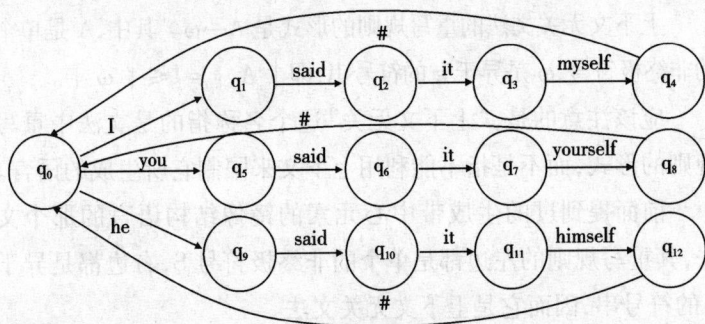

图 11 – 11

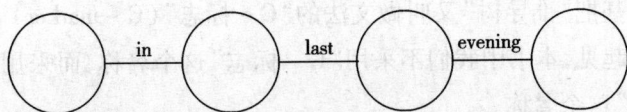

图 11 – 12

由此可见，有限状态文法作为一种刻画自然语言的模型是不行的。

第四，有限状态文法仅只能说明语言中各个符号的排列顺序，而不能说明语言的层次，因此，不能解释语言中的许多歧义现象（ambiguity）。如 old men and women 这个短语有两个意思：一个意思是"一些年老的男人和一些女人"（男人都是年老的，而女人未必都是年老的）；一个意思是"一些年老的男人和一些年老的女人"（男人和女人都是年老的）。这种现象不能用有限状态文法来说明其线性排列顺序上有何差异，也不能通过线性排列顺序的差异来解释。可见，有限状态文法对语言现象的解释力不强。

2. 上下文无关文法

为了克服有限状态文法的上述缺陷，乔姆斯基提出了上下文无关文法。

229

上下文无关文法的重写规则的形式是 A→ω。其中,A 是单个的非终极符号,ω 是异于 ε 的符号串,即 | A | =1≤ | ω | 。

应该注意的是,"上下文无关"这个名称指的是文法中重写规则的形式,而不是指不能利用上下文来限制它所生成的语言。

前面提到过的生成带中心元素的镜像结构语言的那个文法,其重写规则的左边都是单个的非终极符号 S,右边都是异于 ε 的符号串,因而它是上下文无关文法。

上下文无关文法的推导过程,是由"推导树"来描述的。乔姆斯基把"推导树"又叫做文法的"C – 标志"(C – marker)。为直观起见,本书中我们不采用"C – 标志"这个名称,而采用"推导树"这个名称。

树是图论中的一个概念。树由边(edge)和结(node)组成,它是由边连接着的结组成的有限集合。如果一个边由结 1 指向结 2,那么,就说边离开结 1 而进入结 2。如图 11 – 13 所示:

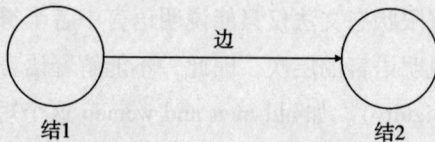

图 11 – 13　树由边和结组成

树要满足如下三个条件:

(1)树中要有一个没有任何边进入的结,这个节叫做根(root);

(2)对于树中的每一个结,都要有一系列的边与根连接着;

(3)除根以外,树中的每一个结都只能有一个边进入它,因此,树中没有圈。

如果有一个边离开给定的结 m,而进入结 n,那么,所有的结 n 的集合就叫做结 m 的直接后裔（direct descendant）。如果有一系列的结 n_1，n_2，…，n_k，使得 $n_1 = m$，$n_k = n$，并且对于每一个 i 来说，n_{i+1} 是 n_i 的直接后裔，那么，结 n 就叫做结 m 的后裔（descendant）。并且规定，一个结是它自身的后裔。

对于树中的每一个结，可以把其直接后裔按顺序从左到右排列起来。

设 $G = (V_N, V_T, S, P)$ 是上下文无关文法，如果有某个树满足如下条件，它就是 G 的推导树：

（1）每一个结有一个标号，这个标号是 V 中的符号；

（2）根的标号是 S；

（3）如果结 n 至少有一个异于其本身的后裔，并有标号 A，那么，A 必定是 V_N 中的符号；

（4）如果结 n_1，n_2，…，n_k 是结 n 的直接后裔，从左到右排列，其标号分别为 A_1，A_2，…，A_k，那么，

$A \rightarrow A_1 A_2 \cdots A_K$

必是 P 中的重写规则。

例如，我们来考虑这样的文法：

$G = (V_N, V_T, S, P)$

$V_N = \{A, S\}$

$V_T = \{a, b\}$

$S = S$

P：

　　$S \rightarrow aAS$

　　$A \rightarrow SbA$

　　$S \rightarrow a$

　　$A \rightarrow ba$

这个文法的四个重写规则，左边都是单个的非终极符号 S 或者 A，右边都是异于 ε 的符号串，因而它是上下文无关文法。

现在我们画出这个文法的推导树。为了便于说明，我们用圆圈表示结，把结编上号码，把标号注在结的旁边，边的方向都假定是直接向下的，不再用箭头标出。这个推导树如图：

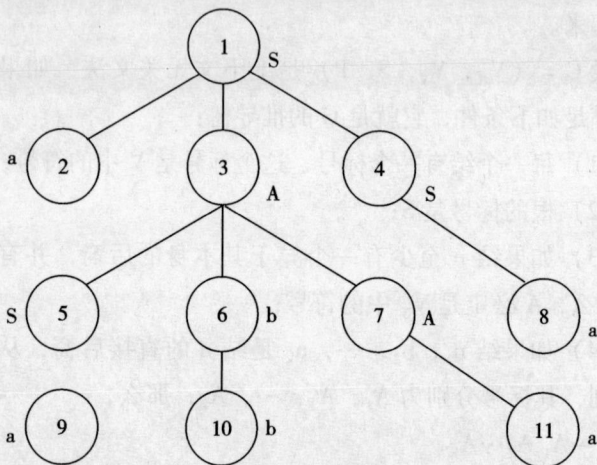

图 11 - 14　推导树

从这个推导树中可以看出，1，3，4，5，7 等结都有直接后裔。结 1 的标号为 S。其直接后裔的标号从左算起为 a，A 和 S，因而 S→aAS 是重写规则。结 3 的标号为 A，其直接后裔的标号从左算起为 S，b，A，因而 A→SbA 是重写规则。结 4 和结 5 的标号为 S，它们每一个的直接后裔的标号为 a，因而 S→a 是重写规则。结 7 的标号为 A，其直接后裔的标号从左算起为 b 和 a，因而 A→ba 也是重写规则。由此可见，刚才画出的文法 G 的推导树，满足了推导树所要求的各个条件。

在任何树中，总有一些结是没有后裔的，这样的结叫做叶（leaf）。如果从左到右读推导树中各个叶的标号，就可以得到一个终极符号串，这个终极符号串叫做推导树的结果（result）。可以证明，如果 α 是上下文无关文法 G =（V_N，V_T，S，P）的结果，则 $S \underset{G}{\overset{*}{\Rightarrow}} \alpha$。例如，在上述推导树中，各个叶从左到右的编号为 2，9，6，10，11 和 8，它们的标号分别是 a，a，b，b，a，a，则推导树的结果 α = aabbaa，因此，$S \underset{G}{\overset{*}{\Rightarrow}}$ aabbaa。

在实际使用中，常常将推导树的结及其编号去掉，把推导树加以简化。例如，前面的推导树可简化为图 11 – 15：

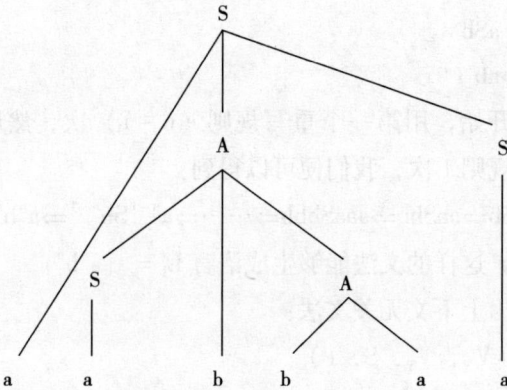

图 11 – 15　简化的推导树

也可以把这个过程写为：

S⇒aAS⇒aSbAS⇒aabAS⇒aabbaS⇒aabbaa。

仍然用这个文法的重写规则，如果改换推导过程，还可以得到该文法生成的其他终极符号串。例如：

S⇒aAS⇒abaS⇒abaa。

上下文无关文法克服了有限状态文法的缺陷，它具有如下的优点：

第一，上下文无关文法的生成能力比有限状态文法强。乔

233

姆斯基指出的语言 $L_1 = \{a^n b^n\}$ 及语言 $L_2 = \{\alpha\alpha^*\}$，不能由有限状态文法生成。但可以用上下文自由文法来生成。现在我们就来生成语言 L_1 及 L_2。

提出上下文无关文法：

$G = (V_N, V_T, S, P)$

$V_N = \{S\}$

$V_T = \{a, b\}$

$S = S$

P：

    $S \rightarrow aSb$

    $S \rightarrow ab$

从 S 开始，用第一个重写规则（n-1）次，然后再用第二个重写规则 1 次，我们便可以得到：

$S \Rightarrow aSb \Rightarrow aaSbb \Rightarrow aaaSbbb \Rightarrow \cdots\cdots \Rightarrow a^{n-1}Sb^{n-1} \Rightarrow a^n b^n$

可见，这样的文法能够生成语言 $L_1 = \{a^n b^n\}$

又提出上下文无关文法：

$G = (V_N, V_T, S, P)$

$V_N = \{S\}$

$V_T = \{a, b\}$

$S = S$

P：

    $S \rightarrow aa$

    $S \rightarrow bb$

    $S \rightarrow aSa$

    $S \rightarrow bSb$

这样的文法可生成语言 $L_2 = \{\alpha\alpha^*\}$。例如，如果要生成

语言 $\{\alpha\alpha^*\}$ 中的符号串 babbbbab，其推导过程如下：

$S \Rightarrow bSb \Rightarrow baSab \Rightarrow babSbab \Rightarrow babbbbab$。

可是，用上下文无关文法不能生成语言 $L_3 = \{\alpha\alpha\}$，它的生成能力也是有一定限度的。

第二，为了用上下文无关文法来描写自然语言，乔姆斯基得出了乔姆斯基范式（Chomsky normal form）。他证明了，任何上下文无关语言，均可由重写规则为 A→BC 或 A→a 的文法生成，其中，A，B，$C \in V_N$，$a \in V_T$。

利用这样的乔姆斯基范式，可把任何上下文无关文法的推导树简化为二元形式，也就是把它变成二叉的推导树。

例如，生成上下文无关语言 $\{a^n cb^{2n}\}$ 的文法的重写规则为：

S→aCbb

C→aCbb

C→c

如果生成符号串 aacbbbb，其推导树如图 11－16。

现在把这个文法的三个重写规则改写为乔姆斯基范式。

在这三个重写规则中，C→c 是符合乔姆斯基范式要求的，不必再变换。我们先把 S→aCbb 及 C→aCbb 的右边换为非终极符号，用 S→ACBB 及 A→a，B→b 替换 S→aCbb，用 C→ACBB 及 A→a，B→b 替换 C→aCbb，然后，再把 S→ACBB，C→ACBB 的右边换成二元形式，用 S→DE，D→AC 及 E→BB 替换 S→ACBB，用 S→DE，D→AC 及 E→BB 替换 C→ACBB。这样，便得到了如下符合乔姆斯基范式要求的文法的重写规则：

S→DE

D→AC

E→BB

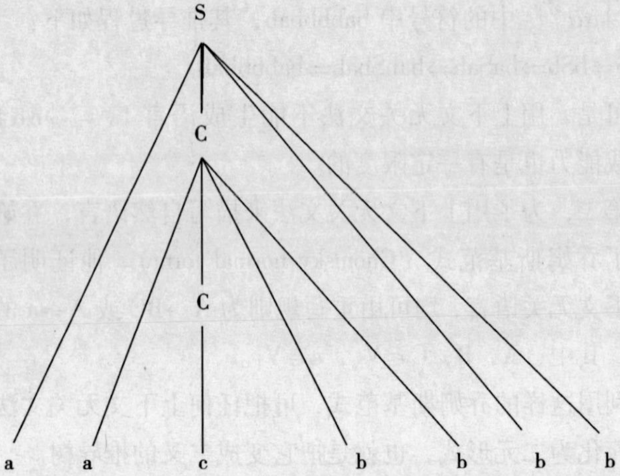

图 11 - 16　生成语言 $\{a^n cb^{2n}\}$ 的推导树

C→DE

A→a

B→b

C→c

用乔姆斯基范式，可将符号串 aacbbbb 的推导树简化为二元形式的二叉树：

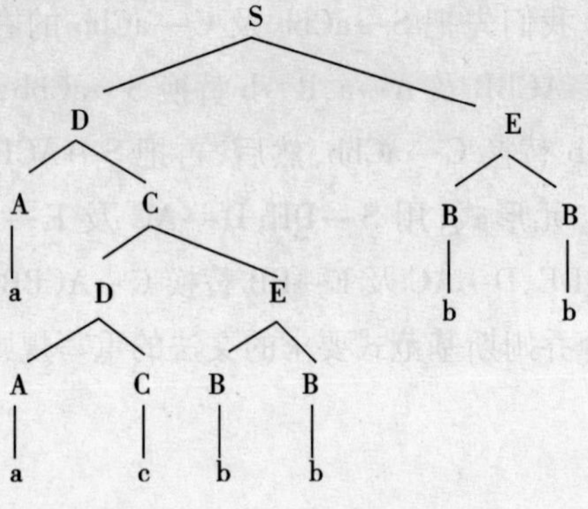

图 11 - 17　二元形式的推导树

236

在乔姆斯基范式中，重写规则及推导树都具有二元形式，这就为自然语言的形式描写提供了数学模型。

我们知道，自然语言中的句法结构一般都是二分的，因而一般都具有二元形式。美国结构主义语言学中提出的 IC 分析法，其直接成分一般都是二分的。也就是说，一个复杂的语言形式，不能一下子就分析为若干个语素，而要按下面的步骤逐层地进行分析：

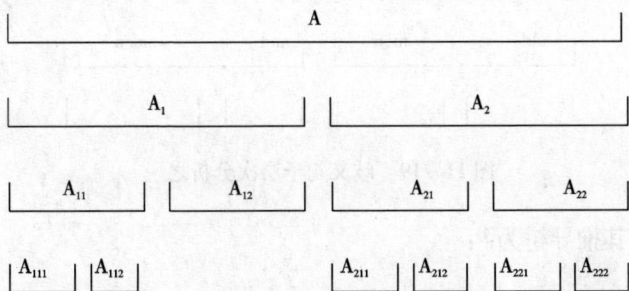

图 11－18　IC 分析法示意图

从图 11－18 中可以看出，我们不是把 A 一下子就分成 A_{111}，A_{112}，A_{12}，A_{211}，A_{212}，A_{221}，A_{222} 这七部分有的，而是先把 A 分成 A_1 和 A_2 两部分，然后再把 A_1 分成 A_{11} 和 A_{12} 两部分，把 A_2 分成 A_{21} 和 A_{22} 两部分，A_{11} 又分成 A_{111} 和 A_{112} 两部分，A_{21} 又分成 A_{211} 和 A_{212} 两部分……这样分析下去，一直分析到语素为止。人们通常把 A_1 和 A_2 叫做 A 的 IC，把 A_{11} 和 A_{12} 叫做 A_1 的 IC，把 A_{111} 和 A_{112} 叫做 A_{11} 的 IC。这正是 IC 分析法的基本原则。可见，上下文无关文法的乔姆斯基范式可以作为美国描写语言学 IC 分析法的数学说明。

由于乔姆斯基范式反映了自然语言结构的二分特性，因而通过该范式，可以使上下文无关文法在自然语言研究中得到广泛的应用。

例如，我们可以采用上下文无关文法的推导树，提示语言结构的层次特性，从而区别某些有歧义的句子或短语。

前述的 old men and women 这个有歧义的名词短语，用有限状态文法是不能加以说明的，但用上下文无关文法就可以从层次的角度得到圆满的说明。

当其意思是"一些年老的男人和一些女人"时，其层次为：

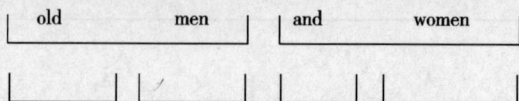

图 11-19　歧义句子层次分析之一

其推导树为①：

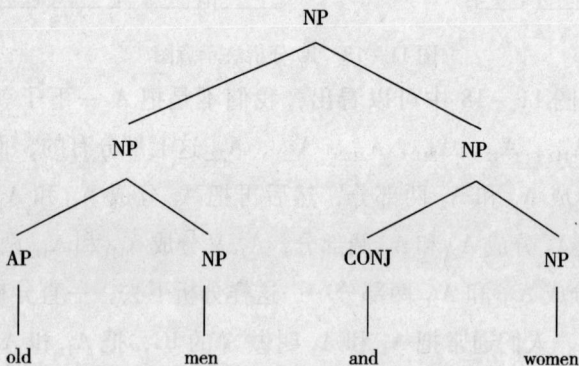

图 11-20　歧义句子的推导树之一

当其意思是"一些年老的男人和一些年老的女人"时，

---

① 图中，NP 表示名词短语，AP 表示形容词短语，CONJ 表示连接词。

其层次为：

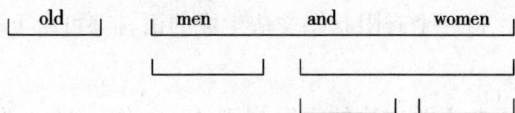

图 11 - 21　歧义句子层次分析之二

其推导树为：

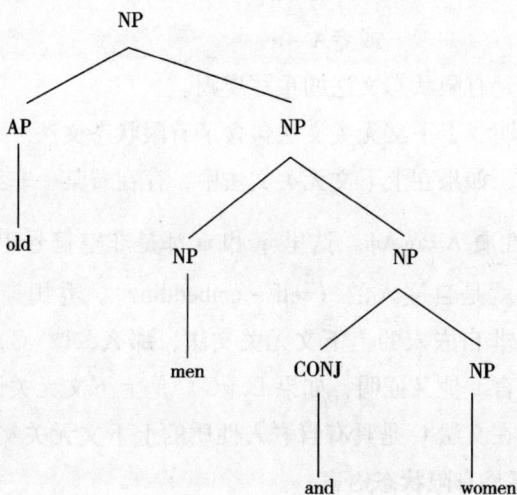

图 11 - 22　歧义句子的推导树之二

上下文无关文法采用这种二分的层次分析方法来揭示句子的内部结构规律。它说明，要判定两个语言片段是否同一，不仅要看组成这两个语言片段的词形是否相同，词序是否相同，而且还要看它们的层次构造是否相同。有限状态文法完全反映不了层次构造的情况。可见，上下文无关文法对语言现象的解释，比有限状态文法来得深入，它对语言现象的解释力，也比有限状态文法略胜一筹。

那么，上下文无关文法与有限状态文法之间存在什么样的关系呢？乔姆斯基指出了如下的关系：

第一，每一个有限状态文法生成的语言都可由上下文无关文法生成。

在上下文无关文法的重写规则 A→ω 中，当 ω 为 aQ 或 a 时，即得

$$A \rightarrow aQ$$
$$或者A \rightarrow a$$

这就是有限状态文法的重写规则。

这说明，上下文无关文法包含了有限状态文法。

第二，如果在上下文无关文法中，存在着某一非终极符号 A，具有性质 $A \underset{G}{\overset{*}{\Rightarrow}} \varphi A \psi$，这里 φ 和 ψ 都是非空符号串，那么，这个文法就是自嵌入的（self - embedding）。乔姆斯基证明，如果 G 是非自嵌入的上下文无关文法，那么，L（G）就是有限状态语言。他又证明，如果 L（G）是上下文无关语言，那么，只有在文法 G 是具有自嵌入性质的上下文无关文法时，L（G）才不是有限状态语言。

我们前面讨论过的 $\{a^n b^n\}$，$\{\alpha\alpha^*\}$，$\{\alpha c\alpha^*\}$，$\{a^n cb^{2n}\}$ 等上下文无关语言，不但在它们的文法的重写规则中，而且在用文法来生成符号串的过程中，都会出现 $A \underset{G}{\overset{*}{\Rightarrow}} \varphi A \psi$ 这样的推导式，具有自嵌入性质。因此，这些语言都不可能是有限状态语言，而是具有自嵌入性质的上下文无关语言。可见，确实存在着不是有限状态语言的上下文无关语言。

3. 上下文有关方法

上下文有关文法中的重写规则 P 的形式为 $\varphi \rightarrow \psi$，φ 和 ψ 都是符号串，并且要求 $|\psi| \geq |\varphi|$，也就是 ψ 的长度不

小于 φ 的长度。

现有一种语言 L ＝ ｛$a^n b^n c^n$｝，它是 n 个 a，n 个 b 和 n 个 c 相毗连而成的符号串（n≥1）。生成这种语言的文法 G 是：

G ＝（V_N，V_T，S，P）

V_N ＝｛S，B，C｝

V_T ＝｛a，b，c｝

S ＝ S

P：

$$S \rightarrow aSBC \qquad (i)$$

$$S \rightarrow aBC \qquad (ii)$$

$$CB \rightarrow BC \qquad (iii)$$

$$aB \rightarrow ab \qquad (iv)$$

$$bB \rightarrow bb \qquad (v)$$

$$bC \rightarrow bc \qquad (vi)$$

$$cC \rightarrow cc \qquad (vii)$$

从 S 开始，用规则（i）n－1 次，得到

$$S \underset{G}{\overset{*}{\Rightarrow}} a^{n-1} S (BC)^{n-1},$$

然后用规则（ii）1 次，得到

$$S \underset{G}{\overset{*}{\Rightarrow}} a^n (BC)^n,$$

规则（iii）可以把 $(BC)^n$ 变换为 $B^n C^n$。例如。如果 n＝3，有

aaaBCBCBC ⇒ aaaBBCCBC ⇒ aaaBBCBCC
⇒ aaaBBBCCC，

这样，$S \underset{G}{\overset{*}{\Rightarrow}} a^n B^n C^n$，

接着，用规则（iv）1 次，得到

$$S \underset{G}{\overset{*}{\Rightarrow}} a^n b B^{n-1} c^n,$$

然后，用规则（v）n－1次，得到

$$S \overset{*}{\underset{G}{\Rightarrow}} a^n b^n C^n,$$

最后，用规则（vi）1次及规则（vii）n－1次，得到

$$S \overset{*}{\underset{G}{\Rightarrow}} a^n b^n c^n.$$

在这个文法中，它的各个重写规则的右边的符号数大于或等于左边的符号数，满足条件 $|\psi| \geq |\varphi|$，因此，这个文法是上下文有关文法。

乔姆斯基指出，上下文有关文法与上下文无关文法之间存在着如下关系：

第一，每一个上下文无关文法都包含于上下文有关文法之中。

在上下文有关文法的重写规则 $\varphi \to \psi$ 中，φ 和 ψ 都是符号串，当重写规则左边的符号串退化为一个单独的非终极符号 A 时，即有 A$\to\psi$，由于 ψ 是符号串，因而可用 ω 代替，即得 A$\to\omega$。这就是上下文无关文法的重写规则。

第二，存在着不是上下文无关语言的上下文有关语言。

例如，乔姆斯基指出的不能用有限状态文法来生成的语言 $L_3 = \{\alpha\alpha\}$，也不能用上下文无关文法来生成。但是，它却可以用上下文有关文法来生成。生成这种语言的文法如下：

$G = (V_N, V_T, S, P)$

$V_N = \{S\}$

$V_T = \{a, b\}$

$S = S$

$P:$

$S \to aS$ （i）

$S \to bS$ （ii）

$aS \to \alpha\alpha$ （iii）

在规则（iii）中，α 是集合 ｛a，b｝ 上的任意非空符号串，由于 αS 的长度不大于 αα 的长度，并且 αS 不是单个的非终极符号而是符号串，所以，这个文法不可能是上下文无关文法，而是上下文有关文法。

例如，语言 abbabb 可以用如下的办法来生成；

从 S 开始，用规则（i）1 次，得到 S⇒S，用规则（ii）两次，得到 S$\underset{G}{\overset{*}{\Rightarrow}}$abbS，用规则（iii）1 次，得到 S$\underset{G}{\overset{*}{\Rightarrow}}$abbabb。

可见，上下文有关文法的生成能力，比有限状态文法和上下文无关文法都强。但是，由于上下文无关文法可以采用乔姆斯基范式这一有力的手段来实现层次分析，所以，在自然语言描写中，人们还是乐于采用上下文无关文法。

4. O 型文法

O 型文法的重写规则是 φ→ψ，除了要求 φ≠Ψ 之外，没有别的限制。乔姆斯基证明，每一个 O 型语言都是符号串的递归可枚举集；并且证明，任何一个上下文有关语言同时又是 O 型语言，而且还存在着不是上下文有关语言的 O 型语言。因此，上下文有关语言应包含于 O 型语言之中，它是 O 型语言的子集合。

但是，由于 O 型文法的重写规则几乎没有什么限制，用于描写自然语言颇为困难，它的生成能力太强，会生成难以数计的不成立句子。所以，在乔姆斯基的四种类型的文法中，最适于描写自然语言的还是上下文无关文法。

乔姆斯基的形式语言理论，对于计算机科学有重大意义。乔姆斯基把他的四种类型的文法分别与图灵机、线性有界自动机、后进先出自动机及有限自动机等四种类型的自动机联系起来，并且证明了文法的生成能力和语言自动机的识别能力的等价性的四个重要结果，即：

（1）若一语言 L 能为图灵机识别，则它就能由 O 型文法生成，反之亦然；

（2）若一语言 L 能为线性有界自动机识别，则它就能由 1 型（上下文有关）文法生成，反之亦然；

（3）若一语言 L 能为后进先出自动机识别，则它就能由 2 型（上下文无关）文法生成，反之亦然；

（4）若一语言 L 能为有限自动机识别，则它就能由 3 型（有限状态）文法生成，反之亦然。

乔姆斯基的上述结论，提供了关于语言生成过程与语言识别过程的极为精辟的见解，这对计算机的程序语言设计、算法分析、编译技术、图像识别、人工智能等，都是很有用处的，因而在计算机界产生了很大的影响。特别是在计算机科学家们发现算法语言 ALGOL60 中使用的巴科斯－瑙尔范式（Bacus － Naur normal form），恰好与乔姆斯基的上下文无关文法等价之后，不少学者都投入了上下文无关文法的研究，精益求精，成绩斐然。

在语言学界，上下文无关文法的研究也引起了不少学者的注意，国外有些机器翻译研究机构，就是采用上下文无关文法的基本理论，来进行机器翻译系统设计的。

第三节　转换语法

形式语言理论的成就，并没有使乔姆斯基踌躇满志。他是一个语言学家，他的学术兴趣毕竟还是在自然语言的研究方面；而形式语言理论在自然语言的研究中，并不像在计算机科学的研究中那么奏效。于是，乔姆斯基继续探索，试图找出一种适于描写自然语言的语言理论来。

他认为，存在着三种语言理论，可图示如下：

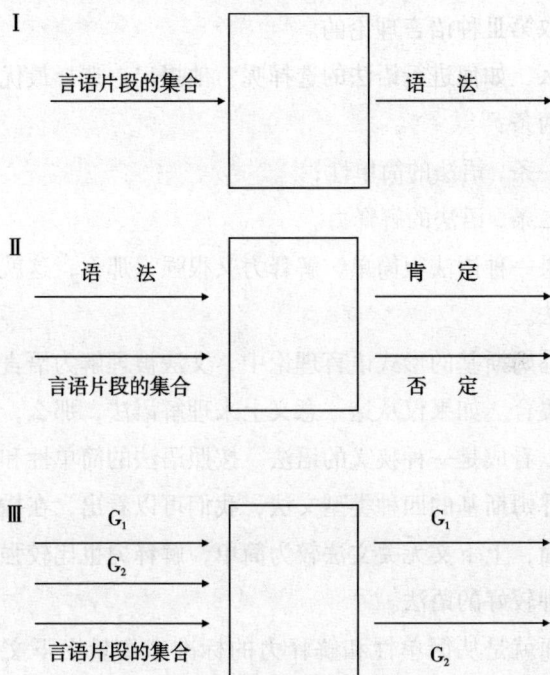

I

言语片段的集合 ⟶ [ ] ⟶ 语　法

II

语　法 ⟶ [ ] ⟶ 肯　定

言语片段的集合 ⟶ [ ] ⟶ 否　定

III

G_1 ⟶ [ ] ⟶ G_1
G_2 ⟶

言语片段的集合 ⟶ [ ] ⟶ G_2

图 11－23　三种语言理论

图 11－23 中，I 表示：语言理论被理解为一个抽象机器，在输入口输入言语片段，在输出口给出语法。这种理论的目的，在于提供揭示语法的手续。

II 表示：语言理论被理解为一个抽象机器，在输入口输入言语片段及语法，在输出口得到"肯定"或"否定"的答复，判断语法是否正确。这种理论的目的，在于提供判断语法的手续。

III 表示：语言理论被理解为一个抽象机器，在输入口输入

245

言语片段和语法 G_1、G_2，在输出口选择 G_1、G_2 这两个语法中，哪一个为最优。

乔姆斯基认为，Ⅲ是语言理论的最起码的要求，而他自己正是采取第Ⅲ种语言理论的。

那么，如何进行语法的选择呢？他提出，选择最优语法的标准有两条：

第一条，语法的简单性；

第二条，语法的解释力。

如果一种语法很简单，解释力又很强，那么，这就是一种好的语法。

在乔姆斯基的形式语言理论中，文法被理解为语言的生成规则的集合。如果仅从这一意义上来理解语法，那么，这种文法也可以看成是一种狭义的语法。按照语法的简单性和解释力来比较乔姆斯基的四种类型文法，我们可以看出，在描写自然语言方面，上下文无关文法较为简单，解释力也比较强，因而它是一种较好的语法。

然而就是从简单性和解释力的标准来衡量上下文无关文法，这种文法虽然也差强人意，但仍然存在着美中不足之处。

第一，有些歧义的句子，用上下文无关文法的层次分析方法不能加以辨别和解释。

如 the shooting of the hunters 的层次分析如下：

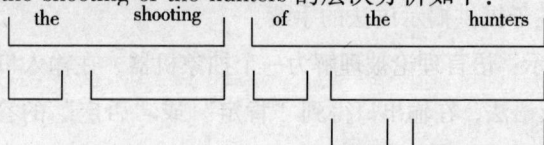

图 11-24　歧义句子有同一个层次结构

但是，相同的词形、相同的词序及相同的层次，却有两个不同的意思：

一个意思是"猎人射击"，hunters 是施事。比较：the growling of the lions（狮子怒吼）。

一个意思是"射击猎人"，hunters 是受事。比较：the raising of the flowers（栽培花卉）。

在形式语言理论的范围内，仅用层次分析的方法，不能对这样的歧义现象作出解释。

因为 the shooting of the hunters，the growling of the lions，the raising of the flowers 这三个句子的树形图，除末端结点之外，都是完全一样的。如图 11 - 25 所示：

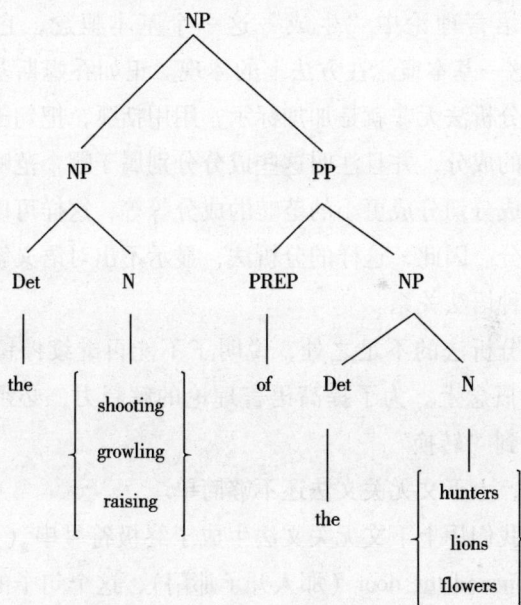

图 11 - 25　三个句子有同一个树形图

247

然而，如果我们了解到 the shooting of the hunters 是从 they shoot the hunters（他们向猎人开枪）变换来的，我们就可以肯定，它的意思是"射击猎人"，而不可能是"猎人射击"。

又如，Flying planes can be dangerous 这个句子，也是有歧义的：一个意思是"开飞机可能是危险的"，一个意思是"飞着的飞机可能是危险的"。但不论是哪一个意思，其层次结构都是一样的，用上下文无关文法也不能加以解释。然而，如果了解到它是从 Planes which are flying can be dangerous 变换来的，就可以肯定它的意思是"飞着的飞机是危险的"。

层次分析反映的是一个句子的推导树的结构，它显示了一个句子的生成过程。因此，层次分析法这一方法，在实质上反映了形式语言理论中"生成"这一个基本概念，它不过是"生成"这一基本概念在方法上的体现。正如乔姆斯基所指出的，层次分析法无非就是加加标示，用用括弧，把句子切分成前后相续的成分，并且注明这些成分分别属于哪个范畴，然后再把这些成分切分成更小的范畴的成分等等，这样可以一直分到最终成分。因此，这样的分析法，显示不出对语义解释极为重要的各种语法关系。

层次分析法的不足之处，说明了不能再继续停留在"生成"这一概念上。为了提高语言理论的解释力，必须从"生成"过渡到"转换"。

第二，上下文无关文法还不够简单。

假使我们用上下文无关文法生成了终极符号串（即句子）The man opened the door（那人开了那门），这个句子的意思也可以同样用 The door was opened by the man（那门被那人打开）来表达。此外，英语中还有像 The man did not open the door

（那人没有开那门），Did the man open the door（那人开了那门吗？）Didn't the man open the door（那人没有开那门吗？）The door was not opened by the man（那门没被那人打开）等等这样一些句子。如果采用上下文无关文法来生成这些句子，那么，势必要对每一个句子都建立一套生成规则。这样一来，文法就显得笨重不堪了。实际上这些句子是彼此相关的，如果我们以 The man opened the door 为核心句，其他句子都可以由这个核心句通过不同的转换而得到。这样就有可能把语言理论进一步简化。

可见，以语言理论的简单性这一标准来衡量，也有必要从"生成"过渡到"转换"。

于是，乔姆斯基另辟蹊径，提出了"转换语法"（transformational grammar）。这里我们采用"语法"这个术语而不用"文法"。是因为"语法"已经不仅仅是指"生成"，而且还有着更为广泛的含义。

乔姆斯基关于转换语法的观点，既受到了法国哲学家笛卡儿（R. Descartes, 1596 - 1650）及 17 世纪法国波尔·洛瓦雅尔语法学家们的影响，也受到了他的老师海里斯的影响。

法国波尔·洛瓦雅尔教派的语法学家阿尔诺（A. Arnaud）和兰斯诺（C. Lancelot），曾经使用转换的方法来分析句子。例如，The invisible God has created the visible world（无形的上帝创造了有形的世界）这个句子，是从 God who is invisible has created the world which is visible 这个句子推出来的，而后面这个句子又可以从下列的核心句推出来：

God has created the world（上帝创造了世界）

God is invisible（上帝是无形的）

The world is visible（世界是有形的）

乔姆斯基对波尔·洛瓦雅尔语法学家们的工作给以很高的评价, 赞不绝口。

海里斯早就看出了上下文无关文法的局限性, 并提出了转换的初步概念。他认为, 句子从其外部形式来看, 是一个复杂的客体, 它是由以某种方式结合起来的、一定数量的所谓"单纯形"（simplex）所组成的。这些单纯形的句子, 叫做"核心句"（kernels）。核心句能用上下文无关文法生成或描写。但是, 复杂的句子则是应用一系列规则的产物, 这一系列的规则称为"转换规则"（transformational rules）。例如 John read the good book which was lent to him by Bill（约翰读了比尔借给他的那本好书）这个句子, 可以有下列核心句:

Bill lent a book to John

（比尔借了一本书给约翰）

The book is good

（此书很好）

John read the book

（约翰读了此书）

运用转换规则, 便能由这些核心句生成上面的复杂句。

乔姆斯基采用了海里斯的观点, 提出了转换语法。而且, 青出于蓝而胜于蓝, 他走得比海里斯远得多, 他对"转换"这一概念提出了严格的形式化的定义:

上下文无关文法中的非终极符号串 $Y_1 \cdots$, Y_r, 对于两个自然数 r, n（n≤r）, 存在自然数序列 β_0, $\beta_1 \cdots$, β_k 与辅助符号串的词典 V_p（$z_1 \cdots$, z_{k+1}）中的序列, 使得

（i）$\beta_0 = 0$, k≥0, 对于 1≤j≤k, 有

$$1 \leq \beta_j \leq r;$$

250

（ii）对于每一个非终极符号串 $Y_1\cdots$，Y_r，有 t（$Y_1\cdots$，Y_n；$Y_n\cdots$，Y_r）$= Y_{\beta 0}⌢Z_1⌢Y_{\beta 1}⌢Z_2⌢Y_{\beta 2}⌢\cdots⌢Y_{\beta k}⌢Z_{k+1}$。

这样一来，t 就把在上下文 $Y_1⌢\cdots⌢Y_{n-1}⌢——⌢Y_{n+1}$ $\cdots⌢Y_r$ 中的 Y_n，转换成某个符号串 $Y_{\beta 0}⌢Z_1⌢Y_{\beta 1}⌢Z_2⌢Y_{\beta 2}$ $\cdots⌢Y_{\beta k}⌢Z_{k+1}$。

这时，t 叫做基本转换。

由基本转换 t 可推导出转换 t^*。

t^* 是基本转换 t 的导出转换，当且仅当对于一切的 Y_1，$\cdots$，Y_r，有

　　t^*（Y_1，$\cdots$，Y_r）$= W_1⌢\cdots⌢W_r$，

其中，对于每一个 $n \leqslant r$，都有

　　$W_n = t$（$Y_1\cdots$，Y_n；$Y_n\cdots$，Y_r）。

这样，导出转换 t^*，便把符号串 $Y_1—Y_2—\cdots—Y_r$ 转换成一个新的符号串 $W_1—W_2—\cdots—W_r$。

基本转换 t 和导出转换 t^*，构成了非终极符号串 $Y_1—Y_2—\cdots—Y_r$ 到另一个新的非终极符号串 $W_1—W_2—\cdots—W_r$ 的一个转换，这个转换，记为 T。

乔姆斯基认为，转换语法模型由三个层级构成：

i. 直接成分层级：在这个层级，利用上下文无关文法和上下文有关文法中的重写规则，生成核心句的非终极符号串 Y_1，$\cdots$，Y_r，重写规则如下：

$$\begin{cases} x_1 \rightarrow y_1 \\ \vdots \\ x_r \rightarrow y_r \end{cases}$$

ii. 转换层级：在这个层级，利用转换规则

$$\begin{cases} T_1 \\ \vdots \\ T_j \end{cases}$$

把核心句的非终极符号串 $Y_1\cdots$, Y_r, 转换为另一个非终极符号串, $W_1\cdots$, W_r。

iii. 语素音位层级:在这个层级,把转换所得到的非终极符号串 $W_1\cdots,W_r$,按语言音位规则写为终极符号串 $W_1\cdots,W_r$。

$$\begin{cases} W_1 \to w_1 \\ \vdots \\ W_r \to w_r \end{cases}$$

下面, 作为例子, 我们写出由核心句 The man opened the door 到句子 The door was opened by the man 的转换过程。

i. 直接成分层级:

在用上下文无关文法生成核心句的终极符号串 The man opened the door 的过程中, 我们在某个阶段上得到了非终极符号串 NP⌢V⌢Past⌢NP, 我们可以把这个非终极符号串改写为 NP⌢Past⌢V⌢NP, 令 NP = Y_1, past = Y_2, V = Y_3, NP = Y_4, 得到序列 $Y_1Y_2Y_3Y_4$。

ii. 转换层级:

① 基本转换 t:

$t\,(Y_1;\ Y_1,\ Y_2,\ Y_3,\ Y_4) = Y_4$

$t\,(Y_1,\ Y_2;\ Y_2,\ Y_3,\ Y_4) = Y_2 ⌢ be ⌢ ed$

$t\,(Y_1,\ Y_2,\ Y_3;\ Y_3,\ Y_4) = Y_3$

$t\,(Y_1,\ Y_2,\ Y_3,\ Y_4;\ Y_4) = by ⌢ Y_1$

② 导出转换 t^*:

252

$$t^{*}(Y_1, Y_2, Y_3, Y_4)$$
$$= W_1 - W_2 - W_3 - W_4$$
$$= Y_4 - Y_2 \frown be \frown ed - Y_3 - by \frown Y_1$$
$$= NP - past \frown be \frown ed - V - by \frown NP$$

iii. 语素音位层级:

根据语素音位规则,用相应的词来替换 NP—past $\frown$ be $\frown$ed—V—by $\frown$ NP,得到 The door was opened by the man。

利用转换语法,可以把语言中一些基本的句子作为核心句,由它们转换出该语言中的其他的数以万计的句子来;这样以简驭繁,便把语言的描写大大地简化了。

转换语法能够解释上下文无关文法解释不了的一些歧义结构。我们前面说过的 the shooting of the hunters 这个句子,不论作"猎人射击"或"射击猎人"讲时,用上下文无关文法来分析,其树形图均是一样的。如采用转换语法,就能够分辨出当它作"猎人射击"讲时,是从 NP—Aux—V 这类句子转换成的,of 后面就是 NP,其树形图如图 11-26 所示:

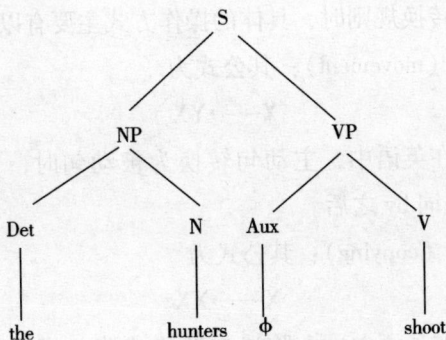

图 11-26

当它作"射击猎人"讲时,是从 NP_1—Aux—V—NP_2 转换成的，of 后面是 NP$_2$，而不是 NP$_1$，其树形图如图 11 - 27 所示：

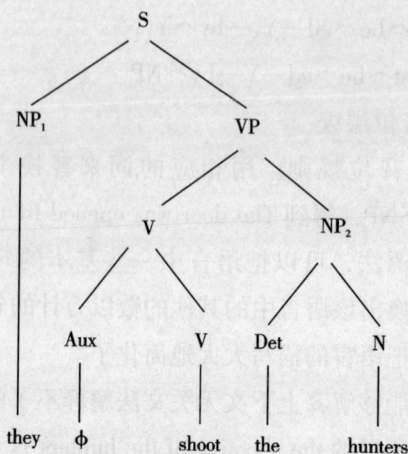

图 11 - 27

这两个不同结构的句子，由于转换时采用了转换规则 Ting（即动词加 - ing 词尾的转换规则），转换之后才以相同的形式出现，因而产生歧义。

在运用转换规则时，具体的操作方式主要有以下几种：

i. 调位（movement）：其公式为

$$X \longrightarrow YX$$

例如，在英语中，主动句转换为被动句时，句首的主语 NP 要调到介词 by 之后。

ii. 复写（copying）：其公式为

$$X \longrightarrow XX$$

例如，在英语中，由陈述句转换成附加疑问句时，主语 NP 常要复写。

He is a good student

254

————→He is a good student，isn't **he**?

附加疑问句末的 he 就是复写。

iii. 插入（insertion）：其公式为

$$X————→XY$$

例如，在英语中，主动句转换成被动句时，表示施事的 NP 移位之后，前面要插入介词 by。

iv. 消去（deletion）：公式为

$$XY————→X$$

例如，英语中从陈述句转换成命令句时，要消去主语。

从转换操作的公式中不难看出，转换公式已经超出了上下文无关文法重写规则 A————→ω 的限制。调位和消去的公式，它们的左边都不是单个的非终极符号，它们显然已经不是上下文无关的规则了。

乔姆斯基还把转换分为强制转换（obligatory transformation）和随意转换（optional transformation）两种。

可转可不转的转换，叫做随意转换。例如，

My brother will write the letter

（我的兄弟将写那封信）

可以转换成

The letter will be written by my brother

（那封信将由我的兄弟来写）

但是，不一定要作出这样的转换，因为不论主动句或是被动句都是合乎语法的句子。

又如，

The police brought in the criminal

（警察带进犯人来）

可以转换成

The police brought the criminal in

（警察带犯人进来）

但也可以不转，因为两个句子都合乎语法。

非转不可的转换，叫强制转换。例如，在句子

The police brought in the criminal

中，如果宾语 NP$_2$ 是代词，那么，必须转换成

The police brought **him** in

（警察带他进来）

因为

The police brought in him

不合语法，是不能成立的。

这种转换就是强制转换。

乔姆斯基根据强制转换和随意转换的区分，提出了核心句（kernel sentence）和非核心句（nonkernel sentence）的概念。

没有经过随意转换的句子叫核心句，经过随意转换的句子叫非核心句。

例如下面的句子：

i. My brother will write the letter.

（我的兄弟将写那封信）

ii. Will my brother write the letter?

（我的兄弟将写那封信吗）

iii. What will my brother write?

（我的兄弟将写什么）

iv. The letter will be written by my brother.

（那封信将由我的兄弟来写）

256

其中，i 没有经过随意转换，是核心句。ii 是 i 经过随意转换规则 T_q 而转换成的一般疑问句，是非核心句。iii 是 i 经过随意转换规则 T_w 而转换成的特殊疑问句，也是非核心句。iv 是 i 经过随意转换规则 T_p 而转换成的被动句，还是非核心句[①]。

乔姆斯基的上述句法理论，在欧美语言学界引起了很大的震动。以耶鲁大学的霍克特（C. F. Hockett）为代表的"后布龙菲尔德学派"的一些人，从各个方面来攻击和非难这套新理论。在论战中，同时也在用这种理论来研究英语的过程中，发现了这套理论确实还有不少的弱点。主要是：

第一，转换语法把一些句子定为核心句，语言中的其他句子均由核心句转换而来。但在语言研究中，哪些句子是核心句，哪些句子不是核心句，很难定出一个确切的标准，乔姆斯基把主动句规定为核心句，但是，在英语中，被动句用得相当普遍，许多在汉语中用主动句表达的意思，在英语中却用被动句表达。那么，我们为什么不能把被动句看成核心句呢？可见，所谓"核心句"的提法是不科学的，在实践中也是行不通的。所以，后来乔姆斯基只好取消了核心句的提法，因而也就放弃了强制转换和随意转换的区别的理论。

第二，不论是形式语言理论还是转换语法，对于语义都研究得很不够，它们都不能反映语义之间的搭配关系。例如，根据形式语言理论，提出一个适当的文法，便可生成 the man saw the ball 这样的句子，这个句子的各个成分在语义上可以很

---

① T_q、T_w、T_p 都是随意转换规则的名称，这些规则的具体解释请参看乔姆斯基《句法结构》（中译本），第 115 – 116 页。

自然地搭配起来，但是，用同样的这个文法，也可生成 * the ball saw the man，这个句子并不违背上下文无关文法的规则，可是其中的各个成分在语义上搭配不起来，因为 saw 这个动词要求前面的名词一定是"有生命的"，但在上下文无关文法中不能反映这种语义上的搭配关系。转换语法当然也说明不了这种语义上的搭配关系。

1965 年，乔姆斯基发表了（句法理论要略），总结了"第一语言模式时期"的经验，并对《句法结构》一书中提出的理论体系作了重大的修正和补充。于是，转换生成语法进入了第二个时期——标准理论时期。

本章参考文献

1. N. Chomsky, Three models for the description of language, I. R. E. Transactions on Information Theory, vol. IT – 2, Proceedings of the Symposium on Information Theory, 1956.

2. N. Chomsky, Syntactic Structures, Mouton &CO. 'S Gravenhage, 1957. 中译本,《句法结构》,邢公畹、庞秉均、黄长著,林书武译,中国社会科学出版社,1979 年。

3. N. Chomsky, On certain formal properties of grammars, Information and Control, Ⅱ. P137 – 167, 1959.

4. 冯志伟:《从形式语言理论到生成转换语法》,《语言研究论丛》,第二辑,第 96 – 155 页,天津人民出版社, 1982 年。

5. 冯志伟:《生成语法的公理化方法》,《哈尔滨生成语法讨论会论文集》,第 22 – 31 页, 1983 年。

第十二章　转换生成语法
的标准理论

　　本章介绍乔姆斯基在《句法理论要略》一书中提出的转换生成语法的标准理论（standard theory）。采用"标准理论"这个术语，仅仅只是为了区别于后来乔姆斯基提出的关于转换生成语法的新见解，以便我们叙述和探讨各种问题。这个术语并不意味着只有它才是最"标准"的，也不意味着其他的理论就是不合"标准"的。

第一节　深层结构和表层结构

　　乔姆斯基提出了形式语言理论和转换语法理论之后，并没有把自己的学说看成天经地义的不刊之论。进入 20 世纪 60 年代，乔姆斯基的语言学思想又有了进一步的新发展。他根据德国学者洪堡德关于"句子的内部形式"和"句子的外部形式"的划分，提出了"深层结构"（deep structure）和"表层结构"（surface structure）两个概念。

　　乔姆斯基认为，任何一个句子，都具有深层结构和表层结构，而表层结构是由深层结构转换而成的。

　　请看下面的例子：

(1) I persuated John to leave.

（我说服约翰离开。）

(2) I expected John to leave.

（我指望约翰离开。）

听话者一听到这两个句子，可能会认为它们可作相同的结构分析，就是经过相当细致的考虑之后，还可能仍然看不出其间的差别。而且，过去没有任何一本语法书指出过，这是两种不同的结构。

但是，乔姆斯基认为，句子（1）和句子（2）在结构上是不等同的，只要给它们增添一些东西，就可以显示出它们之间的差别。

(3) (i) I persuaded a specialist to examine John.

（我说服一位专家对约翰进行检查。）

(ii) I persuaded John to be examined by a specialist.

（我说服了约翰让一位专家对他进行检查。）

(4) (i) I expected a specialist to examine John.

（我指望有一位专家来对约翰进行检查。）

(ii) I expected John to be examined by a specialist.

（我指望约翰能由一位专家对他进行检查。）

（1）中 Johns 是 persuaded 的直接宾语，又是内嵌句 John to leave 的语法主语，（3ii）中 John 是 persuaded 的直接宾语，又是内嵌句 John to be examined by a specialist 的语法主语，在这个意义上，（1）与（3ii）是一致的。而在（3i）中，短语 a specialist 是 persuaded 的直接宾语和内嵌句 a specialist to examine John 的逻辑主语，（3i）与（3ii）在逻辑上的真假值并不一致。

但在（2）（4i）、（4ii）中，相应的名词和名词短语 John 和 a

260

specialist，除了在内嵌句中具备语法功能之外，再无其他的语法功能。具体地说，在（4i）、（4ii）中，John 始终是逻辑直接宾语，而 a specialist 始终是逻辑主语。（4i）与（4ii）在逻辑上的真假值是一致的。

这样，（3i）、（3ii）、（4i）、（4ii）的深层结构分别如下：

（3i）名词短语——动词——名词短语——句子

（I— persuaded— a specialist—a specialist will examine John.）

（我——说服——一位专家——一位专家将对约翰进行检查。）

（3ii）名词短语——动词——名词短语——句子

（I— persuaded—John —a specialist will examine John.）

（我——说服——约翰——一位专家将对约翰进行检查。）

（4i）名词短语——动词——句子

（I—expected—a specialist will examine John.）

（我——指望——一位专家将对约翰进行检查。）

（4ii）名词短语——动词——句子

（I—expected—a specialist will examine John.）

（我——指望——一位专家将对约翰进行检查。）

可见，（3i）的深层结构不同于（3ii）的深层结构，而（4i）的深层结构与（4ii）的深层结构则本来是一个东西，因而句子（1）与句子（2）在结构上是不一样的。

乔姆斯基指出，人们可以说 "I persuaded John that（of the fact that）＋句子"，但是不能说＊"I expected John that（of the fact that）＋句子"，这从另一个角度证明了，上述分析中的那种差别是确实存在的。

上面的例子说明了两个重要事实：

第一，句子的表层结构可以一点儿也不把它的深层结构表露出来，（1）和（2）的表层结构是一样的，但决定其语义解释的深层结构则大不相同。

第二，说话者的潜在知识是躲躲闪闪的，如果不引证（3i）、（3ii）、（4i）、（4ii）这类例子，一个说英语的人可能丝毫也不会觉察到（1）和（2）这两个表面上相似的句子，它们的内在语法并不相同。

在英语中甚至存在着这样的现象，同样一个句子可以具有两个以上的不同解释。例如，The police were ordered to stop drinking after midnight 这个句子，可以有四种不同的解释：

①警察奉命于半夜起来不得饮酒；

②警察奉命于半夜起禁止人们饮酒；

③半夜以后警察得令不得饮酒；

④半夜以后警察得令禁止人们饮酒。

由于同样的语音表现掩盖着极不相同的语义解释，乔姆斯基认为有必要在语音学与语义学两者之间引入一个专门的概念——句法描写（syntactic description）。对一个句子所作的句法描写，就是与这个句子有关的某种抽象的东西，它不仅决定这个句子特有的语音表现，而且也决定其特有的语义解释。句法描写中确定语义解释的那一方面称为句子的深层结构，句法描写中确定语音表现的那一方面称为句子的表层结构。

具体地说，句子的表层结构分析，就是把句子切分成一系列前后相续的成分，并注明这些成分分别属于哪个范畴，然后再把这些成分切分成更小的范畴的成分，这样一直切分到最终成分，并根据这些来确定句子的语音表现。可见，一个句子的表层结构可以用形式语言理论中的那种树形图来表示，因此，上下文无关文法只能触及句子的表层结构。

一些有歧义的句子，表层结构只有一个，深层机构却有几个，所以，深层结构分析绝不仅仅是对句子进行一下形式语言理论中的那种树形图的分析。深层结构不等于表层结构，表层结构无从表示出具有语义价值的语法关系，起不到深层结构所起的作用。

正因为句子的深层结构与表层结构存在着这样的区别，所以，乔姆斯基语重心长地提醒语言学家们不可忽略这样一个事实：表面的相似可能掩盖着内在的基本性质的差别。语言学家必须采用相当微妙的办法，来诱导和引出说话者的语言直觉，然后才能确定，说话者的语言知识和其他知识的实际性质究竟是怎样的。

乔姆斯基认为，必须把说某种语言的人对这种语言的内在知识和他具体使用语言的行为区别开来，前者叫做"语言能力"（competence），后者叫做"语言运用"（performance）。语言能力就是语言知识，这种知识不是指对语言进行研究后获得的理论知识，而是指凡是会说这种语言的人都具有的语言直觉。一个懂英语的人能理解每一句用正确英语所说的话，包括他过去从未听到过的话，而且能够根据不同的需要，自然而然地造出各式各样的新句子来，虽然这些新句子从来没有人说过，别人却一听就懂。这种新句子不是学会的，更不是习惯形成的，它们之所以与过去听到过的句子类似，仅仅因为它们是通过同样一套语法中的规则生成的。这就是"语言的创造性"。说话者之所以具有这种创造性，就是因为他具备语言能力。而语言运用却是指实际应用语言的活动。

乔姆斯基指出，语言学研究的对象应该是语言能力而不是语言运用。如果一种语法能正确地描写出说本族语言的人的内在的语言能力（不管说话者是否能觉察到这一点），那么，这种语法的描写才算是充分的。据此，乔姆斯基进一步提出三个标准来衡量语法研究。

第一，观察充分性标准：它要求语法应正确地反映观察所及的语言材料。这是最低的标准。

第二，描写充分性标准：它要求语法应正确地描写说话人的语言直觉，概括地说明观察到的语言材料，反映内在规律。这是较高的标准。

第三，解释充分性标准：它应以语言理论为基础，为每种语言选择一种能达到描写充分性标准的语法，这样，语言学理论就能解释说话者的语言直觉，即说话者本人只能意会、不可言状的语言能力了。这是最高的标准。

为了说明这个问题,乔姆斯基设想人类有一种习得语言的装置 LAD(Language Aquisition Device),以语言 L 为原始材料输入,在输出端可得到描写语言 L 的语法 G。如图 12－1 所示：

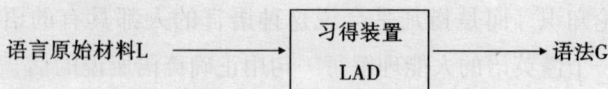

语言原始材料L ⟶ 习得装置 LAD ⟶ 语法G

图 12－1　LAD

要达到观察充分性标准的语法，只需与输入端的原始材料打交道，例如，以布龙菲尔德为代表的美国结构主义学派就是这样的。要达到描写充分性标准的语法，就要与输出端的语法 G 打交道，传统语法就是这样。而转换生成语法则要争取达到解释充分性标准，这就要与语言习得装置 LAD 打交道，研究这个装置的具体规定。LAD装置不能限于某种语言，凡是人类的语言，不论哪种都能使用，同时又只使用于人类的语言。由于LAD装置的具体规定是语言习得的基础，而语言的原始材料则提供建立语法的经验条件，所以，要提出LAD的具体规定，既要适用于一切语言，又要符合于人民的经验，显而易见这是非常困难的。这只能是语言研究远期目标；但是，在转换生成语法的研究中，始终应着重考虑解释充分性标准。

这就是乔姆斯基之所以提出转换生成语法的标准理论的更为深刻的原因。

第二节　句法组成部分

根据标准理论,完整的转换生成语法应该包括三个组成部分——句法组成部分、音位组成部分、语义组成部分。句法组成部分包括基础部分和转换部分，它可以生成许多句法描写(Syntactic Description)，简称SD，每一个SD有一个深层结构和一个表层结构；语义组成部分赋予深层结构一个语义解释，而音位组成部分赋予表层结构一个语音表现。如图12-2所示：

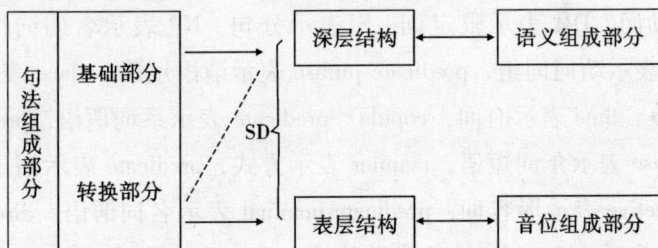

图12-2　转换生成语法各组成部分

句法组成部分中的基础部分的功能是生成句子的深层结

265

构，它由范畴部分（category componet）和词汇部分（lexicon）组成。

范畴部分由如下的重写规则组成：

① S——→NP⌒predicate – phrase

② Predicate phrase——→Aux⌒VP（place）（time）

③ VP
$\begin{cases} \text{Copula–predicate} \\ \text{V} \begin{cases} \text{（NP）（prep–phrase）（prep–phrase）} \\ \text{（Manner）} \\ \text{S'} \\ \text{predicate} \end{cases} \end{cases}$

④ predicate——→ $\begin{cases} \text{adjective} \\ \text{（like）predicate-nominal} \end{cases}$

⑤ Prep – phrase——→Direction，Duration，Place，Frequency

⑥ NP——→（Det）N（S）

⑦ Aux——→Tense（M）（Aspect）

⑧ Det——→（pre – Article⌒of）Article（post – Article）

⑨ Manner——→by⌒passive

其中，S 表示句子，V 表示动词，N 表示名词，Aux 表示助动词，Det 表示限定词，S′表示分句，NP 表示名词词组，VP 表示动词词组，predicate-phrase 表示谓语短语，place 表示地点，time 表示时间，copula⌒predicate 表示系词谓语，prep-phrase 表示介词短语，manner 表示方式，predicate 表示谓语，adjective 表示形容词，predicate-nominal 表示名词谓语，direction 表示方向，duration 表示持续，frequency 表示频度，tense 表示时态，aspect 表示动词的体，pre-Article 表示冠词前成分，article 表示冠词，post-article 表示冠词后成分，passive 表示被动。

这些规则都是上下文无关规则，而且是按顺序执行的，它们对在深层结构中发挥作用的基本语法关系作出描写和规定。

词汇部分包括词汇和次范畴规则（subcategorizationrule）。

词汇是词项的集合。每一个词项由一对要素（C，D）构成，其中，D 表示语音区别特征矩阵，反映该词项的语音面貌，C 是一个"符合符号"（complex symbols），它由一组特定的句法特征和语义特征所组成。

例如，boy 这个名词的 D 和 C 分别是：

D：/bɔi/

C：/ +N， + Count， + Common， + Animate， + Human/

其中， + Count 表示"可数"特征， + Common 表示"普通"特征， + Animate 表示"有生命"特征， + Human 表示"人类"特征，" + "号表示存在某种特征，如用" – "号，表示不存在某种特征。因此，复合符号 C 说明 boy 是一个表示有生命的人类的可数普通名词。

复合符号是由两个或两个以上的单一符号组成的符号，为了与单一符号相区别，一般用方括号把它括起来。

次范畴规则就是把范畴部分中出现的范畴再分成小类。例如，把动词再分为及物动词和不及物动词，把名词再分为普通名词和专有名词。

次范畴规则又可分为上下无关的次范畴规则和上下文有关的次范畴规格两类。

上下文无关的次范畴规则可给名词规定语义特征，使用时不受不下文限制。例如：

[+ Det—] ⟶ [± Count]

[+ Count—] ⟶ [± Animate]

[+ Animate—] ⟶ [± Human]

[− Count] ⟶ [± Abstract]

Article⟶ [± Definite]

上下文有关的次范畴规则又可进一步分为两类：一类是严格次范畴规则（strict subcategorization rule），它的作用是给动词或名词规定上下文的语境特征；一类是选择规则（selectionalrule），它的作用是给出动词与名词之间的搭配关系。

乔姆斯基给下列动词提出了如下的严格次范畴规则：

eat，[+ V，+ —NP]

elapse，[+ V，+ —#]

grow，[+ V，+ —NP，+ —#，+ —Adjective]

become，[+ V，+ —Adjective，+ —Predicate Nominal]

seem，[+ V，+ —Adjective，+ —like⌒Predicate Nominal]

look，[+ V，+ — (Prepositional-phrase) #，+ —Adjective，+ —like⌒Predicate-nominal]

believe，[+ V，+ —NP，+—that⌒S′]

persuate，[+ V，+ —NP (of⌒Det⌒N) S′]

方括号中的"+ V"表示该词项是动词，横线表示该词项所在的位置，如"—NP"表示该词项后面可以跟着一个名词短语，"—#"表示该词项后面不跟任何名词，"—Adjective"表示该词项后面可以跟着一个形容词。

根据这样的严格次范畴规则，允许生成下列句子：

John **eat** food. [+ —NP]

（约翰吃东西。）

A week **elapsed** . 〔 + —#〕

（一个星期过去了。）

John **grew** a beard. 〔 + —NP〕

（约翰留胡子了。）

John **grew**. 〔 + —#〕

（约翰长大了。）

John **grew** sad. 〔 + —Adjective〕

（约翰变得悲哀起来。）

John **became** sad. 〔 + —Adjective〕

（约翰变得悲哀了。）

John **became** president. 〔 + —Predicate-nominal〕

（约翰成了主席。）

John **seem** sad. 〔 + —Adjective〕

（约翰似乎是悲哀的。）

John **seem** like a nice fellow. 〔 + —like ⌒Predicate-nominal〕

（约翰看来像个正派人）

John **looked**. 〔 +—#〕

（约翰看过了。）

John **looked** at Bill. 〔 + —Prepositional-phrase〕

（约翰看见比尔。）

John **looks** sad . 〔 + —Adjective〕

（约翰神色悲哀。）

John **looks** like a nice fellow . 〔 + —like ⌒Predicate-Nomi-nal〕

（约翰看上去像是个正派人。）

John **believes** me. 〔 + —NP〕

269

（约翰相信我。）

John **believes** that it is unlikely. $[+ \text{---that} \frown S']$

（约翰认为这是靠不住的。）

John **persuades** Bill that we should leave. $[+ \text{---NP} \frown S']$

（约翰说服比尔我们应该离开。）

John **persuaded** Bill of the necessity to leave.

$[+ \text{---NP} \frown \text{of} \frown \text{Det} \frown N \frown S']$

（约翰说服比尔必须离开。）

上面的严格次范畴规则不允许生成如下的不合语法的句子。

* John elapsed a week.

* John eats sad.

这样，就从上下文方面，对于动词的用法作了严格的限制。

为了从词汇语义方面对动词的用法加以限制，以免生成一些不合逻辑的句子，乔姆斯基提出了另一类与上下文有关的次范畴规则——选择规则。

所谓选择规则，就是选用动词时，不仅要考虑句法上下文，而且还要考虑它与名词的搭配关系。一个动词往往只能跟某一类名词搭配，例如，frighten（恐吓）的主语往往是抽象名词，宾语往往是指人的名词，而 admire（赞美）的主语往往是指人的名词，宾语往往是抽象名词。这种现象称为"同现"（co-occurrence）。选择规则的作用就是解决同现限制的问题。例如，某些动词的主语要用抽象名词，某些动词的主语要用非抽象名词，某些动词的宾语要用指人的名词，某些动词的宾语要用非指人的名词，等等。

为此，乔姆斯基提出了如下的选择规则：

$$[\ +\ V\ ] \longrightarrow CS/ \begin{cases} [\ +\ Abstract\ ]\ \ Aux— \\ [\ -\ Abstract\ ]\ \ Aux— \\ —Det\ [\ +\ Animate\ ] \\ —Det\ [\ -\ Animate\ ] \\ …… \end{cases}$$

上面的规则中，CS 是复合符号，斜线"/"表示语言环境。"〔 + Abstract〕 Aus—"表示动词前面是 Aux（助动词），Aux 前要用抽象名词〔 + Abstract〕作主语。"〔 - Abstract〕 Aux—"表示动词前面是 Aux，Aux 前面要有非抽象名词〔 - Abstract〕作主语。"—Det〔 + Animate〕"表示动词后面是 Det（限定词），Det 后面要用有生命的名词〔 + Animate〕作宾语。"—Det〔 - Animate〕"表示动词后面是 Det，Det 后面要用无生命的名词作宾语。

例如，动词 frighten 的选择则是

$$frighten \longrightarrow CS/ \begin{cases} [\ +\ Abstract\ ]\ \ Aux— \\ —Det\ [\ +\ Abstract\ ] \end{cases}$$

根据这样的选择规则，只能生成

Sincerity may frighten the boy

（诚实会吓坏孩子）

而不能生成

*The boy may frighten sincerity.

上述基础部分的组成情况可归纳如下页图 12 - 3。

运用基础部分的这些规则不断地生成符号串，最后可得出"前终极符号串"（preterminal string）。

为了表示前终格符号串的生成过程，乔姆斯基把他在形式语言理论中采用的那种树形图作了进一步的改造，使之能表示复

基础部分

范畴部分　　　词汇部分

词汇　　　　　　　　次范畴规则

D　　C　　上下文无关的　　　　　上下文有关的
　　　　　　次范畴规则　　　　　　次范畴规则

严格次范畴规则　　　选择规则

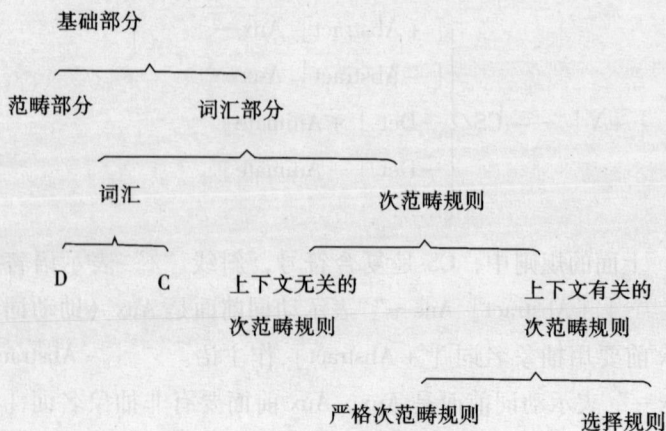

图 12 - 3　基础部分的组成情况

合符号。这样一来，这种树形图就不仅仅只能表示表层结构了。

例如，The man saw the ball 这个句子的前终极符号串的生成过程，可用这种经过改造的树形图 12 - 4 表示。

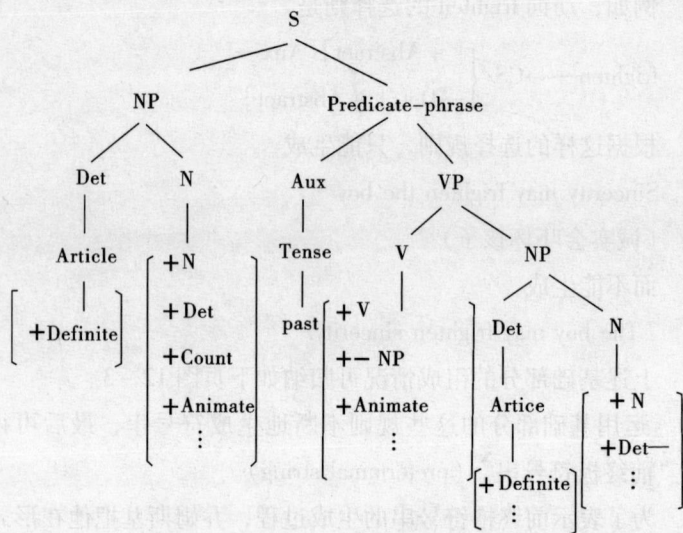

S

NP　　　　　Predicate-phrase

Det　　N　　　　　Aux　　　VP

Article　+N　　　　Tense　　V　　　　NP

[+Definite]　+Det　　past　　+V　　　Det　　N
　　　　　+Count　　　　　+-NP　　Artice
　　　　　+Animate　　　　+Animate　　　+N
　　　　　⋮　　　　　　　⋮　　　　　[+Definite]　+Det—
　　　　　　　　　　　　　　　　　　　　⋮　　　⋮

图 12 - 4　经过改造的树形图

可以看出，这个树形图是使用基础部分中范畴部分的重写规则之后，再使用词汇部分的各种规则得到的结果。

要把生成的这些前终极符号串变成终极符号串，必须使用词汇插入规则。为此，首先要建立一部词典，在这部词典中的每一个词，都要列出其句法标记和语义标记。

例如，man 这个词，其句法特征为［＋N］，［＋Det—］，其语义特征为［＋Count］，［＋Animate］，［＋Human］…，因此，记为：

man（［＋N，＋Det—，＋Count，＋Animate，＋Human…］）

同样，对于 see 和 ball，可分别记为

see（［＋V，＋—NP，＋Animate—…］）

ball（［＋N，＋Det—，＋Count，－Animate…］）

词汇插入规则要求词典中相应词的句法和语义特征，不能与前终极符号串中复合符号的特征相冲突。如果 Q 是前终极符号串中的一个复合符号，而（D，C）是一个词项，其中 C 与 Q 并无不同，那么，Q 就能由 D 来替代。也就是说，如果词典中某词的句法和语义特征不与前终极符号串中的复合符号的特征相冲突，那么，这个词就可以用来代替前终极符号串中的复合符号，从而把前终极符号串变为终极符号串。

从词典中可以看出，man 可以插到图 12－4 的树形图中的主语 N 之下，因为它的句法和语义特征同树形图中主语 N 的复合符号不相冲突；但是，ball 不能插入这个位置，因为它的［＋Animate］这个语义特征与树形图中主语 N 的特征［＋Animate］相冲突，而且，它与树形图中动词 V 的句法特征［＋Animate—］也不相配。这就说明，利用转换生成语法的标准理论，可以生成 the man saw the ball 这样的句子，而不会生成 *the ball saw the manl 这样的句子。

这一点是形式语言理论和转换生成语法都解释不了的。可见，转换生成语法标准理论的解释力确实胜过形式语言理论和转换语法。

乔姆斯基指出，句语的基础部分生成句子的深层结构，大体地可以说，句子的深层结构是一套形式如 $\{\cdots X_i, \cdots, X_m, L_i \cdots, L_m\}$ 的结构，其中，每一个 X_i 是在运用基础部分的规则之后得到的前终符号串，而每一个 L_i 则表示词汇插入规则。

句法组成部分中的转换部分的功能，是转换出句子的表层结构。

在上面的例子中，通过基础部分的各种规则及词汇插入规则，我们得到了如下的终极符号串：

The + man + past + see + the + ball

为了得到该句子的表层结构，我们必须对这个终极符号串进行转换。

转换的规则有调位、复写、插入、消去等等。我们对上面的终极符号使用调位规则

Affix + V ——→ V + Affix

得到句子的表层结构如下：

The + man + see + past + the + ball

其中，past 和 see 调了位。

在句法组成部分转换出来的这种表层结构，还要通过音位组成部分之后，才能得到它的语音表现。

这个句子的深层结构和表层结构的总和，就构成了这个句子的句法描写 SD。由于这个句子没有歧义，所以它只有一个 SD。

在早期的转换语法体系中，疑问句、否定句、命令句、被

动句等都属于非核心句，它们都是通过随意转换构成的。在转换生成语法的标准理论中，乔姆斯基重新做了安排，提出了一种新的成分，叫作触发成分（triggering element），主要包括 Q（疑问）、Neg（否定）、Imp（命令）、Passive（被动）等。

例如，Imp 这个触发成分可以出现在下面的树形图中：

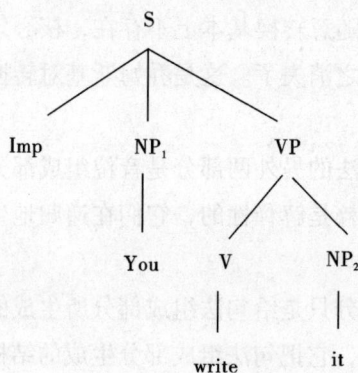

图 12 - 5　触发成分

树形图中，一旦出现这样的触发成分 Imp，就会触发如下的强制转换：

Imp—NP$_1$—VP—NP$_2$—VP—NP$_2$

其中，Imp 这个触发成分是一个哑符号（dummy symbol），它本身最后是不存在的，但是，由于 Imp 这个哑符号的触发作用，转换后就要把 NP$_1$ 抹掉，于是形成如下的命令句：

Write it!

（把它写下来！）

可见 Imp 的作用是把陈述句转换为命令句。

其他几个触发成分也有各自特殊的作用。Q 的作用是把陈述句转换为疑问句，Neg 的作用是把肯定名转换为否定句，

Passive 的作用是把主动句转换为被动句。这些触发成分都是哑符号，在转换过程中发生了触发作用之后，也就自行销声匿迹了。

由于使用了触发成分，疑问句、否定句、命令句、被动句等，不再通过随意转换生成，而是直接由短语结构通过强制转换生成，这样，随意转换基本上不存在，核心句与非核心句之间的界限也就随之消失了。这是乔姆斯基对转换语法的一个重大修改。

转换生成语法的另外两部分是音位组成部分和语义组成部分，这两部分纯粹是解释性的，它们在递归地生成句子结构的过程中不起作用。

音位组成部分只是给句法组成部分所生成的句子规定语音形式，也就是说，它把句法组成部分生成的结构同语音信号联系起来。例如，前面由句法组成部分生成的表层结构，在没有进入音位组成部分之前，其形式为：

The + man + see + past + the + ball

输入音位组成部分之后，就可以根据一定的规则，对这个表层结构各成分的语音形式和拼写方法作出解释，最后分别得到这个句子的口语形式（i）和书面形式（ii）：

（i）/ ðə mæn sɔː ðə bɔːl/

（ii）The man saw the ball.

语义组成部分规定句子的语义解释，也就是说，它把句法部分生成的结构同某种语义表达联系起来。句法组成部分中的基础部分生成深层结构，深层结构进入语义组成部分，就可获得句子的语义解释。

乔姆斯基在 1972 年发表的《深层结构、表层结构和语义解释》一文中，对标准理论作了如下说明：

"标准理论规定，每一个句子都有语法结构 $\Sigma = （P_1，$
$\cdots，P_i，\cdots，P_n）$（其中 P_i 是深层结构，P_n 是表层结构），语
义表达 S，语音表达 P。此外，这种理论认为，S 由 P_i 决定，
P 由 P_n 决定，它们分别受语义解释和语音解释的制约。"[1]

这是乔姆斯本人对标准理论的简明扼要的总结。

第三节　音位组成部分

本节对标准理论中的音位组成部分作进一步的说明。

乔姆斯基和哈勒于 1968 年发表了《英语语音模式》（The
Sound Pattern of English）一书，研究了从表层结构到语音表现
这个过程中的问题。

从表层结构到语音表现，首先要使用再调整规则（read-
justment rule）把表层结构中的词汇表现（lexical representa-
tion）化为音位表现（phonological representation）。

例如，在词汇表现

The + man + see + past + the + ball

中，要用再调整规则，把 see 和 past 化为 saw。这个过程可表
示为：

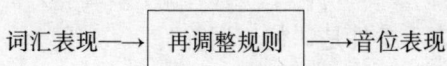

词汇表现——▶ 再调整规则 ——▶音位表现

图 12 - 6 再调整规则

---

① 乔姆斯基：《深层结构、表层结构和语义解释》，载《语言学译丛》第二
辑，第 180 - 181 页。

但音位表现还是比较抽象的。例如，the 中的 e 是念为 [i] 还是念 [ə]，ball 中的两个辅音 ll 并列怎么念？这些问题音位表现还不能说明。因此，还得通过一系列的音位规则（phonological rule），把音位表现化为语音表现（phonetical representation）如图 12-7 所示：

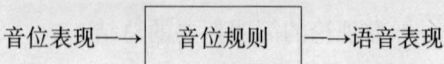

音位表现—→ 音位规则 —→语音表现

图 12-7　音位规则

例如：上面这个句子的音位表现，经过音位规则之后，变为如下的语音表现：

ðə mæn sɔ: ðə bɔ: l

音位组成部分的规则是上下文有关规则，形式如下：

A—→B　　　　　　/X—Y

A 和 B 是音位系统中的单位，A—→B 表示把 A 改写为 B，斜线后的部分说明改写的条件，X—Y 表示"处于 X 之后、Y 之前"这一条件下。

例如，某语言中的词首塞音/t/、/p/、/k/要发为吐气音，可写为如下的吐气规则：

$$\begin{Bmatrix} t \\ p \\ k \end{Bmatrix} \longrightarrow \begin{Bmatrix} t^h \\ p^h \\ k^h \end{Bmatrix} \qquad /\#—$$

规则中"#—"表示条件是"位于词首"。

规则中的符号也可以是区别特征。例如，乔姆斯基和哈勒认为英语的/i/具有如下特征：

$$
\begin{bmatrix}
+\text{音段} \\
+\text{元音性} \\
-\text{辅音性} \\
+\text{高位性} \\
-\text{低位性} \\
-\text{后位性} \\
-\text{圆唇性} \\
-\text{紧张性}
\end{bmatrix}
$$

这里，用"＋""－"号对区别特征作逻辑描述。"＋"表示"是"，"－"表示"非"。上述特征说明，/i/是一个音段，具有元音性、高位性，但不具有辅音性、低位性、后位性、圆唇性、紧张性。

利用这样的区别特征，可以把上面的吐气规则写为：

$$
\begin{bmatrix}
-\text{延续性} \\
-\text{有声性}
\end{bmatrix} \longrightarrow [+\text{吐气性}]/\#-
$$

这个规则说明，具有［－延续性］和［－有声性］特征的音（即/t/、/p/、/k/这样的清塞音），处于词首时要念为带［＋吐气音］特征的音。

引入了区别特征之后，就可以进一步说明，音位规则是如何把音位表现化为语音表表的。音位表现中的每个词汇元素，都是由一定数目的音段 P_1，P_2，P_3…组成的序列，排成横行。而每个音段由特征 F_1，F_2，F_3…组成，排成纵行。纵横两个向度构成了音位表现的分类矩阵（classificatory matrix）。在分类矩阵中，纵、横行的交叉点上注明某音段是否具有某特征，并用"＋"、"－"号来表示。分类矩阵的形式如下：

各条音位 R_1，R_2，R_3…分别作用于矩阵的各项，经过一

	P_1	P_2	P_3	……
F_1	+	−	−	……
F_2	−	+	−	……
F_3	−	−	+	……
⋮	⋮	⋮	⋮	

图 12 - 8 分类矩阵

番调整后得到语音矩阵（phonetic matrix）。语音矩阵中语音表现的特征比音位表现的特征更加具体、更加细致。有的特征还可用数字加以分级描写。如用 1、2 表示鼻音化的程度达到一级、二级等等。

音位规则对于分类矩阵的各项所起的作用，主要有如下几个方面：

i. 增添特征：例如上述吐气规则的作用是增添［+吐气性］特征。

ii. 改变征性：例如，前缀 in - 的词汇表现是/in/，而在 **im**possible 一词中，由于受到邻近的音/p/的影响，/in/中的鼻化辅音的［+齿音性］特征要改变为［+唇音性］特征，读作［m］。在 **in**complete 一词中，由于受到邻近的音/k/的影响，/in/中的鼻化辅音的［+齿音性］特征要改变为［+软腭性］特征，读作［ŋ］。

iii. 插入音段：例如，英语中以咝音/s/、/z/、/š/、/ž/、/č/、/ǰ/为结尾的名词，在构成复数时，在复数词尾 - s 与咝音之间，要插入音段/ə/。因此 bus 的复数不是［bʌsz］，而是［bʌsəz］。

iv. 省略音段：例如，英语中词尾的/b/如果处于/m/之后要省略，因此，bomb 要念作 [bɔm]。

v. 音段换位：例如，美国英语的某些方言，把 ask 读作 [æks]，两个辅音交换了位置；不过，asking 仍读为 [æskiŋ]。

当从词汇表现到语音表现要使用若干条规则时，这些规则的使用有一定的顺序。例如，名词构成复数时，有两条规则，一条是上面提到的咝音之后插入/ə/的规则，一条是清辅音之后的词尾清化的规则（-s 不读 [z] 而读 [s]）。这两条规则在使用时，必须先使用插入/ə/的规则，然后再使用词尾清化的规则。例如 bus，先变为 [bʌsz]，再变为 [bʌsəz]（因为/z/不在清辅音之后，而在/ə/之后，故不清化）。如果先使用词尾清化规则，bus 所有的词尾应读为 [s]，再插入/ə/，就要读成 [bʌsəs]，而不是 [bʌsəz] 了。

在规则的使用过程中，有时同一条规则可回旋地使用若干次，这种情况叫作"转换回旋"（transformational cycle）。转换回旋主要用于超音段特征。在转换回旋的情况下，规则的使用顺序是"先小后大"：先用于表层结构中最小的单位，然后再逐步地用于较大的单位。

例如，

Take John's blackboard eraser.

（拿约翰的黑板擦。）

这个句子，它的表层结构如下页图 12 - 9 所示。

如果我们要确定这个句子的重音，应从树形图中最内层的子树形图开始，由小而大逐步处理。先确定 blackboard 的重音（把 black board 作为两个语素来看待），然后再确定 blackboard eraser 的重音，再扩大到确定 John's blackboard eraser 的重音，

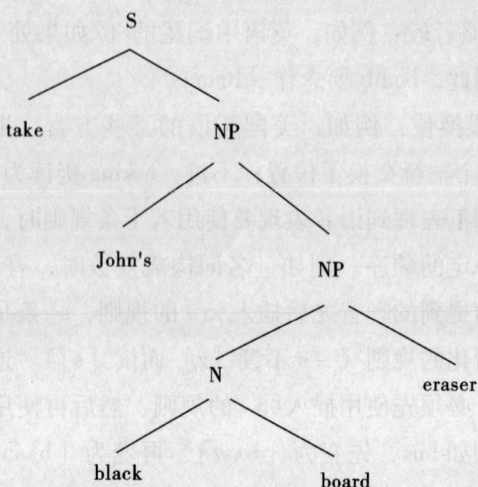

图 12-9

最后到确定 Take John's blackboard eraser 的重音。使用同一条重音规则进行转换回旋，在树形图中由下而上逐级上升，最后得到全句的重音曲线为 23154。

2	3	1	5	4
Take	John's	black	board	eraser

这样，由句法组成部分得出的表层结构，经过音位组成部分之后，就得到了它的语音表现。

第四节　语义组成部分

本章对标准理论中的语义组成部分作进一步的说明。

1963 年，卡兹（J. J. Katz）和弗托（J. A. Fotor）发表了《语义理论的结构》（The Structure of a Semantic Theory）一书，

282

提出了解释语义学（interpretive semantics）的基本理论。乔姆斯基在他的标准理论中，接受了卡兹和弗托的解释语义学，并以此为基础来建立标准理论中的语义组成部分。因此，我们这里以卡兹和弗托在《语义理论的结构》一书中的基本观点，来说明标准理论中的语义组成部分是如何对深层结构进行语义解释的。

深层结构中的一个词项的意义，并不是一个不可分析的整体，而是可以进行语义成分分析的。例如，英语中的 bachelor 一词的意思是"单身汉"，既然是单身汉，当然应该是一个人，而且必须是个成年人，是一个男性的、没有结过婚的人，因此，bachelor 这个词项可以"化整为零"，它包含着［HUMAN］（人类）、［ADULT］（成年）、［MALE］（男性）、［UNMARRIED］（未结婚）等语义成分。这里，语义成分用大写字母表示，以免与作为词项的 human，adult，male，unmarried 等英语单词相混淆。必须说明的是，［HUMAN］、［ADULT］、［MALE］、［UNMAR－RIED］等是用来描写语义结构的抽象概念，仅仅为了方便，才约定使用英语，它们是在语言中普遍存在的东西，并不是英语单词本身。

语义成分可以像区别特征一样，用"＋""－"号来加以描写。某词项具有语义成分 C，就记为＋［C］，不具有语义成分［C］，就记为－［C］。

例如，英语的 bachelor（单身汉），spinster（大闺女），wife（妻子），boy（男孩）四个词项可用语义成分作如下的描述：

bachelor ＋［HUMAN］＋［MALE］＋［ADULT］＋［UNMARRIED］

spinster ＋［HUMAN］－［MALE］＋［ADULT］＋

［UNMARRIED］

wife ＋ ［HUMAN］ – ［MALE］ ＋ ［ADULT］ – ［UN-MARRIED］

boy ＋ ［HUMAN］ ＋ ［MALE］ – ［ADULT］ ＋ ［UN-MARRIED］

语义成分不仅可以表示词项的语义性质，还可以表示关系。例如，kill（杀）的意思是："X 杀死 Y"，即"X 致使 Y 死亡"，为此，我们选择两个语义成分［CAUSE］和［DIE］，［CAUSE］表示"引起"，［DIE］表示"死亡"，把 kill 这个词项表示为：

［CAUSE］X［DIE］Y

这样，就便于与 suicide（自杀）相区别。suicide 是"X 杀死自己"，可以表示为：

［CAUSE］X［DIE］X

通过语义成分，可对词典中的词项进行形式描述。例如，bachelor 这个词，可以作如下的形式描述（为简单起见，语义成分仅第一个字母大写）：

Bachelor；Noun→…→；

（Human）→（Male）→（Adult）→（Unmarried）→〈ω_1〉

（Human）→（Young）→（Knight）→［在别人的旗帜下奉职］→〈ω_2〉

（Human）→［大学四年级结束得到被授予的学位］→〈ω_3〉

（Anima）→（Male）→（Young）→（Seal）→［在繁殖期间没有配偶］→〈ω_4〉

这可有树形图表示如下。

在图 12 – 10 的树形图中，位于最高处的 Noun 为句法标示

bachelor

|

Noun

⋮

(Human)   (Animal)

(Male)   [大学四年结束得到被授予的学位]   (Male)

(Adult)   (Young)   (Young)

(Unmarried)   (Knight) $\langle \omega_3 \rangle$ (Seal)

$\langle \omega_1 \rangle$ [在别人的旗帜下奉职]   [在繁殖期间没有配偶]

$\langle \omega_2 \rangle$ $\langle \omega_4 \rangle$

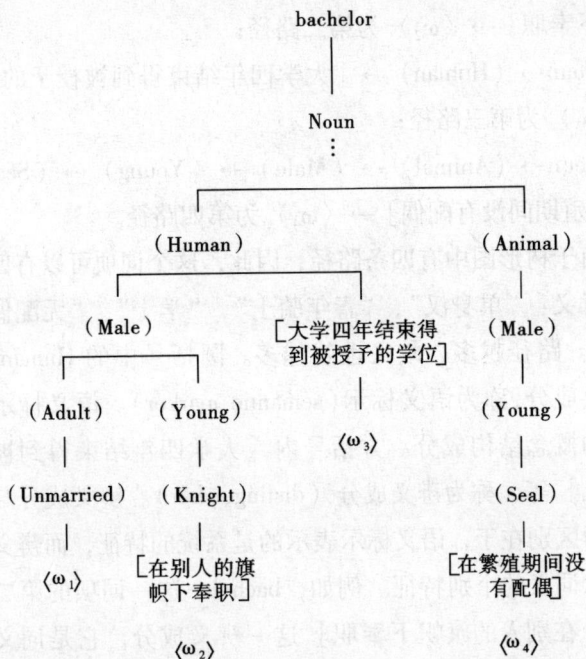

图 12 – 10　表示语义的树形图

(syntactic marker)，表示词项 bachelor 的句法范畴属于名词，省略号"…"表明还可以进一步指出句法范畴，例如，bache-lor 属于普通名词、可数名词等等。如果某个词项可以分属不同的句法范畴（如 hit 既可作动词，也可作名词），那就分为两路描写。在树形图中，以 bachelor 这个树根为起点，沿着树形图中的各个路径来取 bachelor 的语义值，可以分别得出这个词的不同意义。具体情况如下：

Noum→（Human）→（Male）→（Adult）→（Unmarried）
→〈ω_1〉为第一路径；

Noun→（Human）→（Male）→（Knight）→ [在别人的

旗帜下奉职] → 〈ω_2〉为第二路径；

Noun→（Human）→ [大学四年结束得到被授予的学位]
→〈ω_3〉为第三路径；

Noun→（Animal）→（Male）→（Young）→（Seal）→
[在繁殖期间没有配偶] →〈ω_4〉为第四路径。

由于树形图中有四条路径，因此，这个词项可以有四个不同的意义："单身汉"、"青年骑士"、"学士"、"无配偶的小海狗"。路径越多，歧义也就越多。圆括号中的 Human, Male 等语义成分，称为语义标示（semantic marker）。语义标示表示意义的概念结构成分。方括号内 [大学四年结束得到被授予的学位] 等，称为辨义成分（distinguisher）。辨义成分与语义标示的区别在于，语义标示表示的是系统的特征，而辨义成分只表示词义的个别特征。例如，bachelor 这一词项的第二路径中有 [在别人的旗帜下奉职] 这一辨义成分，它是词义的个别特征，去掉这个特征，并不会影响 bachelor 这一词项的意义；而语义标示是整个系统中通用的，如果去掉一项，就会影响到许多词项的意义。尖括号内的〈ω_1〉、〈ω_2〉等表示选择限制（selection restriction）。例如，形容词 handsome 有三个意思：一是"美观的"，二是"慷慨的"，三是"相当大的"。第一个意思只能指人或指人工制品，例如，可以说 handsome fellow（漂亮的人）、handsome building（美观的房子），因此，其选择限制为〈（Human）V（Artifact）〉，其中，"V"表示逻辑析取（"或"）。第二个意思只能指行为，例如，可以说 handsome treatment（慷慨的待遇），其选择限制为〈（conduct）〉。第三个意思只能指数量，例如，可以说 handsome sum（可观的数目），其选择限制为〈（Amount）〉。如果把 hand-

286

some fellow 理解为"可观的人"，就违反了选择限制。选择限制在研究词与词之间的搭配关系时是很有用的。

输入语义组成部分的是句子的深层结构，这就是所谓的"深层短语标示"（underlying phrase marker）。语义解释是在深层短语标示的基础上对句子进行语义解释的。

例如，句子

The man hits the colorful ball

其深层短语标示为：

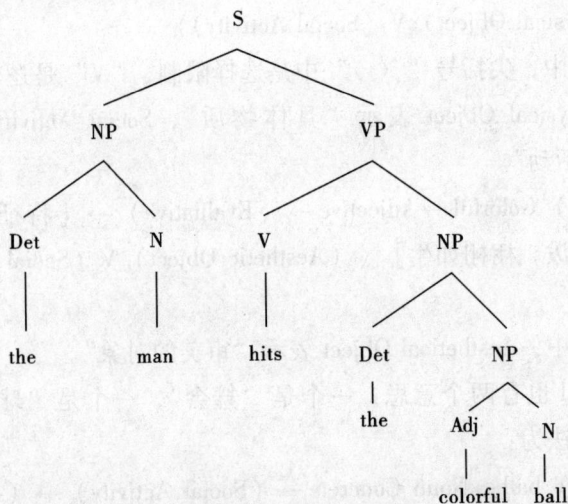

图 12 - 11　深层短语标示

语义解释的第一步是给深层短语标示中的终极符号串 the-man hits the colorful ball 提供词汇读法（lexical reading），从而得到词汇解释的短语标示（lexically interpreted phrase marker）。

语义解释的第二步是由投影规则把词汇读法按句法结构合成推导读法（derived reading）。这个过程称为合并（amalgamation）。合并从树形图的最低成分开始，自下而上地逐级进行。例如，先把 colorful 的词汇读法与 ball 的词汇读法合并为一个推导读法，再把 colorful ball 与 the 合并，然后再把 hits 与 the colorful ball 合并，这样逐级合并，以至于全句，从而把词汇解释的短语标示变换为语义解释的短语标示（semantically interpreted phrase marker）。

colorful 有两个意思：一个是"色彩丰富鲜艳的"，一个是"生动活泼的"，其词汇读法分别为：

（1）colorful→Adjective→（Color）→［色彩丰富鲜艳的］〈（Physical Object）V（Social Activity）〉

其中，尖括号"〈 〉"中是选择限制，"V"是逻辑析取号，Physical Object 表示"具体物质"，Social Activity 表示"社会活动"。

（2）Colorful→Adjective→（Evaluative）→［特征醒目，生动活泼，栩栩如生］〈（Aesthetic Object）V（Social Activity）〉

其中，Aesthetical Object 表示"审美的对象"。

ball 也有两个意思：一个是"舞会"，一个是"球"，其词汇读法为：

（3）ball→Noun Concrete→（Social Activity）→（Large）→（Assembly）→［目的是跳舞］

其中，Large 表示"大"，Assembly 表示"集会"。

（4）ball→Noun Concrete→（Physical Object）→［具有球体的外形］

ball 与 colorful 之间的关系，是中心语与修饰语的关系，为此，使用中心语与修饰语合并的投影规则：

词项列$_1$→中心语句法标示→（a$_1$）→（a$_2$）→…→（a$_n$）

→［1］〈1〉

词项列$_2$→修饰语句法标示→（b$_1$）→（b$_2$）→…→（b$_m$）→［2］〈2〉

如果中心语词项列可满足修饰语的选择限制〈2〉，则两个词项列可以合并为：

词项列$_1$＋词项列$_2$→句法标示→（a$_1$）→（a$_2$）→…→（a$_n$）→（b$_1$）→（b$_2$）→…→（b$_m$）→［［2］［1］］〈1〉

将这个投影规则运用于（1）、（2）、（3）、（4）等词汇读法，将（3）、（4）分别与（1）、（2）合并，得到三个推导读法（5）、（6）、（7）。这说明 colorful ball 这一名词短语有三种可能的解释：

（5）colorful＋ball→Noun Concrete→（Social Activity）→（Large）→（Assembly）→（Color）→［［色彩丰富鲜艳］［目的是跳舞］］

（6）Colorful＋ball→Noun Concrete→（Physical Object）→（Color）→［［色彩丰富鲜艳］［具有球体的外形］］

（7）Colorful＋ball→Noun Concrete→（Social Activity）→（Large）→（Assembly）→（Evaluative）→〈［特征醒目，生动活泼，栩栩如生］［目的是跳舞］〉

（5）是（1）与（3）合并而成的，意思是"五彩缤纷的舞会"，（6）是（1）与（4）合并而成的，意思是"色彩丰富鲜艳的球"，（7）是（2）与（3）合并而成的，意思是"生动活泼的舞会"。（2）与（4）不能合并，因为（4）不能满足（2）的选择限制〈（Aesthetic Object）Ｖ（Social Activity）〉的要求，"生动活泼的球"在语义上也不能成立。Colorful 与 ball 的合并情况可表示如下：

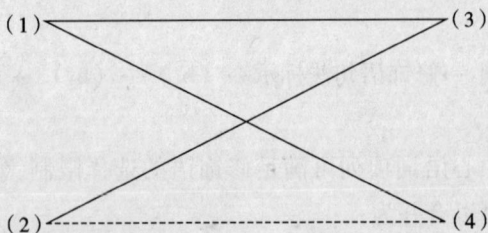

图 12 - 12　合并情况图示

在图 12 - 12 中，实线表示可以合并，虚线表示不能合并。

这样一来，选择限制便排除了"生动活泼的球"这一不合实际的含义。

述宾关系也有投影规则。因此，接着把 hits 与 the colorful ball 合并，这又排除了"五彩缤纷的舞会"和"生动活泼的舞会"两个意义，因为"舞会"不是物体（Physical Object），而是一种社会活动（Social Activity），它是不能"击"的。这样，合并到最后，colorful ball 只有一个解释："色彩丰富鲜艳的球"。

主谓关系也有投影规则，它把 the man 与 hits the colorful ball 合并。使用主谓关系的投影规则之后，最后得到这个句子的语义解释如下：

the + man + hits + the + colorfl + ball——→sentence——→［某种上下文关系确定的］—→（Physical Object）——→（Human）——→（Adult）——→（Male）——→（Action）——→（In Stancy）［冲击而相撞］——→［某种上下文关系确定的］——→（Physical Object）——→（Color）——→〈［色彩丰富鲜艳］［具有球体的外形］〉

由此可知，这句话的意思是："这个男人击彩球。"

290

这就是语义组成部分对句法组成部分的深层短语标示进行语义解释的过程。可以看出，这样的语义解释是相当形式化的。

本章参考文献

1. N. Chomsy, Aspects of the Theory of Syntax, 1965.

2. J. J. Katz, J. A. Fodor, The Structure of a Semantic Theory, 1963.

3. N. Chomsky, M. Halle, The Sound Pattern of English, 1968.

4. 徐烈炯：《两种新的音位学理论》，《语言学动态》，1979 年第 4 期。

5. 徐烈炯：《解释语义学》，《现代英语研究》，1980 年第 2 辑（总七）。

6. 李逊永：《标准理论时期的转换生成语法》，载《乔姆斯基语言理论介绍》第 93 - 122 页，1982 年。

第十三章 转换生成语法的发展

1965 年乔姆斯基提出转换生成语法的标准理论之后，围绕着语义和句法关系的问题，美国语言学界展开了一场大论战。在论战中，转换生成语法又得到了发展。论战双方分别提出了扩充式标准理论、踪迹理论、生成语义学、管辖和约束理论等。本章将针对这些问题进行论述。

第一节 扩充式标准理论

在转换生成语法的标准理论中，语义组成部分的作用是对深层结构进行语义解释，也就是说，得出了深层结构，语义就已经确定了。深层结构经过转换部分得到表层结构，转换并不能改变深层结构的语义。乔姆斯基主张"句法自立"（autonomy of syntax）。他认为，句法不能建立在语义的基础之上，标准理论的句法组成部分是独立地起作用的。卡兹（J. J. Katz）和波士托（P. M. Postal）提出：所有的转换都不能改变语义，深层结构单独决定语义解释。这就是所谓的"卡兹－波士托假说"（Katz-Postal hypothesis）。

如果把研究的对象局限于主题关系（thematic relation）上，如施事、受事、工具等，卡兹－波士托假说还是成立的，

292

但是，当研究的领域扩大到逻辑词、否定、照应关系等语义现象时，卡兹－波士托假说就站不住脚了。

于是，乔姆斯基、贾根道夫（R. Jackendoff）、埃孟兹（J. Emonds）等人开始研究表层结构对语义的影响。他们发现，在以下几个方面，表层结构会影响到句子的语义，转换也会改变句子的语义。

（1）否定词和逻辑量词的顺序对语义有影响。

试比较：

（i）Not many arrows hit the target.

（没有很多箭射中靶子。）

（ii）Many arrows didn't hit the target.

（很多箭没有射中靶子。）

（i）与（ii）的意义显然不同：（i）是说射中靶子的箭不多，（ii）否定了很多箭射中靶子这一事实。

而按标准理论，这两句话的深层结构只有一个：

Not〔many arrows hit the target〕

因此，深层结构没有反映出这两句话在语义上的差别。

再看

（iii）The target was not hit by many arrows.

（靶子没有被很多箭射中。）

这一句话是（i）的释义形式，而不是（ii）的释义形式，但从表面上看，（iii）却像是（ii）经过被动转换变来的，而实际上（ii）与（iii）的意思并不相同。

如果我们细心地观察（i）、（ii）、（iii）这三个句子中否定词 not 和逻辑量词 many 的顺序，可以发现：（i）与（iii）中，not 在前，many 在后，它们在表层结构中的顺序相同，因此，（i）与（iii）的意思也相同;而(i)与(ii)中,not 与 many 的顺序不相同,(i)中,not 在前,many 在后,(ii)中,many 在前,not 在后,因此,(i)与(ii)的意思不相同。

（2）在照应关系上，重音对于确定代词的所指有一定的作用。

例如，在句子

John hit Bill and then George hit him.

（约翰击中了比尔，以后乔治击中了他。）

中，如果 him 不加上重音，它指的是 Bill，而如果 him 加上了重音，它就可能指 John 或者指除了 John 和 Bill 之外的另一个人。

又如，在句子

John washed the car; 1 was afraid someone else would do it.

（约翰洗了小汽车；我害怕别的什么人也会做这件事。）

中，如果 else 加上了重音，someone else 指的是除了 John 以外的某个人，而如果 afraid 加上了重音，则 someone else 指的是 John 本人。

可见，表层结构中的重音对于语义也有一定的影响。

（3）疑问转换也可能影响到句子的语义。

试看下列句子:

（i）I shall go downtown.

（我将要去市里的商业区。）

（ii）Shall I go downtown?

（我该去市里的商业区吗?）

（iii）I wonder whether I shall go downtown.

（我拿不定主意我是否将要去市里的商业区。）

294

在(i)和(iii)中,shall 仅表示时态,而在(ii)中,shall 有情态意义,略带有 should 的意思。(iii)是把(ii)嵌入主句之后得到的内嵌句,但是,(iii)中 shall 的意思却与(ii)中 shall 的意思不同,而与(i)中 shall 的意思相同。

可见,疑问转换改变了句子的意思。

(4) 被动转换也会改变句子的语义。

试比较:

(i) Einstein has visited Princeton.

(爱因斯坦曾经访问过普林斯顿。)

(ii) Princeton had been visited by Einstein.

(普林斯顿曾经被爱因斯坦访问过。)

从(i)看,Einstein 一定还活着,而从(ii)看就不一定了。

又如:

(iii) The sonata is easy to play on this violin.

(这首奏鸣曲很容易在这把小提琴上演奏。)

(iv) This violin is easy to play the sonata on.

(这把小提琴很容易演奏这首奏鸣曲。)

(iii) 与 (iv) 的深层结构相同,其现实条件也完全相同,可以认为是同义异形的形式,不过,它们的主题却不相同,(iii) 的主题说的是"奏鸣曲",(iv) 的主题说的是"小提琴"。

可见,如果把主题考虑在内,几乎很难找到深层结构相同而表层结构不同的同义句。

在大量的事实面前,乔姆斯基决定修改标准理论。他在《深层结构、表层结构和语义解释》一文(1972)中,坦率地承认："在这类实例里有理由制定利用不表现在深层结构里的信息的解释规则。这些实例提示我们，标准理论是不正确的，它应当修正以便容纳这些规则。"[①]

于是，乔姆斯基提出了扩充式标准理论（Extended Standard Theory），这个理论可概括如下：

（i）基础部分：$(P_1 \cdots, P_i)$

其中，P_1 代表起始短语标记，P_i 代表深层结构。

（ii）转换部分：$(P_i \cdots, P_n)$

其中，P_n 代表表层结构，从 P_i 到 P_n 要连续经过一系列的转换。

（iii）语音部分：$P_n \longrightarrow$ 语音表现。

（iv）语义部分：$(P_i, P_n) \longrightarrow$ 语义表现（所包含的语法关系是 P_i 里的语法关系，也就是在 P_1 里表达的语法关系）。

由此可以看出，在扩充式标准理论中，不仅深层结构 P_i 与语义表现有关，而且表层结构 P_n 也与语义表现有关。乔姆斯基说："根本没有理由认为表层结构的性质在决定语义解释中不起作用，早先提出的一些理由也说明，事实上它们是起这样的作用的。"[②]

第二节　踪迹理论

1974 年，费恩戈（Fiengo）发表了《表层结构的语义条

---

① 乔姆斯基：《深层结构、表层结构和语义解释》，载《语言学译丛》第二辑，227 页。

② 乔姆斯基：《深层结构、表层结构和语义解释》，载《语言学译丛》第二辑，230 页。

件》（Semantic Condition on Surface Structure），提出了踪迹理论（Trace Theory）。1975 年，乔姆斯基发表了《对语言的思考》（Reflections on Language），接受了踪迹理论，并对扩充式标准理论进行修正。

所谓踪迹，就是在转换过程中，当把短语 P 从 X 位置转移到 Y 位置后，P 在 X 位置留下的痕迹，记为 t。

例如，句子

（ⅰ）Beavers built dams.

（海狸筑堤。）

经过被动转换之后，得到

（ⅱ）Dams are built by beavers.

（堤由海狸来筑。）

dams 由（ⅰ）中的宾语位置移到（ⅱ）中的主语位置，为此，可记为如下形式：

（ⅲ）Dams are [$_{VP}$ built t by beavers]

（ⅲ）是带有踪迹 t 的结构，叫作浅层结构（Shallow Structure，简称 S-Strueture）。从（ⅲ）中可以看出，动词 built 之后，仍留下了一个踪迹 t，这个 t 就是 dams 的踪迹。在（ⅲ）中，一方面，dams 与 built 的关系是主谓关系，在这个意义上，dams 是动词 built 的主语；另一方面，踪迹 t 的位置表明，它与 built 之间存在着述宾关系，t 代表 dams，t 是 built 的宾语，所以，在这个意义上，dams 又是动词 built 的宾语。这两种句法关系对于语义解释都起着一定的作用。深层结构中的述宾关系，决定了（ⅰ）与（ⅱ）的意义有一些共同之处，而表层结构中的主谓关系，则决定了（ⅰ）与（ⅱ）的意义有一些不同之处。（i）与（ii）的语义有些不同，（i）说明海狸只筑了一些堤，而（ii）似乎认为所有的堤都是海狸筑的。采用踪迹理论来解释，这两种关系都能在浅层结构中得到反映。通过浅层结构，既可追溯深层结构的主题关系，又可看到表层结构的具体形式。乔姆斯基的扩充式标准理论主要说明了深层结构和表层结构都与语义解释有关，而建立踪迹理论之后，浅层结构可直接与语义解释相联系，因而，深层结构这个概念也就没有用了。

近年来，乔姆斯基致力于研究语言与心理的关系，语义解释涉及的不仅仅是语法系统，而且，他还在踪迹理论的基础上，进一步把句子的语义解释同其他的认知结构（congnitive structure）系统联系起来。乔姆斯基把与语法系统有关的问题叫作语句语法（sentence grammar），他认为，句子的语义解释不仅只局限于语句语法本身，而且还涉及其他的认知结构系统。

乔姆斯基在《对语言的思考》一书中，提出了这个新的转换生成语法模式的示意图如下：

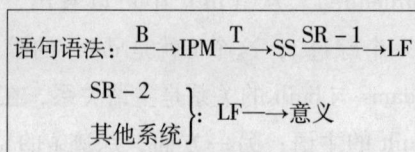

$$语句语法：\overset{B}{\longrightarrow}IPM\overset{T}{\longrightarrow}SS\overset{SR-1}{\longrightarrow}LF$$

$$\left.\begin{array}{l}SR-2\\其他系统\end{array}\right\}：LF\longrightarrow 意义$$

图 13-1　新的转换生成语法模式示意图

图 13-1 中，B 表示基础部分（Base），IPM 表示起始短语标记（Initial Phrase-marker），T 表示转换部分（Transformation），SS 表示浅层结构（S-Structure），LF 表示逻辑式（Logic Form），SR-1 表示语义解释规则 1（Semantical Rule-1），

SR-2表示语义解释规则2（Semantical Rule-2）。

从图13-1中可以看出，基础部分（B）的规则包括范畴部分的规则和词典，构成起始短语标记（IPM）。转换部分的规则（T）把起始短语标记变换成浅层结构（SS），浅层结构由若干语义解释规则（SR-1，即包括限定照应、范围、主题关系等）变换成逻辑式（LF），这些构成语句语法。这里所谓的逻辑式就是在语义表现中严格地由语法部分决定的方面。

把语法放在其他的认知结构系统之内，使这样生成的逻辑式进一步接受其他语义规则的解释（SR-2），这些新规则和其他的认知结构相互作用，就能够判定出更全面的语义表现。这样的语义表现已经超出了语句语法的范围。

这样一来，在使用语义解释规则1生出逻辑式之后，语句语法的任务便结束了。乔姆斯基断言，"有理由认定，语法理论——或更确切地说，语句语法——在这一点上结束。"[①] "这一点"就是生出逻辑式之后的那一点，而进一步的语义解释，则应放在其他的认知结构系统之内解决，也就是说，要把由语句语法所生成的逻辑式，再经过语义解释规则2（SR-2），与其他的认知结构系统共同作用，才能达到完整的语义解释。

第三节　生成语义学

转换生成语法的标准理论是以句法为基础的，只有其中的句法组成部分才具有生成能力，而语义组成部分和音位组成部分都没有生成能力，而只有解释能力。也就是说，由句法组成

---

① N. Chomsky, Reflections on Language, Pantheon, New York, 1975.

部分生成的深层结构，经过语义组成部分解释为语义表现，经过音位组成部分解释为语音表现。

乔姆斯基早年的学生麦考利（J. P. McCawley）、雷柯夫（G. Lakoff）、罗斯（L. R. Ross）等人，从另一个角度对标准理论进行修正，提出了生成语义学（generative semantics）。生成语义学是以语义为基础的，这种理论认为，语义组成部分才具有生成能力，而句子的句法特点反而要取决于语义。

根据标准理论，句子的深层结构和语义表现是两个不同的层次，深层结构要经过语义规则的作用才能变换为语义表现。而生成语义学认为，深层结构就是语义表现，这样就取消了深层结构这一层次。语法的语义组成部分中的形成规则（formation-rule）生成语义表现，在语义表现的基础上，使用词汇规则和转换规则，得到表层短语标示，表层短语标示进入语法的音位组成部分，使用音位规则，最后得到句子的语音表现。如图 13 - 2 所示。

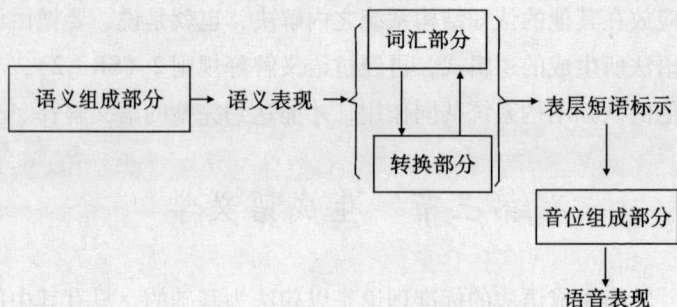

图 13 - 2　生成语义学原理图示

语义表现可用短语标示（即树形图）来表示，树形图中的结点也标以 NP、VP 等句法范畴符号，但树形图中的末端结点上标记的不是词，而是语义成分。

300

例如,The man killed the duckling(这个男人杀了小鸭子)这个句子中,在结点 N 之下的末端结点上,标记的不是 man 和 duckling 这样的词,而分别是[HUMAN]、[ADULT]、[MALE]与[ANIMAl]、[POULTRY]、[DUCK]、[YOUNG]等语义成分;在结点 V 之下的末端结点上,标记的不是 kill 这个词,而是形式如下的语义成分:

[CAUSE [CHANGE TO [NOT ALIVE]]]

语义表现还可以用数理逻辑中的谓词演算符号来表示。如 The man killed the duckling 这个句子,用谓词演算符号可表示为:

$$\exists Y \ [kill \ Y \ (X_1 X_2) \ APast] \ Aman \ (X_1) \ duckling \ (X_2)$$

其中,∃是存在量词,∃Y 表示存在一个事件,叫作 Y。这是一个关于"宰杀"(kill)的事件,kill 这个动作牵涉 X_1 和 X_2 两个客体,这件事发生在过去(past),X_1 是一个男人(man),X_2 是一只小鸭子(duckling)。

语义表现进入词汇部分和转换部分,受到词汇化规则和语义规则的作用后,再进入音位组成部分。所谓词汇化(lexicalization)规则,就是把语义成分变换为词汇的规则。例如,把语义成分 [HUMAN]、[ADULT]、[MALE] 变为 man,把 [ANIMAL]、[POUITRY]、[DUCK]、[YOUNG] 变为 duckling,把 [CAUSE [CHANGE TO [NOT ALIVE]]] 变为 kill 等等。这种一步一步的变换叫作谓词升格(predicate raising)。

应该注意的是,词汇化规则与转换规则在转换过程中是交叉地进行的,不是先把词汇问题全部解决之后再进行转换。

经过词汇化和转换之后,便得到了句子的表层短语标示,再进入音位组成部分,最后得到句子的语音表现。

生成语义学强调语义的生成能力，不拘泥于句子的句法结构，可以入情入理地解释一些句法结构不同而语义结构相同的语言现象。

例如，（i）John used the key to open the door.

（ii）John opened the door with the key.

（i）与（ii）表层结构不同，（i）中的述宾结构 used the key 在（ii）中却用介词短语 with the key 来表示，因此它们的深层结构也不同，按标准理论无法看出它们在语义上的联系，而实际上这两句话的意思都是"约翰用钥匙开门"。如果根据生成语义学来分析，由于两句话来自相同的语义表现，到了词汇化和转换的过程中才显出差别，因此，自然不难看出它们在语义上的联系来。

根据生成语义学还可以解释语义相同而用词不同的语言现象。

例如，（iii）John bought the car from Harry.

（约翰从海利那里买了那辆车。）

（iv）Harry sold the car to John.

（海利卖了那辆车给约翰。）

如果采用标准理论，由于（iii）、（iv）的用词不一样，无法对它们的语义关系进行说明。而根据生成语义学，（iii）、（iv）的语义表现相同，都是 X CAUSE Y HAVE Z（X 使 Y 有 Z），在词汇化时采用 buy（买）就形成了（iii），采用 sell（卖）就形成了（iv）。

这是生成语义学比标准理论高明的地方。

乔姆斯基对转换生成语法有个复杂的比喻。他认为，语言是数学的形式系统，他早年就想把语言学的研究纳入形式系统理论，纳入数学，他的形式语言理论就用公理化的方法精确地刻画出语言的面貌。乔姆斯基在标准理论以及扩充式标准理论中，仍然坚持把语言纳入形式系统这一立场，因而他也就必然要特别重视句法，把句法作为标准理论的基础，这样，在许多地方就难免削足适履。生成语义学看到了这个问题，放弃了以句法为基础的原则，而采取了语义为基础的原则，从而能说明一些乔姆斯基的理论说明不了的问题，这在转换生成语法的发展史上不能不说是一个进步。

不过，到了 20 世纪 70 年代末期，由于现代语言学中许多新学科的兴起和发展，生成语义学的倡导者们有的转入逻辑研究，有的"弃船"，因而生成语义学很快就衰落了。这说明了近年来语义学研究变动之迅速，思想之活跃。

第四节　管辖和约束理论

进入了 20 世纪 80 年代，乔姆斯基还在不断地提出新的思想，以进一步发展转换生成语法。1980 年，他在美国《语言探究》（Linguistic Inquiry）第 2 卷第 1 期上，发表了《约束论》（On Binding），1981 年又发表了《管辖和约束讲义》（Lectures on Government and Binding），他的研究重点逐渐地转到了普遍语法方面。

这种普遍语法属于人类语言的共性。凡是能用普遍原则说明的语言现象，就不必在个别语言的语法中分别作具体规定了。普遍语言适用于每种语言，同时又具有灵活性，允许不同的语言在一定范围内有些差异。正如乔姆斯基所说的："我们希望研究出一套结构高度严谨的普遍语法理论，它以一系列基本原则为基础，这些原则明确划定语法的可能的范围，并严格地限制其形式，但也应该含有一些参数，这些参数只能由经验决定。"①

所谓管辖，就是成分之间的支配关系，它要说明短语中的各个成分是否在同一个管辖区域之内，以及在管辖区域内什么是主管成分，什么是受管成分。

例如，下面三个英语句子

（i）John likes him.

（约翰喜欢他。）

（ii）John sats Bill Likes him.

（约翰说比尔喜欢他。）

（iii）John likes himself.

（约翰喜欢他自己。）

（i）的树形图为：

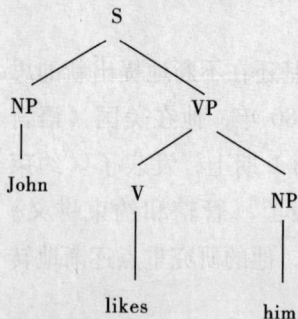

图 13 - 3

在这个树形图中，John 与 him 在同一管区辖 S 内，John 是主管成分，him 是受管成分，John 统领 him。

（ii）的树形图为：

在这个树形图中，Bill 与 him 在同一管辖区域 S_1 内，Bill 是主管成分，him 是受管成分，Bill 统领 him，但 him 与 John 不在同一管辖区域之内，因为这时，him 与 John 之间隔了一个层次 S_1，John 处于管辖区域 S_1 之外，超出了 S_1 的最大投射范围。

（iii）树形见下页图 13 - 5。

① N. Chomsky, Lectures on Government and Binding, P3 - 4, 1981.

在这个树形图中，John 与
himself 在同一管辖区域 S 内，
John 主管成分，himself 是受管
成分，John 统领 himself。

所谓约束，就是语义解释
的照应关系。它要说明，在管
辖区域内的成分，在什么情况
下是自由的，在什么情况下是
受约束的。

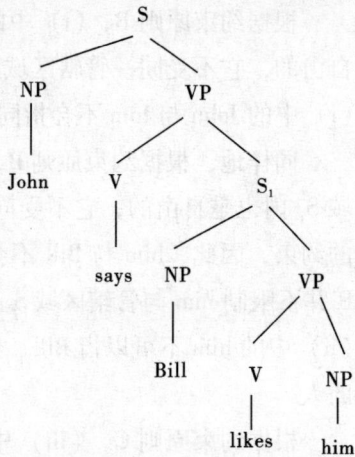

图 13 - 4

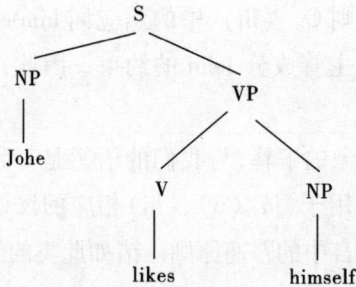

图 13 - 5

乔姆斯基提出了三条约束原则（binding principle）：

1. 约束原则 A：照应词在管辖区域内受约束（bound）；

2. 约束原则 B：代名词在管辖区域内是自由的（free）；

3. 约束原则 C：指称词总是自由的。

这里，照应词是指反身代词 himself 这样的词，代名词是
指像 him，her 这样的词，指称词是指像 John，Bill 这样的词。

根据约束原则 C，（i）、（ii）、（iii）中的 John、Bill 都是
指称词，它们总是自由的，它们在任何情况下都不受别的词的
约束，但它们却可以约束别的词。

根据约束原则 B，（i）中的代名词 him 在管辖区域 S 内是自由的，它不受同一管辖区域内主管成分 John 的约束，因此，（i）中的 John 与 him 不会指同一个人。

同样地，根据约束原则 B，（ii）中的代名词 him 在管辖区域 S_1 内也是自由的，它不受同一管辖区域 S_1 内主管成分 Bill 的约束，因此，him 与 Bill 不会指同一个人；但是，约束原则 B 并不限制 him 与管辖区域 S_1 之外的 John 指同一个人。所以，（ii）中的 him 不可以指 Bill，但可以指 John，也可以指任何别的人。

根据约束原则 C，（iii）中的照应词 himself 在管辖区域 S 内受到统领它的主管成分 John 的约束，因此，himself 与 John 指同一个人。

上述语言现象的解释，与我们的语感是一致的，而且，同样的解释也可以适用于（i）、（ii）、（iii）相应的汉语译文，可见，这些约束原则是语言中的普遍原则。诸如此类的约束原则引起了许多语言学家的注意。因为它是以对人类语言的总的性质、特点的正确认识为基础的，这样的问题有着特别的研究价值。

因此，管辖与约束理论的提出，标志着转换生成语法研究重点的转移，它由以研究个别语言（如英语）的语法规则为重点，转入以研究普遍语法的原则为重点，它不再研究一条条具体的转换规则及其使用条件，而致力于探讨限制着这些转换规则使用的那些总原则。

由此可以看出，现代语言学中的乔姆斯基革命并没有完结，这场革命还在不断地发展中，它还在不断地提出新思想、新问题、新方法，力图要建立语言学中新的规范，以推翻旧的规范。因此，有人把这场革命比作语言学中伽利略式的科学革

306

命的开端。

本章参考文献

1. N. Chomsky, Deep Structure, Surface Structure and Semantic Interpretation, 载 N. Chomsky 著 Studies on Semantics in Generati ve Grammar, 1972。中译文为《深层结构、表层结构和语义解释》, 赵世开译, 载《语言学译丛》第二辑, 1980年。

2. N. Chomsky, Reflections on Language, Pantheon, New York, 1975.

3. N. Chomsky, Lectures on Government and Binding, Foris, Dordrecht, 1981.

4. 徐烈炯:《语义与句法关系的模式》,《现代英语研究》, 1980年第3辑(总八)。

5. 叶蜚声整理:《雷柯夫、菲尔摩教授谈美国语言学问题》(第一部分, 雷柯夫的谈话),《国外语言学》, 1982年, 第2期。

6. 徐烈炯:《管辖与约束理论》,《国外语言学》, 1984年第2期。

第十四章　格语法和蒙塔鸠语法

在转换生成语法的影响下，美国语言学界的思想十分活跃，新的理论和新的学派层出不穷，其中比较重要的是菲尔摩提出的格语法（case grammar）和蒙塔鸠提出的蒙塔鸠语法（Montague grammar）。这两个学派的出发点和目的不尽相同，我们在这里把它们合在一章里讲，只不过因为它们是在转换生成语法之后美国语言学界比较有代表性的流派。

第一节　格语法

菲尔摩（C. J. Fillmore）于 1968 年发表了《格辨》（The Case for Case）一文，提出了格语法。菲尔摩在这里所说的"格"，并不是传统语法中的格，而是深层结构中的格。

传统语法中的格是与名词的形态变化联系在一起的，不同格的名词有不同的形态变化。例如，俄语名词有六个格，德语名词有四个格，每一个格都同一种特定的形态变化相联系。按传统语法的观点来看，英语和法语的名词没有形态变化系统，所以，它们是没有格的。但是，这种情况并不意味着英语和法语中不存在"施事"、"受事"、"工具"、"给与"、"处所"等语法意义。

这些语法意义不一定要通过名词词尾的形态变化来表达，而可以通过其他的语法形式来表达。不同的语言有不同的表达方式。例如，英语、法语可通过介词来表达，日语可通过助词来表达，另外有些语言则不通过名词的形态变化，而通过动词的形态变化来表达。为了从深层结构的角度来研究格的关系，有必要抛弃附加在名词上的形态变化，而用"格"这个术语来指在深层结构中的句法语义关系。

菲尔摩认为，标准理论中存在于深层结构中的语法关系，如主语、直接宾语、间接宾语、介词宾语等，实际上都是属于表层结构的概念，在深层结构中所需要的不是这些表层的语法关系，而是深层的句法语义关系，如施事、受事、工具、处所等格的关系。换言之，每个名词短语（包括单个的名词和代词）在深层结构中都有一定的格，这些格经过适当的转换之后，才在表层结构中成为主语、宾语、介词短语等，在名词有形态变化的语言中，就变为不同形式的名词的表层的格。因此，菲尔摩才把他的理论称之为格语法。

菲尔摩指出："对于转换语法的理论我想提出的实质性的修正，可以归结为重新引进作为'概念框架'来理解的格的体系。不过这一回已经清楚地理解到深层结构和表层结构之间的区别。句子在基础结构中包含一个动词和一个或几个名词短语，每一个名词短语以一定的格的关系和动词发生联系。"①

在格语法中，一个句子包括情态和命题两部分。如果我们用 S 表示句子（sentence），用 M 表示情态（modality），用 P 表示命题（proposition），则可写为：

---

① 菲尔摩：《格辨》，《语言学译丛》第二辑，第 24 页。

$$S \longrightarrow M + P$$

成分 P 可以扩展为一个动词和一个或一个以上的格的范畴。如动词用 V 表示，格的范畴分别用 C_1，$C_2 \cdots$，C_n 表示，则可写为：

$$P \rightarrow V + C_1 + C_2 + \cdots + C_n$$

而每一个格的范畴又可以表示一个格标（记为 K，这是德语 Kasus［格］的缩写）加上一个名词短语（记为 NP），即

$$C \rightarrow K + NP$$

这样，一个用格语法来表示的句子就可以画成如下的树形图：

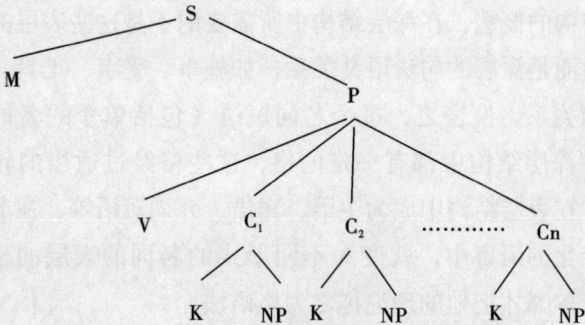

图 14 – 1　格的树形图表示

这里需要解释一下的是情态 M，它与传统意义上的"情态"不同。传统意义上的"情"主要表示可能、必然等，而格语法中的情态主要是指动词的时、体、态以及肯定、否定、祈使、疑问、感叹、陈述等。

菲尔摩说："格的概念包括一整套带有普遍性的、可以假定是内在的概念，相当于人类对在周围发生的事所能作出的某些类型的判断，诸如谁做了这件事情，这件事情发生在谁身

310

上，什么东西发生了变化这类事情的判断。"①

菲尔摩提出的深层格有下列几种：

①施事格（A = Agentive），表示由动词所确定的动作能察觉到的、典型的、有生命的动作发生者。

②工具格（I = Instrumental），表示对由动词确定的动作或状态而言、作为某种因素而牵涉的、无生命的力量或客体。

③与格（D = Dative），表示由动词确定的动作或状态所影响的有生物。

④使成格（F = Factitive），表示由动词确定的动作或状态所形成的客体或有生物，或者是理解为动词意义的一部分的客体或有生物。

⑤处所格（L = Locative），表示由动词确定的动作或状态的处所或空间方向。

⑥客体格（O = Objective），表示由名词所表示的任何事物，在由动词确定的动作或状态中，其作用要由动词本身的词义来确定。

菲尔摩的上述定义非常抽象，我们可通过下面的例句来进一步理解它们的含义。

例如：

i. John opened the door.

（约翰打开了门。）

中的 John 是 A。

ii. The door was opened by John.

（门被约翰打开了。）

---

① 菲尔摩：《格辨》，《语言学译丛》第二辑，第27页。

中的 John 也是 A。

    iii. The key opened the door.

        （钥匙打开了门。）

中的 the key 是 I。

    iv. John opened the door with the key.

        （约翰用钥匙打开了门。）

中的 the key 也是 I。

    v. John used the key to open the door.

        （约翰使用钥匙打开了门。）

中的 the key 还是 I。

    vi. John believed that he would win.

        （约翰相信他会赢的。）

中的 John 是 D。

    vii. We persuaded John that he would win.

        （我们使约翰相信他是会赢的。）

中的 John 也是 D。

    viii. It was apparent to John that he would win.

        （对约翰来说很清楚，他是会赢的。）

中的 John 还是 D。

    ix. Chicago is windy.

        （芝加哥多风。）

中的 Chicago 是 L。

    x. It is windy in Chicago.

中的 Chicago 也是 L。

可以看出，这些格里面没有哪一个格与具体语言中的表层关系（如主语、宾语等）是对应的，它们都是深层格。

312

词汇表中的每个词，除了它本身所表示的语义之外，还可以有一系列的特征。格语法中着重研究了名词和动词的特征。

某一特定的格所要求的名词的特征可用强制规则来规定。例如，在 A 或 D 词组中的任何名词 N 都必须具有"有生命"[+ Animate] 这一特征，可以记为：

N→ [+ Animate]^{A,D} [X—Y]

动词的特征取决于全句提供的格的安排，这种安排，可用格框架来表示。例如，动词 run（跑）可插入格框架[—A]，动词 sadden（忧伤）可插入格框架[—D]，动词 remove（搬开）和 open（打开）可插入格框架[—O + A]，动词 murder（谋杀）和 terrorize（恐吓）可插入格框架[—D + A]，动词 give（给）可插入格框架[—O + D + A]……

同一个动词可以出现在不同的环境中。例如，open（打开）这个词，可以出现在 [—O] 中：

The door opened

（门开了）

也可以出现在 [—O + I] 中：

The wind opened the door

（风把门吹开了）

还可以出现在 [—O + I + A] 中：

John opened the door with a chisel.

（约翰用凿子把门撬开了。）

为了表示这些不同的情况，把凡是可以随选的成分，在格框架中用圆括号括起来，这样，open 的格框架就可简写为：

+ [—O (I) (A)]

这个格框架表示，open 这个动词必须使用 O（客体格），而 I

（工具格）和 A（施事格）则是时有时无的。

菲尔摩的格语法还提出了由句子的深层结构转化为表层结构的方法。

表层结构中的主语，来自不同的深层格，由深层结构中的深层中的深层格转化为表层结构中的主语的过程，叫作主语化（subjectivisation）。格语法规定，在主语化时，如有 A，则 A 为主语；如无 A 而有 I，则 I 为主语；如无 A 又无 I，则 O 为主语。

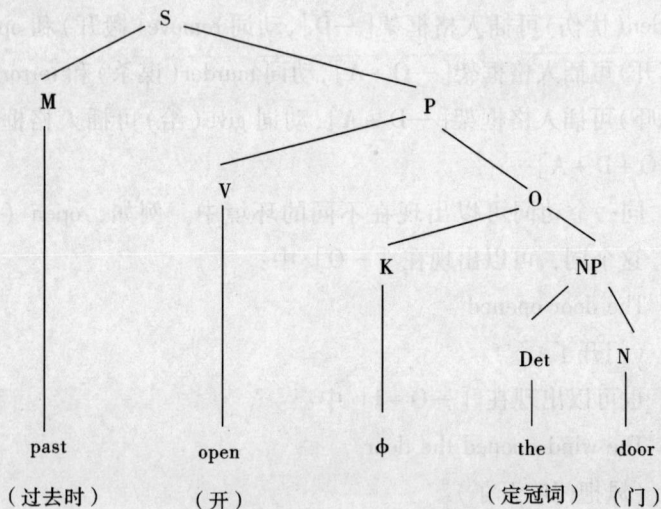

图 14 - 2　句子的基础表达形式

例如，设某一句子的基础表达形式如上面图 14 - 2。

从图 14 - 2 中可看出，这个句子（S）的情态（M）是 past（过去时），命题（P）由动词 V 和格的范畴 O（客体格）构成，这个格的范畴的格标 K 为空（φ），名词短语 NP 由 the（定冠词）和 door（门）构成。由于这个句子的基础表达形式中，没有 A 和 I，只有 O，所以，O 为主语。

314

首先，把 O 移至句首，如下图 14-3 所示：

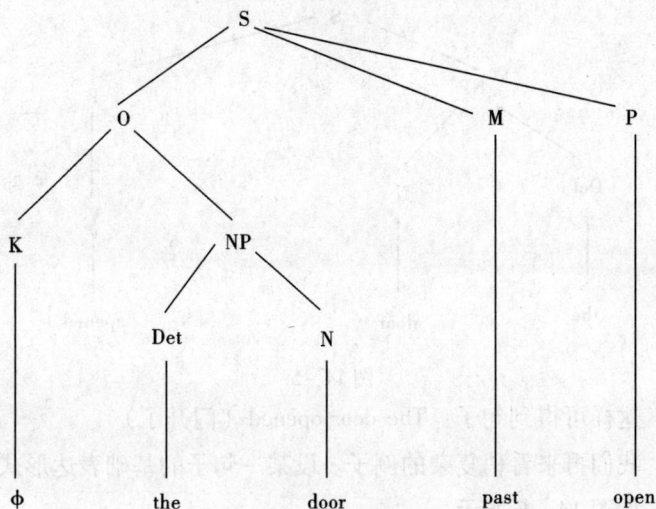

图 14-3　O 移至句首

然后进行主语介司删除，并删除格示。图 14-3 中主语介词为 φ，删除格标 K 后得到图 14-4。

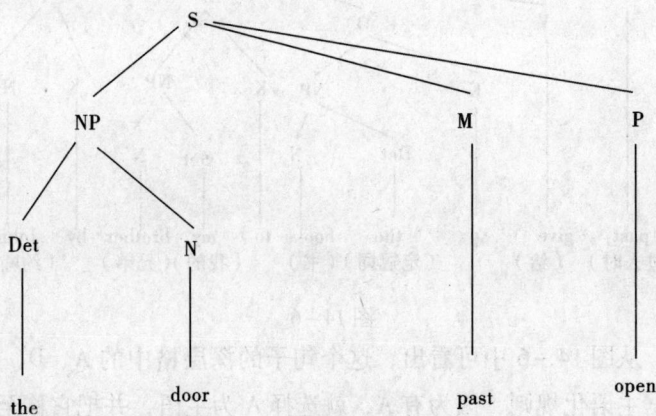

图 14-4　删除主语介词和格标

最后把时态 past 加入动词 open，得到表层形式：

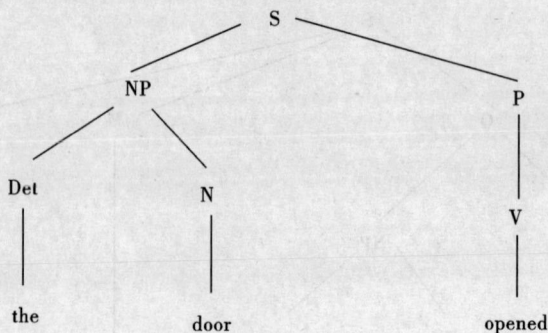

图 14 - 5

这样可得到句子：The door opened（门开了）

我们再来看稍复杂的例子。设某一句子的基础表达形式如下，如图 14 - 6 所示：

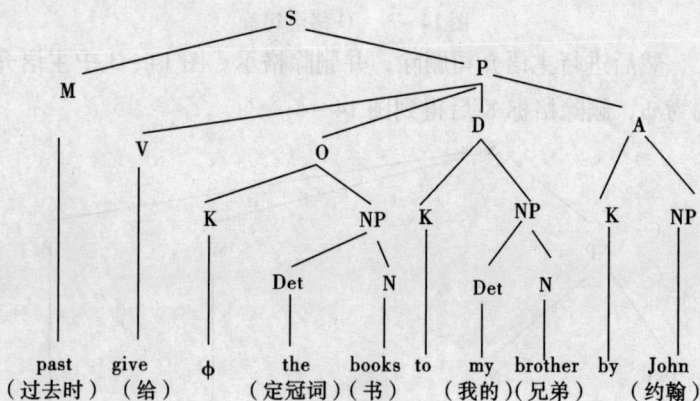

图 14 - 6

从图 14 - 6 中可看出，这个句子的深层格中的 A、D、O。根据主语化规则，因为有 A，就选择 A 为主语，并把它移至句首，得到图 14 - 7：

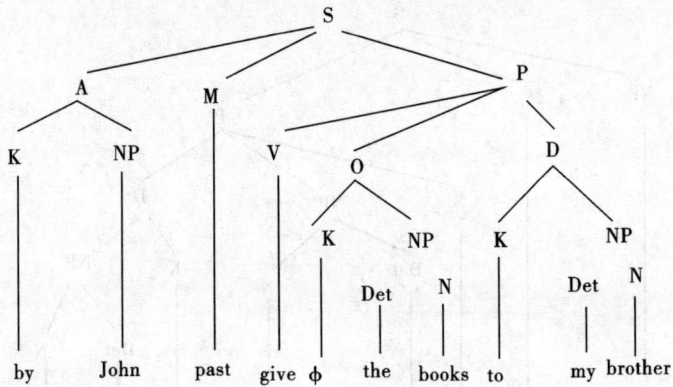

图 14 -7　A 移至句首

　　然后进行主语介词删除,并删除主语的格标。图 14 -7 中主语介词为 by,必须删除,再删除格标 K 后,得到下图 14 -8:

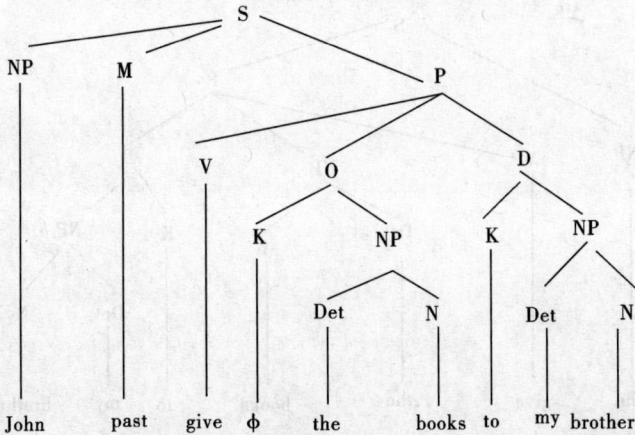

图 14 -8

　　图 14 -8,客体格 O 作 give 的直接宾语,要进行直接宾语的介词删除并删除格标。直接宾语的介词为 φ,再删除格标 K 后得到图 14 -9:

317

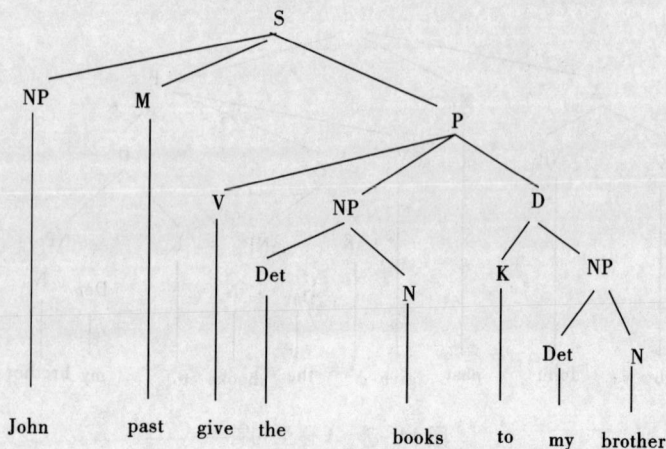

图 14 - 9　删除直接宾词的介词和格标

最后，把时态 past 加入动词 give，得到表层形式：

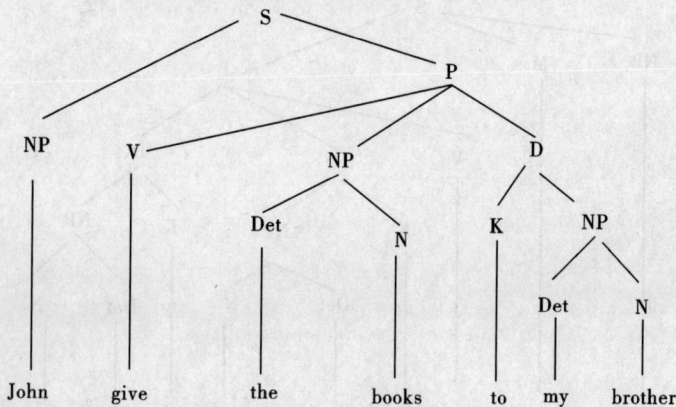

图 14 - 10　把时态加入动词

这样可得到句子：John gave the books to my brother（约翰把那些书给了我的兄弟）。

在上面的句子中，give 用 A 作主语，这是常规选择。但存在着"非常规"的选择，这就是说，give 也可以用 O 或 D 作主语，这时，要给动词加上［＋passive］（被动）这一特征。加上［＋passive］后，V 丧失宾语介词删除特性，要求在成分 M 中自动插入一个 be，并填入一个特殊的被动形式 given。

选择 O 作主语时转换过程如下：

首先把图 14－6 中的 O 移至句首，如图 14－11 所示：

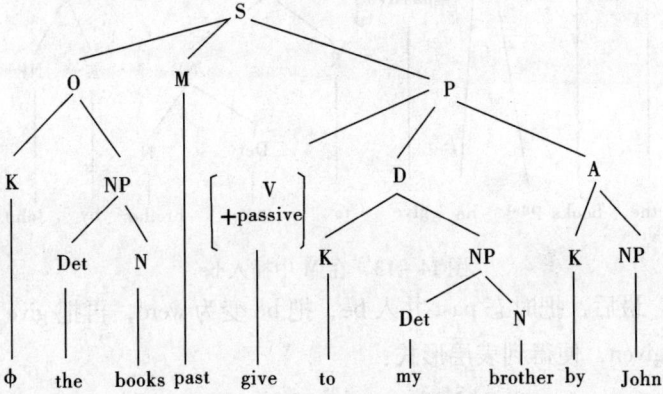

图 14－11　把 O 移至句首

接着进行主语介词删除，并删除格标。图 14－11 中主语介词为 φ，删除格标 K 后得到图 14－12：

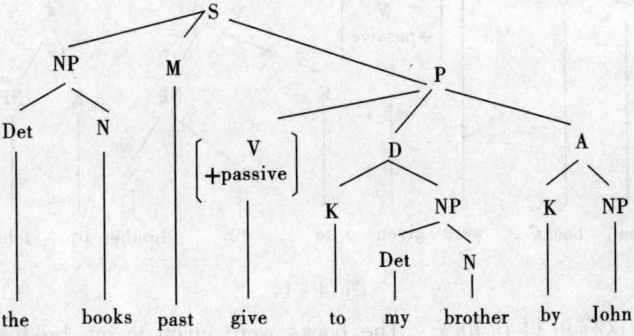

图 14－12

然后，在 M 中插入一个 be，得到图 14-13：

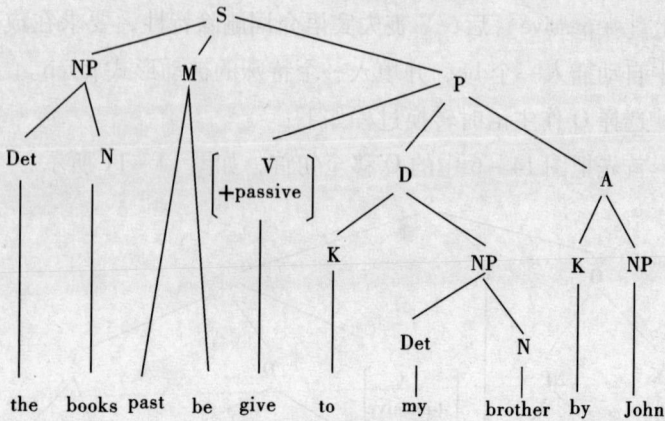

图 14-13　在 M 中插入 be

最后，把时态 past 并入 be，把 be 变为 were，再把 give 变为 given，便得到表层形式：

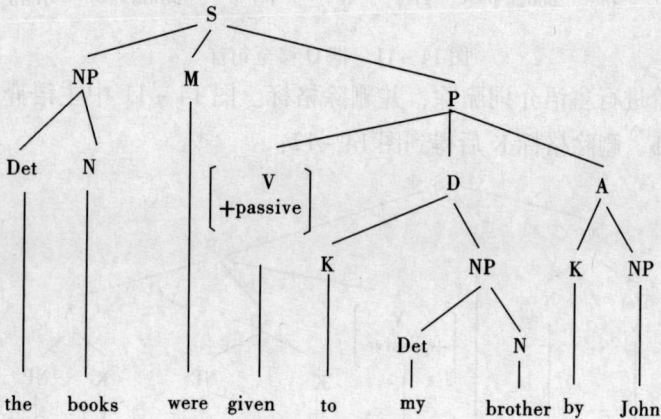

图 14-14

这样可得到句子：The books were given to my brother by John（那些书被约翰给了我的兄弟）。

320

如果进行"非常规"的选择，还可以选择 D 作主语，这时转换过程如下：

首先把图 14-6 中的 D 移至句首，得到图 14-15：

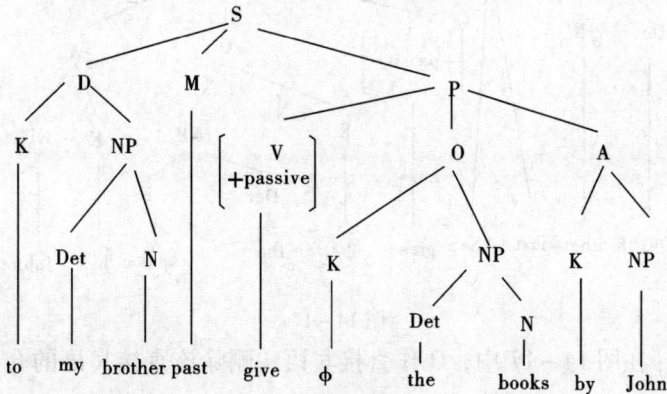

图 14-15 选择 D 作主语

接着进行主语介词删除，并删除格标。图 14-15 中，主语介词为 to，必须删除，删除格标 K 后得到图 14-16：

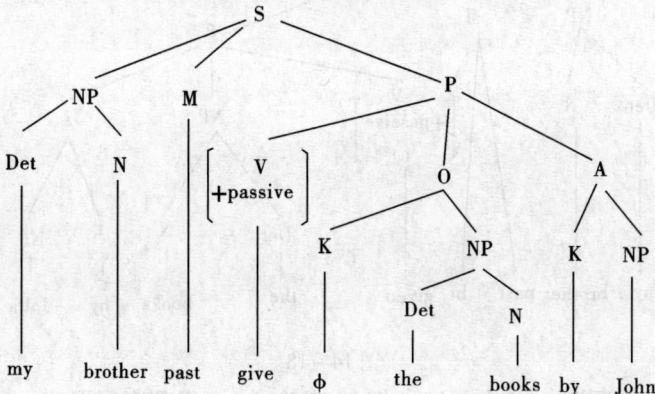

图 14-16

然后，在 M 中插入一个 be，得到图 14-17：

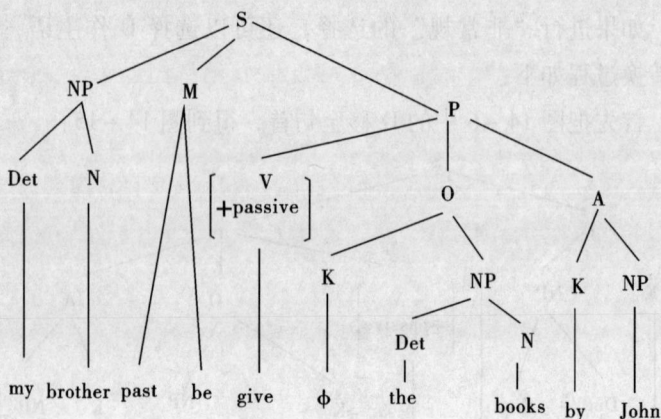

图 14 - 17

在图 14 - 17 中，O 作直接宾语，删除该直接宾语的介词和格标，介词为 φ，删除格标 K，并把 give 变为 given，得到图 14 - 18：

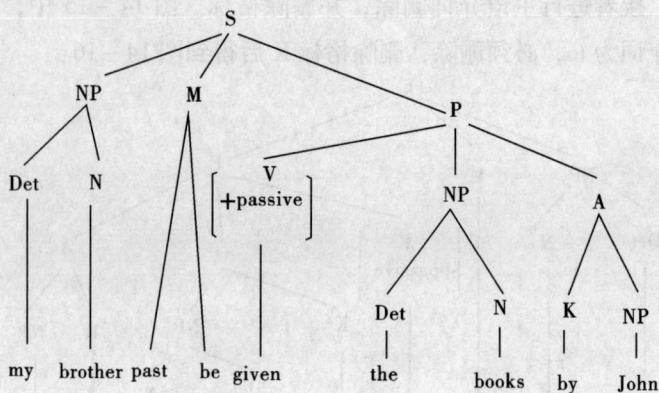

图 14 - 18

最后把 past 并入 be，把 be 变为 was，得到表层形式：

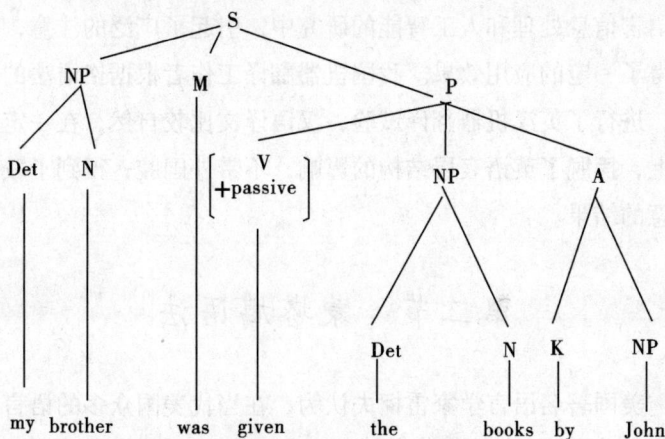

图 14 - 19

　　这样可得到句子：My brother was give the books by John（我的兄弟得到约翰给的那些书）。

　　菲尔摩的格语法，把传统的"格"概念作了改进，推陈出新，醒人耳目。深层格的功能具有普遍性，适用于一切自然语言，格语法能揭示深层的语义关系，可以利用它对表层结构进行推断。正如菲尔摩所说的："知道了格的关系，就可同实际的句子的句法结构挂起钩来。例如，预测主语是什么？能否形成一个主谓结构？能否确定什么是直接宾语？这些成分有什么表面标记？在这种语言里，哪些东西要分开？哪些东西是一回事？句子中的词序怎样？……总之，一旦对句子结构进行了格的描写，就能对表层句的关系和性质作种种推断。"① 正因为这样，格语法提出后，受到了各国语言学界的重视，尤其是

_____

① 叶蜚声整理：《雷柯夫、菲尔摩教授谈美国语言学问题》（第二部分菲尔摩的谈话），《国外语言学》，1982 年第 3 期，第 1 页。

在语言信息处理和人工智能的研究中，引起了广泛的注意，并取得了一定的应用效果。我国机器翻译工作者根据格语法的理论，进行了英汉机器翻译试验，汉语译文比较自然，在一定程度上，摆脱了英语表层结构的影响，不带外国腔，得到了较为满意的结果。

第二节　蒙塔鸠语法

美国著名语言学家雷柯夫认为，在当代美国众多的语言学理论中，应该抓住三个主要的趋向：一是扩充式标准理论，二是生成语义学，三是蒙塔鸠语法①。关于扩充式标准理论和生成语义学，我们在第十三章中已作过介绍，在这一节里，我们来介绍蒙塔鸠语法。

蒙塔鸠语法是已故美国数理逻辑学家蒙塔鸠（R. Montague，1930－1971）提出的一种关于自然语言的逻辑分析的方法。蒙塔鸠语法有两个来源：一个来源是乔姆斯基的转换生成语法，另一个来源是内涵逻辑学（intensional logic）。

乔姆斯基的转换生成语法在现代语言学中占有十分重要的地位，我们在第十一、十二、十三章中已作过介绍，兹不赘述。

内涵逻辑学是用于处理可能性、必然性等模态概念和时态的逻辑学，在逻辑学中已提出将近 60 年，但是，只是到了 20世纪 60 年代之初，出现了模式理论（model theory）之后，这

---

① 叶蜚声整理：《雷柯夫、菲尔摩教授谈美国语言学问题》（第一部分 雷柯夫的谈话），《国外语言学》，1982 年第 2 期，第 4 页。

种内涵逻辑学才与现代语言学理论结合起来。

1970 年前后，以蒙塔鸠为中心，卡普兰（D. Kaplan）、凯毕（D. Gabby）等人开始把内涵逻辑学应用于自然语言的研究，接着，语言学家帕蒂（B. H. Partee）、柯柏（R. Cooper）等也参加了这一方面的研究工作，最后，由蒙塔鸠和克来斯威尔（M. J. Cresswell）把转换生成语法与内涵逻辑学这两个领域的研究集中起来，提出了蒙塔鸠语法。

目前，美国、日本和欧洲各国都在大力研究蒙塔鸠语法，并且试图用这种语法在计算机上实现自然语言的机械处理，因而蒙塔鸠语法成为现代语言学诸流派中一个引人注目的新流派。

一般说来，蒙塔鸠语法由三部分组成：第一部分是由乔姆斯基的转换生成语法推导出成立句子的理论和方法，第二部分是把成立句子转化为内涵逻辑表达式的理论和方法，第三部分是内涵逻辑学的语义理论和方法。我们这里着重介绍第二部分。

根据乔姆斯基的转换生成语法，下面两个句子

i. The mest tie man comes .（那人来了。）

ii. Every man comes.（每个人都来了。）

的深层结构，可用树形图分别表示出来。

对于句子 i，其树形图如图 14 - 20 所示。

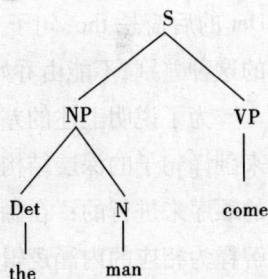

图 14 - 20　句子 the man comes 的深层结构

从树形图可以看出，句子 S 可以重写为名词短语 NP 和动词短语 VP，名词短语 NP 又可重写为限定词 Det 和名词 N，再使用词汇部分的次范畴规则，得到 the man come，这个树形图是深层结构，为了得到句子的表层结构，还必须对 the man come 中的词作形态变化，把 come 转换为 comes。

对于句子 ii，其树形图如图 14－21 所示，这也是深层结构。

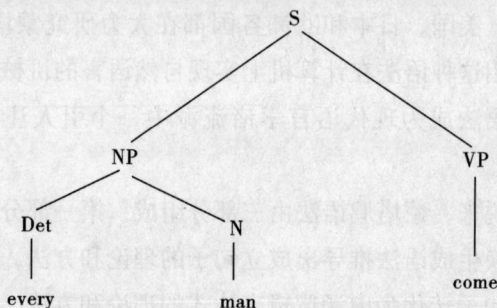

图 14－21　句子 every man comes 的深层结构

从图 14－20 和图 14－21 中可以看出，句子 i 与句子 ii 的深层结构是一样的，它们的差别仅在于 Det 的后裔。句子 i 中 Det 的后裔是 the，句子 ii 中 Det 的后裔是 every，但 the 与 every 的这种差别，不能由乔姆斯基的转换生成语法得到说明。

为了说明上述的差别，蒙塔鸠语法采用内涵逻辑学的方法来翻译句子的深层结构，这样的翻译，是按树形图中从下而上的顺序来进行的；在翻译时，要把树形图中有关结点上的成分解释为相应的内涵逻辑表达式。

首先，从图 14－20 的树形图中的末端的词汇项开始进行翻译。

the → λPλQ ┆ ∃X（P（X）∧ Q（X））∧ ∀X∀y（（P

$(X) \land P(y)] \rightarrow x = y)\}$

man→man

come→come

下面，我们来解释上述的翻译表达式。

先解释符号 λPλQ。

表达式 λxx+1 表示加 1 的函数。

例如：(λxx+1) 2 = 2+1 = 3

表达式 λxx>0 表示大于 0 的函数。

例如：(λxx>0) 3 = 3>0，这是一个真命题。

(λxx>0) −2 = −2>0，这是一个假命题。

一般地说，

(λx···x···)a = ···a···，是 a 满足"···x···"这一性质的集合。

另外，λxx+1 = λyy+1

因此，加 1 的函数 λxx+1 亦可写为 λyy+1。

由此可见，符号 λ 之后是一个变数，它可为 x，亦可为 y，亦可为其他的符号。

定冠词 the 的内涵逻辑表达式中的 λPλQ，表示 P 与 Q 是两个性质。∃x (P(x) ∧ Q(x)) 表示存在某个 x，满足性质 P 且满足性质 Q。∀x∀y [P(x) ∧ P(y)] 表示对于任何的 x 与任何的 y，x 与 y 都同时具有 P 这一性质[①]。"→"是蕴涵号，表示"如果……，则……"。x = y 表示 x 与 y 相等。可见，定冠词 the 的内涵逻辑表达式说明，P 这一性质是唯一地存在的。如果 x 具有性质 P 与 Q，并且 y 与 x 同时具有性质 P，则 x 与 y 相等。这种内涵逻辑表达式，恰当地说明了定冠词

---

① ∃和∀是数理逻辑中的量词符号，∃是存在量词，∀是全称量词。

the 的含义。

man 被译为 man，左边的 man 是英语中的词 man，右边的 man 是内涵逻辑学中的常量 man。

come 的翻译与 man 相同，左边的 come 是英语中的词 come，右边的 come 是内涵逻辑学中的常量 come。

从（λx…x…）a 出发得到"…a…"这一运算，称为 λ-变换（λ-transformation）。

上述的（λxx + 1）2 = 2 + 1 = 3，就是 λ-变换。

λ-变换是蒙塔鸠语法的关键。

下面，我们从 the 的内涵逻辑表示式出发，采用 λ-变换来继续翻译图 14 - 20 的树形图中的其他成分。

从 the 与 man 所在的结点往上溯,分别得到限定词 Det 和名词 N,再继续上溯,便得到由 the 和 man 构成的名词短语 NP,为了得出 NP 的内涵逻辑表达式,我们把 man 代入 the 的内涵逻辑表达式,有:

$[\lambda P \lambda Q \{\exists X (P (x) \wedge Q (x) \wedge \forall x \forall y ((P (x) \wedge P (y)) \rightarrow x = y)\}]_{man}$ （i）

由表达式（i）进入 λ-变换，用 man 来代替性质 P，得到 NP 的内涵逻辑表达式:

$\lambda Q \{\exists x (man) (x) \wedge Q (x)) \wedge \forall x \forall y ((man (x) \wedge man (y)) \rightarrow x = y)\}$ （ii）

come 的结点上溯为 VP, 把 NP 与 VP 相结合，构成句子 S, 为此，我们把 come 代入（ii）:

$[\lambda Q \{\exists x (man) (x) \wedge Q (x)) \wedge \forall x \forall y ((man (x) \wedge man (y)) \rightarrow x = y)\}]_{come}$ （iii）

在（iii）中进行 λ-变换，用 come 来代替性质 Q，得到:

∃x（（man（x）∧come（x））∧∀x∀y（（man（x）∧man（y））→x＝y（iv）

（iv）就是句子 S 的内涵逻辑表达式，它说明了 the man comes 这一句子的内涵逻辑学解释是：

存在某个 x，如果 x 具有 man 这一性质，又具有 come 这一性质，并且对于任何的 x 和任何的 y，x 具有 man 这一性质，y 也具有 man 这一性质，那么，x＝y。

对于图 14 - 21 中的树形图，我们有

every→λPλQ∀x（P（x）→Q（x））

man→man

come→come

限定词 every 的内涵逻辑表达式中的 λPλQ 表示 P 与 Q 是两个性质，∀x（P（x）→Q（x））表示对于一切的 x，如果 x 具有性质 P，那么，x 就具有性质 Q。这种内涵逻辑表达式，恰当地说明了限定词 every 的含义。

man 和 come 的内涵逻辑表达式的含义与图 14 - 20 的树形图中的相同。

把 man 代入 every 的内涵逻辑表达式，有：

［λPλQ∀x（P（x）→Q（x））］$_{man}$　　　　（v）

在（v）中进行 λ-变换，用 man 来代替性质 P，得到：

λQ∀x（man（x）→Q（x））　　　　　　（vi）

把 come 代入（vi），有：

［λQ∀（man（x）→Q（x））］$_{come}$　　　　（vii）

在（vii）中进行 λ-变换，用 come 来代替性质 Q，得到

∀x（man（x）→come（x））　　　　　（viii）

（viii）是句子 S 的内涵逻辑表达式，它说明了 every man

comes 这一句子的内涵逻辑学解释是：

对于一切的 x，如果 x 具有 man 这一性质，则 x 具有 come 这一性质。

由此可见，采用蒙塔鸠语法进行 λ-变换之后，可以从形式上说明 the 和 every 的差别。具有相同树形结构的两个句子，仅仅由于 the 和 every 的不同，它们的内涵逻辑表达式就有着很大的差异。如果我们仔细比较（iv）和（viii）两个内涵逻辑表达式，就不难看出这种差异来。所以，蒙塔鸠语法比乔姆斯基的转换生成语法对自然语言现象具有更强的解释力。

但是，蒙塔鸠语法的内涵逻辑表达式还不是自然语言的句子所表示的实在意义。为了揭示出这种意义，还必须进一步研究语义理论，这种语义理论就是内涵逻辑学的模型论。最近，这方面的研究已取得显著的进展。通过内涵逻辑学的模型论，可以把自然语言所表现出来的意义介入内涵逻辑学，这样的研究，不仅对于语言学，而且对于认知科学（cognitive science），都有着重大的价值。

在内涵逻辑学的模型论中，自然语言的词汇项目，不再是一个一个地直接进行解释，而是把重点放在研究语言本身所表现出来的总的意思上，这是蒙塔鸠语法的一大特征。当然，这种通过人为的方法得出的意义，究竟是否就起着真正意义的作用，这已经是一个极为深奥的哲学问题了，不过，由于这个问题与自然语言的自动分析有关，看来还是值得我们进一步探讨的。

荷兰学者江森（Janssen）研究了蒙塔鸠语法的计算机程序化问题，他提出了一种算法，可以把从树形图的深层结构表示式到蒙塔鸠语法的内涵逻辑表达式的全部翻译过程加以程序化，从而能够简洁方便地在计算机上实现这个过程。这方面的研究

还处于初步的探讨阶段。日本京都大学西田豐明（Nishida
Toyo—aki）等人,用蒙塔鸠语法来研制英日机器翻译系统,取得
一定成效。这个系统分为英语分析、英语—日语转换、日语生成
三个阶段。在英语分析阶段,分析输入的英语文句,得到英语的
内涵逻辑表达式;在英语—日语转换阶段,进行英语到日语的词
汇转换以及某些简单的结构转换,把英语的内涵逻辑表达式变
为日语的内涵逻辑表达式;在日语生成阶段,从日语的内涵逻辑
表达式,生成日语句子的短语结构,经过形态处理之后,得到日
语的输出文句。由于英语与日语分属两种不同的语系,语法结
构差别很大,采用蒙塔鸠语法的内涵逻辑表达式作为中间表示
方法,在一定程度上减小了语言分析和生成的难度。

本章参考文献

1. C. J. Fillmore, The Case for Case, 载 Universals in Linguistic
   Theory（E. Bach and R. T. Harms 编）, P1 – 88. 中译文,
   《"格"辨》, 胡明扬译, 载《语言学译丛》第二辑, 中国
   社会科学出版社。

2. R. Montague, Formal Philosophy（Selected Papers of Richard
   Montague）, Yale University Press, 1974.

3. 叶蜚声整理:《雷柯夫、菲尔摩教授谈美国语言学问题》(第二
   部分 菲尔摩的谈话),《国外语言学》,1982 年第 3 期。

4. 冯志伟:《蒙塔鸠语法》,《外语学刊（黑龙江大学学报)》,
   1985 年第 2 期。

第十五章　心理语言学和社会语言学

索绪尔的《普通语言学教程》中写道："语言学的惟一的、真正的对象是就语言和为语言而研究的语言。"① 这句话据考证虽不是索绪尔亲口说的，但确实体现了索绪尔的思想，因此，索绪尔之后，现代语言学的主要方向是就语言和为语言而研究语言结构本身，这一点，结构主义语言学表现得特别明显，语言研究的路子也就随之变狭窄了。近 20 年来，现代语言学开始把它的研究领域进一步拓展，不但研究语言本身的结构，而且还研究语言与心理、语言与社会的关系，这样，便产生了心理语言学和社会语言学，语言研究的路子也就越走越宽了，这是现代语言学发展中的可喜现象。

第一节　心理语言学

20 世纪 50 年代初期，语言学与心理学结合起来，产生了心理语言学（Psycholinguistics）。

"心理语言学"这个名称，在 20 世纪三四十年代，坎托尔（J. Kantor）和普朗科（N. Pronko）曾相继使用过，但作为

---

① 索绪尔：《普通语言学教程》，中译本，第 323 页，商务印书馆。

一门独立学科的心理语言学是 20 世纪 50 年代初才产生的。1951 年夏，美国社会科学研究院在康奈尔大学召开了一次由语言学家和心理学家参加的关于语言行为的边缘学科讨论会，1952 年秋，成立了语言学与心理学委员会。1953 年，美国著名心理学家卡罗尔（J. B. Carroll）正式把"心理语言学"作为一门独立学科的术语来使用。1954 年，美国印第安纳大学讨论会出版了一本专集，叫作《心理语言学：理论和研究问题概述》（Psycholinguistics：A Survey of Theory and Research Problems），提供了一个"心理语言学宪章"，这标志着心理语言学的诞生。

最近 20 年来，心理学家和语言学家进行了大量的实验和调查研究，使心理语言学成为一门名副其实的科学。

心理语言学可以粗略地分为三个流派：联想派（associationist approach）、内容派（content approach）和程序派（process approach）。下面我们分别加以介绍。

联想派以奥斯古德（C. E. Osgood）、斯金纳（B. F. Skinner）、斯塔德（A. W. Staat）为代表。他们的主张是：

①人的语言行为不是天生就有的，而是后天习得的。

他们虽然承认语言有一定的生理基础，语言的发展要受到生理发展一定的影响，但是，他们坚持认为，人没有任何的天赋观念和原则，一切观念和概念都来自生活经验。因此，语言与其他的知识和技巧一样，不是天赋的，语言行为同运动行为一样，都是通过反复练习而得来的。

②语言行为不是人类所特有的，它同人类的其他行为一样，没有自己的特殊性。

他们认为，语言是经过反复的"刺激—反应—强化而形成的一套习惯，如同开汽车、弹钢琴之类的行为一样，也是这样的一套习惯。他们中有的人认为，动物的呼叫和人类的语言是一样的，只是不够发达而已。有的人认为，人类语言中也残存着一些动物的呼喊信号，如由于害怕、吃惊、剧痛、高兴而发出的叫声。甚至有人认为，动物经过训练同样可以掌握人的语言。

③语言就是一系列的话语，只有可观察到的材料才能够成为语言。

我们知道，索绪尔提出了语言和言语的区分，乔姆斯基提出了语言能力和语言运用的区分，而联想派则否认这样的区分，否认内在的语言能力的存在。实际上，他们只承认言语，不承认语言，只承认语言运用，不承认语言能力。

④语言是通过联想而学会的，语言本身就是一套联想。

他们认为，语言习得是一个"刺激—反应—强化"的过程。儿童学话就是通过联想，不断地对外界刺激作出反应，一步一步强化，最后才形成习惯。一个词、一句话都具有刺激的性质，都可以诱发出条件反应，这种诱发出的条件反应，又可以作为新的刺激，诱发出新的条件反应，如此类推，就形成了联想的序列和链锁。任何刺激都可引起一种或多种隐含反应，隐含反应产生一系列的隐含联想，这些联想叫作中介体系（mediation system），中介体系用来分析所受的刺激，然后把联想发展成句子，变成外显反应。因此，语言本身就是一套联想。

内容派以乔姆斯基、卡兹和米勒（G. A. Miller）为代表，他们的主张是：

①人的天赋的生理结构规定着大脑中的语言内容。

他们认为，人先天有一种"语言习得机制"（即转换生成语法中所说的 LAD）。LAD 包括一套语言知识，包括语言分析的普遍过程。儿童能够习得语言，是因为听到的语言材料可以激发起一套具体的天赋结构，这种结构是生来就可以接受语言的普遍规律。因此，LAD 的内容是具体的，而且是先于学习语言的过程的，语言习得只不过是语言的发展。

②语言具有特殊性，而且这种特殊性是绝对的。

他们认为，语言的这种绝对的特殊性表现于语言机制是天赋的，而其他行为不是天赋的，而且，语言机制只限于语言表达，不支配其他活动，语言只属于人类，动物的交际信号与语言的复杂性不可同日而语，是根本无法比拟的。

③语言能力和语言运用是不同的，语言能力就是对概括性的语言原则的知识。

他们认为，转换生成语法最能说明语言能力的特点，生成语法的规则是有限的，可是它却能生成无限的句子。因此，语言运用只不过是语言能力的反映，语言运用必须根据语言能力来加以分析。

④人们靠存在于语言习得机制中的与生俱来的语言知识来掌握语言。

他们认为，如果没有天生的语言习得机制，儿童就不可能在短时间内掌握母语。因为儿童每天接触的话语中有许多不合规律的现象，如果事先没有对语言的概括的了解，儿童就不可能从各种杂乱无章的话语中，归纳出语言的抽象体系来。

乔姆斯基指出，语言习得机制中包含着儿童生来就有的关于语言共性的知识，这些知识指导着儿童的"假设建立机制"（hypothesis-making device）去进行各种假设，经过反复修正，达到内化了的语法。当儿童在各种规则中选择合乎语法的规则时，必须运用"评价程序"（evaluation procedure）进行选择，从而使他们能够在已经获得的语言知识的基础上，形成新的假设并加以验证和评价。儿童就像知识渊博的科学家那样整理已有的语言材料，然后建立起他自己的生成语法来。

程序派以美国斯罗宾（D. Slobin）、弗托和瑞士皮亚杰（J. Piaget）为代表。他们的主张是：

①人先天有一种认知机制，可以用特殊的方式整理输入的语言材料。

他们认为，先天的认知机制支配着人的一切行为，适用于一切认知能力。他们不认为有天赋的语法，只认为先天的认知机制可以加工和整理语言材料，所以，语言是需要学习才能获得的。

②语言行为不同于其他行为，有其特殊性。

他们认为，语言行为的特殊性主要表现在两个方面：第一，听到的语言材料是有一定结构的；第二，说出的话语是受规则支配的。但是，这两方面的特点并不足以把语言行为和其他认知过程分开。

③语言能力与语言运用是有区别的，但不应过分夸大语言能力的作用。

他们认为，语言能力与语言运用同等重要，语言能力是语言运用的前提，但语言运用又是语言能力的证据，只有通过分析语言运用，才能确认人类具有动物所没有的语言能力。

④儿童没有先天的语言知识，但有加工语言材料的机制。

他们认为，儿童的大脑的先天构造可以加工、整理构成人类语言特点的那些结构，但这并不是说语法体系本身就是先天知识，而是说儿童有先天的办法来加工语言材料，组成内在的结构，当这些能力用于他听到的语言时，就能建造出母语的语法。因此，语言知识是先天分析机制进行加工整理的结果，而不是与生俱来的。

皮亚杰认为，言语行为是人类行为的一种，不过这种行为反映了人脑的一种内部结构，这种内部结构决定人类如何与环境发生相互作用，并向环境学习。这种内部结构是遗传的，叫作"功能不变式"（functional invariants），还有一种结构是人类与环境相互作用的产物，也是不可遗传的，叫作"认知结构"（cognitive structure）。学习的中心环节就是发挥"功能不变式"的作用，这包括同化（assimilation）和适应（accommodation）两部分。儿童天生有一套有限的行为模式，以对付其碰到的一切事物，如从吮奶到吮手指头，他要把这些对象吸收到他的行为模式里，这就是同化。在同化过程中，儿童发现要用不同的方式张嘴才能吮不同的东西，这种行为模式的改变是他与环境相互作用的结果，这就是适应。通过同化与适应，儿童从直觉向抽象思维发展，儿童的语言知识就是通过同化与适应而获得的。

1967 年，美国心理学家伦纳伯格（E. H. Lenneberg）发表的《语言的生物学基础》（The Biological Foundation of Language）一书，是心理语言学的重要著作。在这部著作中，伦纳伯格证明，人的牙齿整齐，啮合无缝，唇部肌肉发达、灵活，口形较小，张合迅速，这一切都是为发音而生就的。他认为，语言是一种具有物种特征的倾向，语言能力受大脑左半球支配。儿童发育时期，语言能力受大脑右半球支配，从右半球转移到左半球，叫作大脑的侧化（1ateralization）。侧化一般发生在两岁到 12 岁之间。侧化之前，左半球受伤，语言能力留在右半球；侧化之后，左半球受伤，就会失去语言能力。这说明，语言的生理基础是很难否认的。伦纳伯格还指出，儿童学话的发展过程与其身体的发育过程是相一致的，大体上都在一岁半到六岁之间。过了这个时期，再学话就有困难。儿童学话不受智力高低的影响，其经历的过程基本相同：两三个月时开始学发音，半岁后能听懂成年人讲的简单话语，一岁后开始学话，说出有意义的单词，到了两三岁，就能使用独词句或双词句，四五岁以后，词汇和语法日渐丰富，连贯地使用语言的能力逐步加强。可见，语言不是靠刺激、反应来掌握的，语言能力是靠遗传而与生俱来的。心理语言学的这些研究成果，是对联想派的巨大挑战。

最近 20 年来，心理语言学中发展出一个新的分支，叫作神经语言学（Neurolinguistics），它主要研究语言和大脑结构之间的关系，研究大脑如何生成语言。不过，要进行这样的研究是十分困难的，因为我们不能对正常的人进行大脑的解剖，而对动物的脑的功能的研究又无济于事，因此，这种研究主要通过大脑遭受损害引起话语障碍的病症来进行，这样的病症叫失语症（aphasia）。神经语言学家们已找出了失语症与大脑中相应部分的联系，这样的研究成果，对于揭开人类语言的奥秘有着重要意义。

人脑左侧皮层的额叶有一个区叫布洛卡氏区（Broca's area），这个区的界限还不十分确定。布洛卡氏区的损害引起布洛卡失语症（Broca's aphasia），它的症状的不同取决于布洛卡氏区损坏的大小及位置。按美国学者盖希温德（Geschwind）的研究，布洛卡失语症有如下表现：

①说话困难：布洛卡氏区损坏的有些病人一点儿也不能说话，但他们尚能发出各种声音，并且甚至还会哼哼歌曲；损坏范围小的病人能够说话，但很困难，一字一句说得很慢，发音也不大清楚。

②打电报式的讲话：布洛卡氏区损坏的病人如能说话，他讲的话是有意义的，但是，把介词、连接词等虚词省略掉，只讲出主要的名词、动词、形容词等实词。他们讲的话，就像我们打电报的电文一样。

③能够理解语言的含义：布洛卡氏区损坏的病人懂得口头语言，也懂得书面语言，但他们自己则说不好也写不好。

根据米尔奈（Milner）的研究，在语言习得期间，没有发现布洛卡氏区在解剖上有明显的变化。

在离开大脑的司听觉部位不远的左侧颞叶中，有一个区叫作维尔尼克氏区（Wernicke's area），它的界限也不十分确定。维尔尼克氏区的损坏可导致维尔尼克失语症（Wernicke's aphasia）。据布劳恩（Brown）的研究，主要症状为：

①发音没有困难：维尔尼克氏区的损坏，不会影响语言的流畅性。

②语言理解力不好：维尔尼克氏区损坏的病人，尽管视觉和听觉不一定受到损害，但是，他们理解口头语言和书面语言的能力有显著衰退。

③无意义的讲话：维尔尼克氏区损坏的病人很难以想出物体的名称，他们讲的话大多数是没有意义的。

由此，学者们认为，布洛卡氏区的功能是把语言映象转换成说话所必需的肌肉运动，而维尔尼克氏区的功能则是把声音转换成语言的意义。美国学者盖希温德认为，从布洛卡氏区到维尔尼克氏区的连接如果受到破坏，也会产生语言缺陷。后来发现，连接布洛卡氏区与维尔尼克氏区的一组神经纤维叫作上纵束（arcuate fasciculus）。如果布洛卡氏区和维尔尼克氏区都没有毛病而上纵束受到损坏，则病人的发音正常，理解语言的能力也正常，但病人讲出的话同他听到的话毫不相干，经常答非所问，他不能复述另一个人所说的话，而且，像维尔尼克失语症患者那样，他难以说出物体的名称。

神经语言学的研究者们还发现，大脑两半球在解剖上存在差异。盖希温德和列维斯基（levisky）发现，颞平面有 65% 的人左半球比右半球来得大，有 24% 的人左右两半球相等，只有 11% 的人右半球比左半球稍大。颞平面包括维尔尼克氏区，因此它在左脑半球内较大，这显然与语言在大脑左半球的优势是相适应的。韦德尔逊（Witelson）和帕利（Pallie）检查了三个月年龄之前就死亡的婴儿的脑，发现 14 个婴儿中有 12 个婴儿的颞平面左半球大于右半球。这些研究说明，在婴儿会讲话之前，大脑颞平面已明显地左半球大于右半球。这些都为语言先天就有其生理基础的主张提供了论据。

第二节 社会语言学

社会语言学（sociolinguistics）是研究语言和社会的关系的一个新兴的语言学部门。它要从社会生活的变化与发展中，来探究语言变化发展的规律，又要从语言的变化和发展中，来探究社会生活的某些倾向和规律。

据记载，英语文献中，"社会语言学"（sociolinguistics）这一个词最早出现在 1946 年。但是，社会语言学作为独立学科，形成自己的逻辑体系，并且得到学术界普遍的承认和重视，则是 20 世纪 60 年代才开始的。这一新学科的出现，把语言学的研究领域大大地拓展了，这是现代语言学的一大进步。

社会语言学兴起的原因主要有二：

第一，自从索绪尔以后，特别是结构主义语言学派，致力于研究语言本身的内部结构及其发展规律，一般都没有摆脱只研究语言自身内部规律的框框。他们不研究语言的社会性这一根本特征，忽视语言的社会制约性，他们没有充分认识到语言是一种经常发生变化的现象，这种变化不仅跟语言自身的内部规律有关，而且与社会密切相关。因此，他们的研究对语言现象的解释往往是不正确的。为了突破这种局限，有的语言学家力图把语言作为一种社会现象来研究。可以说，20 世纪以来，作为社会现象的语言的社会属性被大大地忽略了。社会语言学的出现，重新强调把语言作为一种社会现象来研究，这是语言科学向前发展的一个好征兆。

第二，第二次世界大战以后，出现了许多独立国家，社会经济有了巨大的飞跃变化，特别是社会生产力在某几个关键性地区或国家提高得很快，几个战败国（如日本、德国）在战后经济"起飞"，引起社会生活一系列重大变化。科学技术有了新的突破，尤其是信息科学的惊人发展，使信息交换起了划时代的变化。这样的社会因素对语言学提出了许多新的要求，因此，自索绪尔以来只局限于研究语言内部结构的语言学不能够满足社会发展的需要。为了适应社会发展的新的要求，社会语言学便应运而生。

至今为止，社会语言学的领域还没有确定的疆界，但是已经探讨了许多重要的问题。

社会语言学发展至今，基本上可以分为两派：一派是微观社会语言学（microsociolinguistics），他们以研究纽约英语的社会层次划分而驰名于世，又叫"城市方言学派"；一派是宏观社会语言学（macrosociolinguistics）。

城市方言学派以美国拉波夫（W. Labov）为代表。他认为，社会语言学的基本问题，是由于有必要了解为什么某些人说某种话而提出的。因此，他们注重研究各种具体的语言问题，如语言和社会、语言和社会阶级、语言和环境、语言和性别、语言和民族、语言和地理、语言和种族集团等等。

拉波夫对纽约市城市方言作了340个选样，进行深入细致的调查研究，掌握了丰富的第一手材料。他发现，方言的差别不仅是由地域造成的，而且也是由社会造成的，地理上的远近仅只是造成方言差别的原因之一，社会的不同层次和结构也是造成方言差别的重要原因；他还发现，语言的差异并不是纯语言的，而是由一定的社会环境决定的，语言本身无所谓好或坏，无所谓完善或不完善，对某种语言的评价是由使用该语言的人或社会集团的社会地位、文化修养等因素决定的。拉波夫认为，语言的演变就存在于实际的社会生活之中，对某种方言进行追根究底的调查，研究语言与语言使用者的社会地位、性别、年龄、文化程度、经历、家庭环境等参数之间的相依关系，由此就可以看到语言变迁的实际过程。

城市方言学派在进行具体语言分析时，十分注意语言结构和社会结构的各种参数之间的对应关系，进行了精细入微的研究。例如，城市方言学派的学者们研究了美国黑人英语土语（black English vernacular），他们发现，黑人英语土语有如下的语法特点：

①许多黑人讲的英语中，动词第三人称单数现在时形式没有词尾-s。例如，常出现这样的句子：

He go. （他去。）

It come. （它来。）

She like. （她喜欢。）

②黑人英语土语中，不用系词（动词 to be）的现在时形式。例如，下列句子都是常见的：

She real nice. （她真漂亮。）

They out there. （他们在那儿。）

He not American. （他不是美国人。）

If you good，you going to Heaven.

（如果你是好人，你会进天堂。）

③黑人英语土语中，常将词形 be 作为限定动词来使用，也就是 be 常常用其原形。

例如，下列句子是常见的：

He usually be around. （他总在跟前。）

Sometime she be fighting. （她有时候打架。）

She be nice and happy. （她又漂亮，又快乐。）

社会语言学家们在美国底特律做过关于黑人英语土语的实验。实验结果表明，各种年龄和社会阶层的底特律人，能够根据几秒钟的录音材料认出是黑人在说话，还是白人在说话，成功率将近 80%。这说明了，说话人的语言特征是从生活中与他们有密切接触的人那里学来的。在白人住在黑人中间或黑人住在白人中间这种异常情况下，他们所学会的语言模式，就是在该地区占支配地位的种族集团的语言模式，也就是说，这种语言差别没有任何人种上的或生理上的基础，纯粹是由社会因素所决定的。

城市方言学派的这种研究是卓有成效的，他们发现了许多新现象，提出了许多新问题，但是，他们的研究只是局限于个人交际的言语行为的范围之内，只是一种微观的研究，不能解决语言规划、发展中国家的语言问题等重大的社会语言学问题。60 年代到 70 年代中期，是以拉波夫为代表的微观社会语言学的黄金时代，后来的发展就比较缓慢了。此后发展起来而成为社会语言学主流的是宏观社会语言学。

宏观社会语言学以美国费什曼（J. Fishman）为代表，他们主要研究双语和多语交际、双语和多语教育、语言政策、语言规划、语言规范化和非规范化（如洋泾浜语、克里奥尔语①）、标准语的选择、语言的相互接触和影响等问题。费什曼本人曾受过社会心理学的专门训练，他主要从社会学的角度来研究语言问题。

宏观社会语言学家们认为，多语民族存在于世界各地，很难找出一个纯粹的单语国家。尽管我们习惯上认为大多数欧洲国家是单语国家，但实际上并非如此。例如，在罗马尼亚，大约有 85% 的居民把罗马尼亚语作为他们的母语，但至少还有另外的 14 种语言被作为本族语来使用。这 14 种语言是：捷克语、匈牙利语、德语、乌克兰语、吉普赛语、俄语、塞尔维亚—克罗地亚语、依地语、鞑靼语、斯洛伐克语、土耳其语、保加利亚语、希腊语、亚美尼亚语。这种多语现象给政府和其他有关的国家机构带来了很大的问题，必须制定正确的语言政策

①　它们是在语言频繁接触地区，由几种不同的自然语言成分混杂而成的语言。

来恰当地加以解决。目前，比利时和加拿大的语言冲突已成为一个严重的社会问题，它已影响到就业、广播、电视、学校教育等许多领域，政府正设法来解决这个问题。非洲地区随着民族运动的高涨，在某一地区内选择什么语言作为主要语言也成为一个重要问题，这种选择跟社会的各种因素联系在一起，是宏观社会语言学要研究的一个课题。

另外，语言不断地在发展变化，为了有效地控制这种变化以适应交际的需要，要制定所谓的"语言规划"（language planning）。例如，语言的规范化、文字改革等。在国际范围内，也需要从理论和实践上解决世界语言发展的一系列十分迫切的问题。例如，在国际科学技术和文化交流中，应该采用哪几种语言比较合适？为了不落后于世界先进水平，在本国内应该推广哪几种语言？如何克服科学技术交流中严重的语言障碍？……这些也都是宏观社会语言学的研究课题。

目前，社会语言学引起了越来越多学者的重视，它正逐步地由单纯描写的研究发展到对材料的系统的研究，并将语言学的方法与社会学的、人类学的乃至于数学的方法结合起来，进行跨学科的研究。这样，语言学的研究领域也就从对语言的内部结构进行分析的狭窄圈子，扩大到了社会这个广阔的天地中来。这一切，都使我们有可能更深入地认识语言的本质，从而促进现代语言学的发展，同时，对社会生活也将起到积极的作用。

本章参考文献

1. D. I. Slobin，Psycholinguistics，1971.
2. E. H. Lenneberg，The Biological Foundation of Language，

1967.

3. А. Р. Лулия, Основны проблемы лингвистики, 1975.

4. W. Labov, Sociolinguistic Patterns, Universiry of Pennsyl vania Press, 1972.

5. J. A. Fishman, Sociolinguistics: An Brief Introduction, Newbury House, 1972.

6. P. Trudgill, Soclolinguistics: An Introduction, Penguin Books, 1974. 中译文,《社会语言学》, 求知等译,《国外语言学》, 1980 年第 4 期—1982 年第 1 期。

7. 刘润清:《心理语言学诸派及其观点简介》,《国外语言学》, 1982 年第 1 期。

8. 桂诗春:《心理语言学的研究与应用》,《外语教学与研究》, 1979 年第 2 期。

9. 卫志强:《苏联社会语言学研究中的几个问题简介》,《国外语言学》, 1980 年第 6 期。

10. 陈原:《社会语言学的兴起、生长和发展前景》,《中国语文》, 1982 年第 5 期。

第十六章　数理语言学

数理语言学（mathematical linguistics）是用数学思想和数学方法来研究语言现象的一门新兴学科。这门新兴学科的出现，使得语言学与现代数学、计算机科学、控制论以及人工智能等学科挂上了钩，逐渐走上了现代化的道路。

语言是人类最重要的交际工具。所谓交际，从现代科学技术的观点看来，就是信息的传输。随着现代信息科学的兴起和发展，随着当前世界以信息革命为中心的新的产业革命的深入，作为信息的主要负荷体的语言，将会在人类的社会生活中起着越来越大的作用，它不仅在人们的日常交际中起作用，而且，还将渗透到物质生产过程中去。一个高度自动化的生产过程，就是用自然语言直接控制计算机，并通过计算机控制整个生产的过程。目前，数理语言学正在同各种现代科学技术相结合，把语言的信息处理技术变为一种社会生产力。因此，数理语言学的研究，不仅仅同精神文明的建设有着密切的关系，更重要的是它还同物质文明的建设有着密切的关系。

本章是本书的最后一章，特向读者介绍数理语言学的研究情况。

第一节 现代科学技术对语言学的挑战

关于用数学来研究语言的想法，早在 19 世纪末叶到 20 世纪初年就有人提出过了。例如，1847 年，俄国数学家布良柯夫斯基（В. Я. Буляковский）认为可以用概率论来进行语法、词源及语言历史比较的研究。1894 年，索绪尔指出，在基本性质方面，语言中的量和量之间的关系，可以用数学公式有规律地表达出来。后来，他在《普通语言学教程》中又指出，语言学好比一个几何系统，它可以归结一些待证的定理。他认为，"语言可以说是一种只有复杂项的代数"[①]。1904 年，波兰语言学家博杜恩·德·库尔特内认为，语言学家不仅应该掌握初等数学，而且还要掌握高等数学。他表示坚信，语言学将日益接近精密科学，语言学将根据数学的模式，另一方面更多地扩展量的概念，一方面将发展演绎思想的新方法。1933 年，布龙菲尔德提出了一个著名的论点：数学只不过是语言所能达到的最高境界。当时，人们不仅仅提出了这些想法，并且还有人用数学方法对语言进行了实际的研究。英国数学家德莫根（A. De Morgan）在 1851 年曾把词长作为文章风格的一个特征进行过统计研究。苏格兰学者加贝尔（L. Campbell）在 1867 年、德国学者迪丁贝尔格（W. Dittinberger）在 1881 年曾分别用统计方法来确定柏拉图著作的执笔时期，美国学者梅登荷尔（T. C. Mendenhall）在 1887 年曾对不同时期英国文学著作进行过统计分析，特别是研究了莎士比亚的作品。俄国数学家马尔

---

① 索绪尔：《普通语言学教程》，中译本，第 169 页，商务印书馆。

可夫（A. A. Марков）在 1913 年曾采用概率论方法研究过《欧根·奥涅金》中的俄语字母序列的生成问题，提出了马尔可夫随机过程论。

然而，不论是布良柯夫斯基、索绪尔、博杜恩和布龙菲尔德的想法和信念也好，还是德莫根、加贝尔、迪丁贝尔格、梅登荷尔、马尔可夫的实际研究也好，都没有对当时的语言学研究发生显著的影响。这是由当时的社会实践的要求决定的。因为当时的语言学，主要是为语言教学、文献翻译、文学创作和社会历史研究服务的。在这样的实践要求下，语言学没有多大的必要与数学接近。

第二次世界大战结束以来，由于科学技术突飞猛进的发展，科技文献的数量迅速增加，其增长速度十年翻一番。据联合国经济合作与发展组织估计，从 1960 年到 1985 年，世界情报量将要增加 10 – 16 倍。全世界发行的图书总数是：1952 年约 25 万种，1962 年近 40 万种，1972 年约 56 万种，1980 年达到 70 万种。科技文献的这种增长情况被形容为"情报爆炸"。面对浩如烟海的科技文献，研究人员为了取得全面而准确的科技情报，不得不花费大量的人力物力来做难以数计的翻译工作和检索工作，犹如大海捞针，严重地影响了科研工作的效率。

电子计算机出现之后，20 世纪 50 年代初期，人们开始考虑把这些繁重的工作交给计算机去做，这就提出了机器翻译、机器自动做文摘以及机器自动检索科技文献等信息加工问题。

在用计算机进行自动翻译的时候，必须进行原语词法、句法和语义的自动分析以及译语句法和词法的自动生成。这就首先要把这些问题用数学的语言加以描述，从而建立语言的数学模型。

在用计算机自动做文摘和检索时，要求把科学文献的信息储存在机器中，建立数据库。数据库可以按照人们的要求，在其所储存的信息的范围内，对人们提出的问题自动地作出回答。在这种数据库中用以存储信息的语言，在内容上应该是严格的、精确的，在形式上应该适于数据库储存形式的要求，这当然也要用精密的数学方法来加以描述。

由于自动化技术和计算技术的发展，人们正在迅速地解决生产过程自动化问题，用自然语言来进行"人机对话"，让电子计算机能理解自然语言，这就要研究句法结构和语义结构的形式化表达方式以及知识的表示技术。

目前微型计算机已逐渐普及，它已经在办公室的事务管理中得到了广泛的使用，这就是"办公室自动化"问题。自动化的办公室要用微型计算机来编辑和处理各种书面文件，这就要求对语言文字进行严格的形式化的描述。

另外，通讯技术的发展，要求对负荷信息的语言寻找最佳编码方法，要求提高信道的传输能力，以便在保持意义不变的前提下，最大限度地压缩所传输的文句，在单位时间内传输最多的信息，这就需要对语言的统计特性进行精密的研究。

在这些新的实践要求下，现代科学技术对语言学提出了严峻的挑战。为了回答这种挑战，语言学家必须采用数学思想和方法来研究自然语言，在语言学中建立数理语言学这个新学科。

令人感到欣慰的是，现代科学技术不仅对语言学提出了新的要求，而且还同时给语言学提供了实现这种要求的技术手段和理论方法。

现代数学日新月异的发展，20世纪以来迅速发展着的概率论、数理统计、信息论、集合论、数理逻辑、图论、格论和抽象代数学等学科，为用数学思想和方法研究语言提供了有力的武器。

1948 年，美国科学家维纳（N. Wiener，1894 – 1964）发表了《控制论——或关于在动物和机器中控制和通讯的科学》（Cybernetics or Control and Communication in the Animal and the Machine），创立了控制论。控制论是研究机器与机器之间、人与人之间、人与机器之间的信息的接收、储存、传输、加工和利用的一门综合学科，而语言是信息的最主要的负荷者，对语言进行精密的研究，有助于控制论的发展，而控制论采用的一些方法，特别是模拟方法，也可以作为建立语言模型的借鉴。

近年来，计算机科学发展迅速，语言学与计算机科学日益接近并互相渗透。计算机科学中使用的高级程序语言要尽量与人们的自然语言相接近，而其高级的程度，恰恰就是依这种程序语言与自然语言的接近程度而定的，越接近自然语言就越高级。因此，计算机科学中对程序语言结构和编译技术的研究，就可以作为用数学思想和方法研究自然语言的参考。

目前，人工智能已经成为国内外科技界十分关注的一个领域。自然语言是人类最重要的一种智能，人工智能所探讨的有关人类智能活动的一般规律，对数理语言学的研究有着一般性的指导作用。

而且，现代语言学本身也逐渐向精密化方向发展，结构主义的语言分析法、系统语法、从属关系语法、转换生成语法等，对于用数学思想和方法来研究语言，都有一定的启示作用。

在上述各种因素的综合作用下，作为对现代科学技术挑战的回答，在 20 世纪 50 年代初期，数理语言学应运而生。

1955 年，美国哈佛大学创办了数理语言学讨论班，1957年正式开设了数理语言学课程，接着，麻省理工学院、密歇根大学、宾夕法尼亚大学、印第安纳大学、加利福尼亚大学都相继开设了数理语言学课程。同年，日本成立了计量语言学会，创办了数理语言学杂志《计量国语学》，西德波恩大学也开设了数理语言学课程。苏联在莫斯科大学、列宁格勒大学及莫斯科第一外国语师范学院也进行了数理语言学的研究工作。1958年，莫斯科大学、高尔基大学、萨拉托夫大学、托姆斯克大学都给数学系及语言系的学生开设了数理语言学的选修课，并在列宁格勒大学设置了数理语言学专业。

此外，匈牙利、捷克斯洛伐克、英国、罗马尼亚、法国、挪威、东德、波兰、瑞典等国，都先后开展了数理语言学的研究工作，有的国家，还创办了专门的刊物，成立了专门的研究机构。

近年来，数理语言学成了语言学、数学、计算机科学、人工智能等学科所共同关注的重要领域，在有关上述学科的国际学术会议上，数理语言学经常是中心议题之一。

数理语言学包括统计语言学（statistical linguistics）和代数语言学（algebraic linguistics）两个分支，下面分别加以介绍。

第二节　统计语言学

统计语言学是数理语言学中比较成熟的部门，它采用概率论、数理统计以及信息论方法来研究语言成分的出现概率和频率，从而为自然语言的机器处理提供数据，为语言教学提供参考。

下面，我们分两个方面列举出统计语言学研究的一些主要成果。

1. 运用数理统计和概率论的方法来研究语言

在数理语言学中最早提出的统计规律之一是齐普夫定律（Zipf's law），这个定律是因其研究者之一、美国语文学家齐普夫（G. K. Zipf）而得名的。

假设我们研究包含 N 个词的文章（N 应该充分地大），按这些词在文章中出现频率递减的顺序，把它们排列起来，并且顺次从 1（频率最大的词）到 L（频率最小的词）编上号码，造出这篇文章的词表。词的频率用 P_r 表示，词的号码用 r 表示，r 可以取区间 $1 \leqslant r \leqslant L$ 内的全部自然数值。词表的形式如下：

表 16 – 1　词表

词的号码（r）	词的频率（P_r）
1	P_1
2	P_2
⋮	⋮
r	P_r
⋮	⋮
L	P_L

从表 16 – 1 中可以看出，随着词在词表中编号数目 r 的增大，相应的词在文章中出现的频率 P_r 逐渐减小，r 由 1 增大到 L，P_r 就由 P_1 减小到 P_L。齐普夫通过实验发现，P_r 与 r 之间有下列关系：

$$P_r = \frac{K}{r^\gamma}$$

其中，r 表示词在词表中的号码，P_r 表示号码为 r 的词的频率，K 和 γ 都是常数，齐普夫由实验测出，γ = 1，K = 0.1。这就是齐普夫定律。它说明，在按频率递减顺序排列的频率词典中，词的序号越大，则词的频率越小，序号与频率之间存在着如公式所示的数量关系。

例如，如果词的序号 r = 50，那么，根据公式得出：

$$P_r = \frac{K}{r^\gamma} = \frac{0.1}{50^1} = 0.002$$

后来，经过学者们的多次修正，这个定律有了更为精确的形式。

艾思杜（J. Estoup）、贡东（E. Condon）、朱斯（M. Joos）、曼德尔布洛特（B. Mandelbrot）以及齐普夫本人，先后对上述定律进行过研究，因而又称齐普夫定律为齐普夫 – 朱斯 – 曼德尔布洛特定律。

由齐普夫定律可知，如果词表包含数十万个词，那么，其中头 1000 个最常用的词占该语言的各种文章中全部出现的词的 80%，因为：

$$\sum_{r=1}^{1000} P_r = \sum_{r=1}^{1000} \frac{K}{r^\gamma} = \sum_{r=1}^{1000} \frac{0.1}{r^1} = 0.1 \sum_{r=1}^{1000} \frac{1}{r}$$

$$= 0.1 \times (\frac{1}{1} + \frac{1}{2} + \frac{1}{3} + \cdots + \frac{1}{\gamma} + \cdots + \frac{1}{1000})$$

$$= 0.8 = 80\% \text{①}$$

这说明，只要掌握一种语言中的 1000 个最常用词，就有可能读懂该语言文章的 80%。这个事实对于语言教学以及自然语言信息处理都是十分重要的。

1950 年，美国语言学家史瓦德士（M. Swadesh）提出了语言年代学（glottochronology），通过语言的词汇统计，来测定语言存在的年代或亲属语言从共同原始语分化的年代。语言年代

_____

① $\sum$ 是求和符号，读作 sigma。$\sum_{r=1}^{1000} P_r$ 表示顺次用 1，2，3…，1000 来代替 P_r 中的 r，再把这 1000 个数连加起来。

学又称为词源统计分析法。

史瓦德士认为，每一种语言都有一些基本词汇，如人称代词、身体各部分的名称等等，这些基本词汇的变化速度，在很长的时间内大体上是一样的。他选择了 200 个词作为适用于各种语言的基本词汇，经过统计测出，它们在 1000 年中保存下来的词汇大约为 86%。如果某种古代语言及由它发展而成的现代语言的基本词汇有 60% 是相同或相近的，那么，可根据公式

$$t = \frac{\ln L}{\ln L_0}$$

来计算这种古代语言存在的绝对年代。式中，$L_0 = 0.86$，L 是在现代语言中保留下来的基本词汇的百分比，t 是古代语言存在的绝对年代，根据条件，$L = 0.60$，故 $t = \frac{\ln L}{\ln L_0} = \frac{\ln 0.60}{\ln 0.86} = 3$（千年），也就是说，这种语言从古代算起已经存在 3000 年了。如果比较的不是古代语言及其发展而成的现代语言，而是两种由共同原始语分化而来的现代语言，要是这两种现代语言的基本词汇中共同的词的比例为 L_c，那么，这两种现代语言从原始语分化的绝对年代可按公式

$$t = \frac{\ln L_c}{2 \ln L_0}$$

来计算。例如，比较英语和德语的基本词汇得出 $L_c = 0.82$，由此可知，$t = \frac{\ln L_c}{2 \ln L_0} = \frac{\ln 0.82}{2 \ln 0.86} \doteq 1.3$（千年），这就是说，英语和德语是在 1300 年前，即公元 6 世纪时分化的。

史瓦德士的语言年代学对于各语言文化历史的特点考虑不够，他选择的 200 个基本词汇在各种语言中不会是完全一样的，而且，民族迁徙、民族接触以及其他社会历史因素，经常

会加快或减慢语言词汇的变化速度，这些因素史瓦德士也没有考虑到，这是语言年代学的致命弱点。由此可见统计语言学是有局限性的。

2. 运用信息论方法来研究语言

1948 年，美国年轻的数学家申农（C. E. Shannon，1916—现在）发表了《通讯的数学理论》（A Methematical Theory of Communication），为信息论的研究奠定了基础。信息论是研究信息传输和信息处理系统中一般规律的科学，40 多年来，这门学科发展极为迅速。

在信息论产生之前，人们对信息系统的理解是比较肤浅的，一般把携带信息的消息看成是瞬态性的周期性的信号。后来，人们把近代统计力学中的重要概念，把马尔可夫随机过程理论以及广义谐波分析等数学方法运用于信息系统的研究中，才看出通讯系统内的消息实质上是一种具有概率性的随机过程，从而得出了一些概括性很高的结论，建立了信息论这个学科。

信息论的研究对象是广义的信息传输和信息处理系统，从最普通的电报、电话、传真、雷达、声呐，一直到各种生物的感知系统，都可以用同一的信息论观点加以阐述，都可以概括成这样或那样的随机过程而加以深入的研究。

随机过程有两层含义：

第一，它是一个时间的函数，随着时间的改变而改变；

第二，每个时刻上的函数值是不确定的，是随机的，也就是说，每一时刻上的函数值按照一定的概率而分布。

在我们写文章或讲话的时候，语言中每一个字母（或音素）的出现随着时间的改变而改变，是时间的函数，而在每一个时刻出现什么字母（或音素）则有一定的概率性，是随机的。因而我们可以把语言看成是一个随机过程，用信息论的

356

方法来加以研究。

从信息论的角度看来，用自然语言来交际的过程，就是从语言的发送者通过通讯媒介传输到语言的接收者的过程。如图16－1所示：

图 16－1 交际过程

语言的发送者（即信源）随着时间的顺序依次地发出一个一个的语言符号，语言的接收者也随着时间的顺序依次地接收到一个一个的语言符号。显而易见，这个过程是时间的函数，而每一时刻出现什么样的符号又是随机的，因而它是一个随机过程。如果试验来确定语言中出现什么字母，那么，这样的试验叫作随机试验，而所出现的字母就是随机试验的结局，语言就可以看作是一系列具有不同随机试验结局的链。其中，每一个随机试验的个别结局的概率，依赖于它前面的随机试验的结局。例如，在俄语中，当前面的字母是辅音时，元音出现的概率就增长起来，在字母 Ч 之后，无论如何也不能出现字母 Ы、Я 或 Ю，而主要是出现字母 Т（如 ЧТО）或 И、Е 等等。这种链叫作马尔可夫链。

在俄语中，如果 Ъ 和 Ь，Е 和 Ё 都算为一个字母，词与词之间的空白算为一个新字母，那么，俄语的字母表就由 32 个字母组成。

假设这 32 个字母都是等概率不相关的，那么，随机试验后我们可以得到这样的链 Φ_0：

ОУХЕ РРОХЬДЁЩ ЯЫХВЩХЙЖТИВНАРНВ ЩТФРПХГ ПЧЬКИЗРЯС

显然，链 Φ_0 不是马尔可夫链，而是等概率独立链。

　　假设我们考虑到这 32 个字母出现的概率不一样，例如，空白的出现概率为 0.174，字母 О 的出现概率为 0.090，字母 Щ 的出现概率为 0.003，字母 Ф 的出现概率为 0.002 等等，那么，我们可以得到这样的链 Φ_1：

　　Т ЦЫЯЬ ОЕРВ ОДНГ ЗЪЯ ЕНВТША ВУЕМЛОЛЙК

　　显然，链 Φ_1 也不是马尔可夫链，而是不等概率的独立链。

　　假设我们不但考虑到这 32 个字母的出现概率的不同，而且还考虑到前面一个字母对后面一个字母出现概率的影响，那么，我们可得到这样的链 Φ_2：

　　КАЯ ВСВАННЫЙ РОСЯ НЫХ КОВКРОВ

　　这时，链 Φ_2 就是马尔可夫链了，这种链叫作一重马尔可夫链。

　　假设我们再考虑到前面两个字母对后一个字母出现概率的影响，那么，我们可得到这样的链 Φ_3：

　　ПОКАК ПОСТИВЛЕННЫЙ ПОТ ДУРНОСКАКА НАКОН ЕПЛО ЗНО СТВОЛОВИЛ

　　显然，链 Φ_3 也是马尔可夫链，这种链叫作二重马尔可夫链。

　　假设我们考虑到前面三个字母对后一个字母出现概率的影响，那么，我们可得到这样的链 Φ_4：

　　ВЕСЕЛ ВРАТЪсR НЕ СУХОМ И НЕПО И ДОЪРЕ

　　显然，链 Φ_4 也是马尔可夫链，这种链叫作三重马尔可夫链。

　　类似地，我们还可以考虑前面四个字母、五个字母……对后面字母出现概率的影响，分别得到链 Φ_5、Φ_6 等等。Φ_5 叫作四重马尔可夫链，Φ_6 叫作五重马尔可夫链，以此类推。

　　可以看出，随着马尔可夫链重数的增大，每一个后面的链都比前面的链更接近于有意义的俄语句子。乔姆斯基和米勒通过心理语言学的研究说明，这样的马尔可夫链的重数并不是无穷地增加的，它的极限就是语法上成立的句子的集合。

同时，我们还可以看出，随着马尔可夫链重数的增大，我们越能正确地根据前面的字母预测下一个字母的出现情况，也就是说，随着马尔可夫链重数的增大，我们根据前面的字母预测下一个字母出现的这个随机试验的不定度越来越小，至于不是马尔可夫链的那些独立链，其字母的出现情况是最难预测的，也就是说，每一个字母出现的不定度是很大的。

在信息论中，信息论的大小恰恰就是用在接收到消息之前，随机试验不定度的大小来度量的。随机试验不定度的大小，叫作熵（entropy）。在接收到语言符号之前，熵因语言符号的数目和出现概率的不同而不同。在接收到语言符号之后，不定度被消除，熵等于零。可见，信息量等于被消除的熵，因此，只要我们测出了语言符号的熵，就可以了解该语言符号所负荷的信息量是多少了。

如果我们做某一有 n 个可能的等概率结局的随机试验，那么，这个随机试验的熵 H_0 为：

$$H_0 = \log_2 n$$

如果随机试验的结局不等概率，那么，可以根据较复杂的公式得出熵 H_1。如果随机试验前面的结局对于后面的结局有影响，那么，可得出条件熵，马尔可夫链的熵就是条件熵。我们可以用更复杂的公式计算一阶条件熵（H_2）、二阶条件熵（H_3）、三阶条件熵（H_4）……直至极限熵（H_∞）。阶数越高熵越小。

熵之所以会减少，是由于语言有结构性，各字母之间有相互影响。在通讯中，如果在编码时不考虑语言的结构性，把每一个代码都当作是等概率不相关的，那么就有许多成分显得多余。多余成分的百分比叫作多余度（redundance），它表示超过传递最少需要量的信息量的比例。多余度 R 可以按下面公式计算：

$$R = 1 - \frac{H_\infty}{H_0}$$

例如，实验测出，俄语中 $H_0 = 5$，$H_\infty = 1$，故 $R = 1 - \frac{1}{5}$ $= 0.80 = 80\%$。这说明，在任何俄语的文句中，大约有 80% 的字母是由语言的结构规定好的，这时，如果我们通过理想的编码，采用最佳编码方法，就可以把文句缩减 80%（即压缩至原有的五分之一），从而提高信道的传输能力。可见，语言的熵和多余度的研究，对于通讯的理论和技术都有重要意义。

1951 年，申农首先应用信息论的方法测得了英语中不等概率的独立链的熵 H_1，尔后在实践的迫切要求之下，人们又测出了一些印欧语言的熵。到目前为止，英语已测出了九阶条件熵，俄语已测出了八阶及十四阶条件熵。现将各语言不等概率独立链的熵 H_1 列表比较如下：

表 16 - 2　熵 H_1 比较

语　　种	符　号　数	熵 H_1 $\left(\begin{array}{c}\text{单位：}\\\text{比特}\end{array}\right)$	所用字母
法　　语	27 个（包括空白）	3.98	拉丁字母
意大利语	27 个（包括空白）	4.00	拉丁字母①
西班牙语	27 个（包括空白）	4.01	拉丁字母
英　　语	27 个（包括空白）	4.03	拉丁字母
德　　语	27 个（包括空白）	4.10	拉丁字母
罗马尼亚语	27 个（包括空白）	4.12	拉丁字母
俄　　语	32 个（包括空白）	4.35	斯拉夫字母

---

① 意大利语中，J、K、W、X、Y 五个字母只用于拼写外来语，所以，它只有 22 个符号（包括空白）。

同国外相比，我国对于汉字熵的测定工作做得还很不够，这是因为汉字符号太多的缘故，《康熙字典》中所收的汉字达47000多个，要对这么多的符号来测熵，是一件很不容易的事。20世纪80年代初，我国学者冯志伟用逐渐扩大汉字容量韵办法，计算出当汉语书面语文句中的汉字字种扩大到12370个汉字时，包含在一个汉字中的熵 $H_1 = 9.65$ 比特，并从理论上说明了，如果再进一步扩大汉字容量，这个熵值不会再增加。由此可见，汉字的熵比印欧语中字母的熵大得多。

第三节　代数语言学

代数语言学采用集合论、数理逻辑和算法理论等离散数学的方法来研究语言的数学模型，建立语言模型理论，从而为自然语言的信息处理提供理论基础。

语言模型是语言客观事实的模拟。它是人们为了解释语言客观事实而设计出来的抽象系统，它并不完全等同于语言客观事实，而只是语言客观事实的某种近似物。在语言模型与语言客观事实之间，可以建立某种对应关系。但是，语言模型并不能完全充分地描写语言客观事实，它只提供出语言中个别成分（词、句子等等）的性质及其关系（句法、形态等等）的抽象描写。语言客观事实的完全充分的描写，只有把它看成是一系列模型的极限时，才是可以想象的。

语言模型与语言客观事实之间的关系，正如数学上的抽象直线与客观世界中所存在的成千上万的各式各样的具体直线之间的关系一样。

语言模型是一个单纯的、统一的、抽象的形式系统。语言客观事实经过语言模型的描述之后，就比较适合于电子计算机对其进行自动加工，因而语言模型的研究，对于自然语言的信息处理是至关重要的。

语言模型主要有三种类型：一种是生成性模型（generative model），一种是分析性模型（analytical model），一种是辨识性模型（discernible model）。

如果我们所研究的模型是从一个形式语言系统着手，生成语言的某一集合，那么，这种模型就是生成性模型。如乔姆斯基的形式语言理论和转换语法，便是生成性模型。

如果我们所研究的模型是从语言的某一集合开始，根据对这个集合中各个元素的性质的分析，阐明这些元素之间的关系，并在此基础上建立语言的规则系统，那么，这种模型便是分析性模型。分析性模型要从一些最基本的原始概念出发，利用演绎的方法，推演出其他的派生概念，从而使整个语言体系成为一个严格的演绎系统。苏联数学家库拉金娜（О. С. кудагина）和罗马尼亚数学家马尔库斯（S. Marcus.）提出的语言模型，便是分析性模型。

在生成性模型和分析性模型的基础上，把二者结合起来，便产生了一类很有实用价值的模型，即辨识性模型。辨识性模型可以从语言元素的某一集合及规则系统出发，通过有穷步骤，判定这些元素是一堆乱七八糟的词还是语言中的成立句子。美国数理逻辑学家巴尔希列尔和美国数学家兰姆别克（J. Lambek）用数理逻辑方法提出的模型，便是辨识性模型。

下面，我们分别加以介绍。

1. 生成性模型

这种模型我们在第十一章第二节及第三节中已作过详细的解释，兹不赘述。这种生成性模型本来是为了研究自然语言而提出来的，后来人们发现它与计算机程序语言有密切关系，因而得到了相当广泛的注意。

我们知道，20 世纪 50 年代末期在乔姆斯基提出形式语言理论和转换语法的时候，计算机科学也有了迅速的发展。计算机科学家为了实现人机联系，对通常的数学语言及形式化方法进行了研究，力图设计既接近通常数学语言的习惯、又是形式化的描写科学计算算法的程序语言，如 ALGOL60 等。程序语言设计成后，就需要对它有个形式的描述，以便对用它写出的程序进行机械加工和检查正误。为此，人们想找出一种形式工具来对程序语言进行精确的描述。数学家巴科斯（J. W. Backus）和瑙尔（P. Naur）等人找到了这样一种大体上合适的描述工具，即所谓巴科斯－瑙尔范式（Backus－Naur normal form）。后来，计算机科学家们发现，巴科斯－瑙尔范式恰好与乔姆斯基形式语言理论中的上下文无关文法等价，因而可以采用乔姆斯基形式语言理论中的上下文无关文法来形式地、严格地描述程序语言。这样，乔姆斯基的形式语言理论就引起了计算机科学家的极大兴趣，其中很多人甚至也开始去研究它。

更为有趣的是，ALGOL60 公布不久，人们发现它存在歧义性。于是，计算机科学家纷纷寻找机械的办法，以便判断一种程序语言是否有歧义，为此绞尽脑汁。后来，乔姆斯基用形式语言理论的基本思想证明，一个任意的上下文无关文法是否有歧义性的问题是不可判定的，因此，如 ALGOL60 之类的程序语言是否有歧义性的问题，也是不可判定的。乔姆斯基如此令人信服地回答了计算机科学中这一重大理论问题，充分显示了形式语言理论的作用。这是语言学对现代科学技术挑战的有力回答，它促进了语言学和计算机科学的联系和相互渗透，成为现代语言学历史上的一段佳话。

2. 分析性模型

1958 年，库拉金娜在苏联《控制论问题》（ПроблемыКц бернетики）第一卷上，发表了《根据集合论定义语法概念的一种方法》（об одном способе определения гр амматическ их понятий на базе теории множеств）一文，用集合论方法来建立自然语言的数学模型，并以此来模拟机器翻译中从词归约为词组，从词组归约为句子的层次分析过程。

库拉金娜指出，在某种具体的自然语言中，通过毗连运算而形成的词的一切组合，可以分为两个子集：一个是成立句子的子集，一个是不成立句子的子集。

凡是在形式上正确的句子，都叫作成立句子。所谓形式上正确，是指语法上正确，而不是指语义上正确。因此，在俄语中，Стол стоит на полу（桌子立在地板上）和 Тупой куст вразвалку хихикнул（直译是"迟钝的灌木蹒跚地吃吃笑"，它只是在语法上正确）都是成立句子。而 *Он пошел В школа 是不成立句子，因为 шкода 没有变为它的第四格形式 школу，在语法上不正确。

成立句子的集合，记为 θ。

如果有了词的集合 W 以及在 W 上的成立句子的集合 θ，那么就是说，我们有了语言 L。也就是说，L = ｛W，θ｝ 称为词汇集合 W 上的一个语言。

某一个词的完整的形式系统，也就是某一个词的词形变化的全部形式的集合，叫作这个词的域。例如，对于词 стол（桌子），有 стол，стола，столу，столом，столе，столы，столов，столами，столах 等等，它们构成词 стол，的一个域。词 x 的域记为 r（x）。

域 Γ（x）可把集合 W 分割为彼此不相交的子集之并，故可得出域的分划，记为 Γ 分划。

对于语言中的词 x 与词 y，如果：

i. 对于任何一个形如 $A_1 x A_2$ 的成立句子，句子 $A_1 y A_2$ 也成立；

ii. 对于任何一个形如 $B_1 y B_2$ 的成立句子，句子 $B_1 x B_2$ 也成立

其中，A_1，A_2，B_1，B_2 是任意的词串，它们也可以是不包含任何一个词的空词串，那么，我们就说，词 x 与词 y 等价，记为 x～y。

这样的等价具有自反性、对称性和传递性，它可以把集合 W 分划为一系列不相交的子集合，这种子集合叫作族。两个等价的元素进入同一个族中，而两个不等价的元素则进入不同的族中。词 x 的族记为 S（x）。

例如，我们取俄语句子

i. Я подшел к окну

（我走到窗前）

ii. Прямоугольник，равный окну，очень красиво.

（跟窗子一样大小的那个长方形框子很好看）

在句子 i 中，词 окну 以两个词串为其环境，一个是"Яподшел к"，一个是空词串。在这个环境中，出现词 столу，человеку 等仍得成立句子。在句子 ii 中，词 окну 以词串"прямоугольник равный"及词串"очень красиво"为其环境，在这个环境中，出现词 столу，человеку 等仍得成立句子，因此词 окну，столу，человеку 等价，属于一个族。

族 S（x）把集合 W 分割为彼此不相交的子集合之并，故可得出族的分划，记为 S 分划。

这样，我们便得到了用不相交子集合系统的形式来表示词的全部集合的两种方法，这就是 Γ 分划和 S 分划。在这种场合下，如果我们不管分划出子集合的标准是什么，而用彼此不相交子集合 B_i 之并的形式来表示集合 W，即

$$W_j = B_1 \cup B_2 \cdots \cup B_i \cdots \cup B_n = \bigcup_{j=1}^{n} B_i$$

那么，我们就把它称之为集合 W 的 B 分划，若 $x \in B_i$，有时可把 B_i 写为 B（x）。

如果一个子集合只由一个词构成，我们就把这种分划称之为 E 分划。显然，E 分划是 B 分划的一种特殊情况。

现在我们引入句子 A 的 B 结构的概念。

取任何一个句子 $A = x_1 x_2 \cdots x_i \cdots x_n$，我们把子集合 B（$x_1$）B（$x_2$）$\cdots$ B（x_i）$\cdots$ B（x_n）的序列，即在给定的 B 分划中，词 x_i 所进入的子集合的序列，称之为句子 A 的 B 结构，记为B（A）。

我们取同一个句子

.A = раздался звонок（铃响了）

为例，来看看在不同的分划下，这个句子的 B 结构是怎样的：

① 在 E 分划下，B 结构有形式：

E（A） = ｛раздался｝｛звонок｝

这种 B 结构，叫作 E 结构。

② 在 S 分划下，B 结构有形式：

$$S（A） = \left\{ \begin{array}{l} \text{раздался} \\ \text{зазвонил} \\ \text{уехал} \\ \text{шел} \\ \text{плакал} \\ \cdots\cdots \end{array} \right\} \quad \left\{ \begin{array}{l} \text{звонок} \\ \text{ноЖ} \\ \text{клуб} \\ \text{трамвай} \\ \cdots\cdots \\ \cdots\cdots \end{array} \right\}$$

366

这种 B 结构，可叫作 S 结构。

③ 在 Γ 分划下，B 结构有形式：

$$\Gamma\ (A)\ =\ \begin{Bmatrix} \text{раздаться} \\ \text{раздалось} \\ \text{раздались} \\ \text{раздаются} \\ \cdots\cdots \end{Bmatrix}\ \begin{Bmatrix} \text{звонку} \\ \text{звонка} \\ \text{звонками} \\ \text{звонки} \\ \cdots\cdots \end{Bmatrix}$$

这种 B 结构，可叫作 Γ 结构。

如果至少有一个成立句子具有某一 B 结构，那么，这个 B 结构就是成立的。

取集合 W 的任意 B 分划，我们把这样的 B 结构称为一级 B 格式，记为 $\tilde{B}_{(1)}$，如果：

i. $\tilde{B}_{(1)}$ 含有元素不少于两个；

ii. 存在着 B 分划的一个元素 $B\alpha_1$，使得 B 结构 $B\ (A_1)$ $\tilde{B}_{(1)} B\ (A_2)$ 及 $B\ (A_1)\ B\alpha_1 B\ (A_2)$ 在任何串 A_1 与 A_2 中，同时成立或同时不成立。

元素 $B\alpha_1$ 可以在保持结构成立性的条件下替换格式 $\tilde{B}_{(1)}$，我们把它叫作结果元，结果元可以不是唯一的。事实上，如果 $B\alpha_1$ 是格式 $\tilde{B}_{(1)}$ 的结果元，那么，B 分划中与 $B\alpha_1$ 处于 B 等价的任何元素 B_i ($B_i \underset{B}{\sim} B\alpha_1$)，也可以是格式 $\tilde{B}_{(1)}$ 的结果元。

用结果元 $B\alpha_1$ 来替换一级 B 格式，我们便得到一级 B 结构，记为 $B_{(1)}$。

一般地说，我们把这样的 B 结构称为 n 级 B 格式，记为 $\tilde{B}_{(n)}$，如果：

i. $\tilde{B}_{(n)}$ 含有的元素不少于两个；

ii. 存在一个元素 $B\alpha_n$，使得 (n-1) 级 B 结构 $B\ (A_1)$

$\tilde{B}_{(n)}B(A_2)$ 和 B 结构 $B(A_1) B\alpha_n B(A_2)$ 在任何词串 A_1 和 A_2 中，同时成立或同时不成立。

其中，不包含 n 级 B 格式的 B 结构 $B(A_1) B\alpha_n B(A_2)$ 叫作 n 级 B 结构。

可见，B 格式的定义是递归的：通过（n－1）级 B 结构来定义 n 级 B 格式，通过（n－2）级 B 结构来定义（n－1）级 B 格式……这样，每一个 B 格式用结果元替换之后，就得到了同级的 B 结构。

从这样的观点出发，我们来分析下面这个 B 结构：

B（маленькая）B（девочка）B（долго）B（ласкала）B（кошку）

这是俄语句子

Маленькая девочка долго ласкала кошку

（小姑娘长时间地抚摩着小猫）

的 B 结构。

如果我们用 B（девочка）来替换 B（маленъкая）B（девочка）得到

B（девочка）B（долго）B（ласкала）B（кошку）

这也是一个成立 B 结构。但是，这时我们还没有理由认为 B（маленъкая）B（девочка）这个 B 结构就是一级 B 格式，因为我们还没有检查能够进行这种替换的一切环境。

我们再取这样的环境：

B（весьма）B（маленькая）B（девочка）B（стояла）

这是句子

Весьма маленькая девочка стояла

（很小的女孩站着）

的 B 结构。

368

如果我们在这个成立 B 结构中，用 B（девочка）来替换 B（маленькая）B（девочка），那么，我们将会得到：

B（весьма）B（девочка）B（стояла）

这个 B 结构显然是不成立的。可见，B（маленькая）B（девочка）不是一级 B 格式。

容易检验，B（весьма）B（маленькая）是一级 B 格式，因为 B（весьма）B（маленькая）在一切环境中都可用 B（маленькая）来替换，这时，这个一级 B 格式的结果元 $B\alpha_1 = $ B（маленькая）。

如果我们只研究一级 B 结构，即在其中没有一级 B 格式的 B 结构，那么，在任何环境中，B（маленькая）B（девочка）都可用 B（девочка）来替换，可见，B（маленькая）B（девочка）是二级 B 格式，它的结果元 $B\alpha_1 = $ B（девочка）。

再继续分析我们的 B 结构。B（долго）B（ласкала）是二级 B 格式，其结果元为 B（ласкала）。这样，由原来的那个 B 结构可得到二级 B 结构：

B（девочка）B（ласкала）B（кошку）

如果只研究这个二级 B 结构，那么，在任何环境中，都可用 B（стояла）来替换 B（ласкала）B（кошку），也就是用不及物动词来替换动宾短语，这样，我们就得到三级 B 结构：

B（девочка）B（стояла）

从此例可以看出，格式的理论实际上是一种归纳过程，把复杂的结构按其层次一步一步地化为不能再归约的简单结构。这种归约的过程，实际上就是机器翻译中进行句法分析的过程，因此，分析性模型可以看成是机器翻译句法分析过程的数学模拟。

库拉金娜把这种分析性模型运用到法俄机器翻译系统中，

使这个系统能够建立在一种比较完善的理论基础之上，这就为进一步开展机器翻译的研究以及其他的自然语言信息处理的研究，在理论上提供了一个很好的工具。

3. 辨识性模型

1953 年，巴尔－希列尔发表了《句法描写的准算术记法》（A Quasi Arithmetical Notation for Syntactic Description）一文，提出了句法类型演算方法，这就是一种辨识性模型。这种模型，又称为范畴语法（catagory grammar），在描写英语方面取得了令人满意的效果。

巴尔－希列尔认为，任何词，都可以根据它在句子中的功能归入一定的句法类型。如果用 n 表示名词的句法类型，用 s 表示句子，则其他一切句法类型都可以用 n 和 s 以不同的方式结合起来表示。

如果有某个词 B，其后面的词 C 的句法类型为 γ，而它们所构成的词的序列 BC 的功能与 β 相同，则这个词 B 的句法类型记为 β/γ；如果有某个词 B，其前面的词 A 的句法类型为 α，而它们所构成的词的序列 AB 的功能与 β 相同，则这个词 B 的句法类型记为 α/β；如果有某个词 B，其前面的词 A 的句法类型为 α，其后面的词 C 的句法类型为 γ，而它们所构成的序列 ABC 的功能与 β 相同，则这个词 B 的句法类型记为 $\alpha \backslash \beta/\gamma$。

根据这种记法，我们可以写出任何一个词的句法类型。

例如，**John**（约翰）的句法类型为 n。

Poor John（可怜的约翰）中的 poor，它后面出现名词 John，而它所构成的 poor John 的功能与名词相同，故其句法类型为 n/n。

John **works**（约翰工作）中的 works，它前面出现名词 John，而它所构成的 John works 的功能与句子相同，故其句法

类型为 n \ s

John **likes** Mary（约翰喜欢玛丽）中的 likes，它前面为名词 John，后面为名词 Mary，而它所构成的 John likes Mary 的功能与句子相同，故其句法类型为 n \ s/n。

John ran **quickly**（约翰跑得快）中的 quickly，它前面的词 ran 为 n \ s，而它所构成的 ran quickly，功能与 n \ s 相同，故其句法类型为 n \ s\ \ n \ s。

一个词可以属于几个句法类型。如 knows，在 John **knows**（约翰知道）中，属于 n \ s，在 John **knows** Mary（约翰认识玛丽）中，属于 n \ s/n。

对于语言中的一切词都列出了一个完整的句法类型清单之后，就可以按如下规则对这些句法类型进行运算：

如果有形如 α，α \ β/γ，γ 的符号序列，那么，就用 β 来替换它。

这个规则同时也包括了下面两个规则：

i. 用 β 替换形如 α，α \ β 的符号序列；
ii. 用 β 替换形如 β/γ，γ 的符号序列。

根据句法类型及运算规则，可以对语言中的任何词的序列进行判定，辨识它是否为该语言中的成立句子，如果通过有穷个运算步骤，可以把词的序列化为 s，那么，这个词的序列便是该语言中的成立句子。

例如，我们有词的序列

Pual believed that John ran quickly.

根据英语句法类型清单，把句法类型用符号标在相应词的下面，删节号表示某些此处暂不考虑的其他的句法类型。

Pual	believed	that	John	ran	quickly
n	n\s	n	n	n\s	n\s\ \n\s
	n\s/n	n/n			n\s/n//n\s/n
n\s/s		n/s			⋮
	⋮				⋮

由所指出的这些句法类型，我们可以得到 18 个初始符号序列，这是因为某组合方式的总数应为 $1 \times 3 \times 3 \times 1 \times 1 \times 2 = 18$。

现在，对于这 18 个初始符号序列，运用上述规则进行运算。

在初始符号序列

    n   n\s   n   n   n\s   n\s\\n\s

中，把第一个规则运用于第四、第五个符号，得到序列

    n   n\s   n   s   n/s\\n\s

对于这个序列中的第一、第二个符号，再用第一个规则运算一次，得到序列

    n   n   s   n\s\\n\s

对于这个序列，不能再运用上述的规则进行运算了。

在同一初始符号序列中，如果把第一个规则运用于第五、第六个符号，可得到序列

    n   n\s   n   n   n\s

对于这个序列中的第四、第五个符号，再用同一规则运算一次，得到序列

    n   n\s   n   s

对于这个序列中的第一，第二个符号，再用同一规则运算一次，得到序列

$$n \quad n \quad s$$

对于这个序列，不能再运用上述的规则进行运算了。

　　把上述的运算规则施行于 18 个初始符号序列之后，可以得到三个结论：

i   n   n\s/n   n\s   n   n\s   n\s\\n\s

n   n\s/n   n\s   n   n\s

n   n\s/n   n/s   s

n   n\s/n   n

s

ii   n   n\s/s   n/n   n   n\s   n\s\\n\s

n   n\s/s   n/n   n   n\s

n   n\s/s   n   n\s

n   n\s/s   s

s

```
iii    n    n\s/s      n/n    n    n\s      n\s\\n\s
                       |_____|

       n    n\s/n      n    n\s        n\s\\n\s
                                       |_____|

       n    n\s s      n    n\s
                       |_____|

       n    n\s/s            s
       |_____|
                    s
```

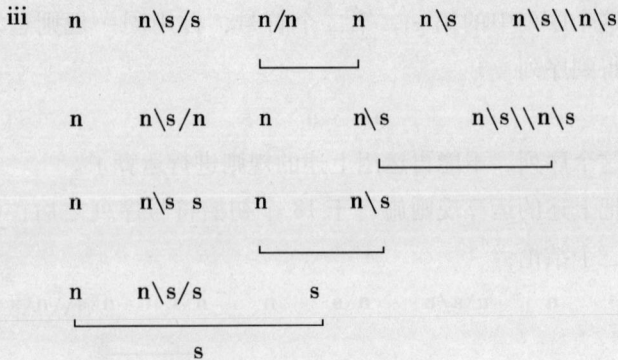

运算规则可以把 Paul believed that John ran quickly 化为 s，可见，这个词的序列是英语中的成立句子。在这三个结论中，第二、第三个结论显然是等价的，因此，我们在实际上只得到两个有实质区别的结论，这说明，Paul believed that John ran quickly 这个句子是同形歧义结构，它在句法上有两个不同的意思：一个意思是"保罗相信，约翰跑得快"（that 是连接词），另一个意思是"保罗相信，那个约翰跑得快"（that 是指示代词，这时，在动词 believed 之后，作为宾语从句中的连词 that 被省略了）。

显然，巴尔－希列尔的这种范畴语法，适合于电子计算机按一定的运算规则对英语结构进行判定，这对于自然语言的自动分析是大有助益的。

近年来，随着自然语言信息处理技术的进步，学者们提出了许多富有实践色彩的、算法性质很强的语言自动处理方法，如伍兹（W. Woods）的扩充转移网络（Augmented Transition Net work，简称 ATN），卡普兰（D. Kaplan）的通用句法生成程序（General Syntactic Processor，简称 GSP），杉克（R. Schank）的概念依存理论（Conceptual Dependency Theory，简称 CD 理论），威尔克斯（Y. A. Wilks）的优选语义学（Preference Semantics）等，这些研究成果，进一步丰富了数理语言学的内容，使得这个新兴的语言学科更加成熟。

19 世纪初叶，施来赫尔把生物学中的分类方法用于语言发展过程的研究，提出了印欧系语言发展的谱系树，从而大大地推进了历史比较语言学的发展。20 世纪初叶，雅可布逊把物理学中关于物质由基本粒子构成的理论用于音位研究，提出了音位的区别特征学说，把音位学的研究发展到一个新阶段。在信息革命的今天，把数学方法用于语言研究，必将使语言学适应当前新的技术革命的需要，进一步促进语言学的现代化。正如乔姆斯基所指出的："生成语法的研究之能实现，乃是数学发展的结果，……普遍语法的数理研究，很可能成为语言理论的中心领域。现在要确定这些希望能否实现还为时过早。但是，根据我们今天已经懂得的和正在逐渐懂得的东西，这些希望未必是不合理的。"他乐观地预言："普遍语法的某种数学理论与其说是今日的现实，毋宁说是未来的希望。人们至多只能说，目前的研究似乎正在导致这样一种理论。在我看来，这是今天最令人鼓舞的研究领域之一，如果它能获得成功，那么，将来它可能把语言研究置于一种全新的基点上。"①

现代语言学正在不断地开辟着新的领域，它在内容、方法和应用等方面都发生了深刻的变化，它越来越多地带上了自然科学的色彩。我们语言学工作者应当进行更新知识的再学习，

---

① M. Gross, A. Lentin, Introduction to Formal Grammars，乔姆斯基的序言，Berlin，Springe-Verlag，1970.

努力改善自己的知识结构，敢于创新，勇于探索，以回答新时代对我们的要求。

现在我们已经进入了信息网络的时代，大量的语言文字信息通过互联网络（Internet）在全世界范围内得到了空前广泛的传播，语言文字的载体逐渐从书本转到了磁盘和光盘上，语言文字的信息逐渐数字化，无论多么繁复的语言文字都可以由0和1这样的数字来表示，数字化的语言文字要求有数字化的语言文字处理技术和产业，如文本处理、语音识别、文字识别、机器翻译、全文检索、自动文摘、文献自动分类等等，而且这种技术和产业越来越与普通老百姓的日常生活密切相关。面临语言文字载体的这种历史性的巨变，现代语言学继索绪尔和乔姆斯基之后，不论在理论方面还是在方法方面，必将产生一次全新的革命。可以预见，语言学与信息科学的联系必将越来越密切，语言学在未来的人类社会中将会成为一个非常重要的学科，它的重要性完全可以同17世纪伽利略改变了我们关于物质世界的整个观念的新学科相媲美。由于本书的内容和篇幅的限制，我们不能在本章中深入地讨论语言文字的信息化和数字化问题，我们只是将数理语言学的情况，向读者作一个鸟瞰式的介绍。希望读者们在读过本章之后，能够注意现代语言学正在发生的这场巨变，参与到数字化的语言文字处理技术的研究中来，为现代语言学的新发展作出贡献。

本章参考文献

1. W. Plath，Mathematical Linguistics，Trends in European and American Linguistics 1930－1960，1961，P21－57.

2. J. Bar-Hillel，Decision Procedures for Structure in Natural Lan-

guage，Logique et analyse，2^{-e} année，No. 5，1959.

3. О. С. Кулагина Об одном способе определения грамматичес ких понятий на базе теории множеств《Проблемы киберне тики》，No. 1，P201 –214，1958.

4. 冯志伟：《数理语言学简介》，《计算机应用与应用数学》，1975 年第 4 期，第 34 –51 页。

5. 冯志伟：《现代信息科学对语言学的影响》，《外语学刊（黑龙江大学学报)》，1986 年第 1 期。

6. 冯志伟：《数理语言学》，上海知识出版社，1985 年。

7. 冯志伟：《自动翻译》，上海知识出版社，1987 年。

8. 冯志伟:《现代汉字和计算机》,北京大学出版社,1989 年。

9. 冯志伟:《中文信息处理与汉语研究》，商务印书馆，1992 年。

10. 冯志伟:《数学与语言》，湖南教育出版社，1991 年。

11. 冯志伟:《信息时代的语言观》,《语文现代化论丛》第二辑语文出版社，1996 年。

guages: Isotopic rehundums, 2 изд., N., Ф., 1970.

59. D.G. Петрушевский Об одном способе построения грамматик как подклад на базе теории множеств и Проблемы кибернетики, вып. 16, 1966—321 с. 156.

名词索引

A

C

H

M

N

P

T

其他

外国人名索引

一、拉丁字母人名索引

二、斯拉夫字母人名索引